U0543975

W. F. HALSEY
& J. BRYAN III

（美）威廉·弗雷德里克·哈尔西
——著

顾剑
——译

鏖战太平洋
哈尔西将军自传

ADMIRAL HALSEY'S STORY

陕西新华出版
陕西人民出版社

图书在版编目（CIP）数据

鏖战太平洋：哈尔西将军自传／（美）威廉·弗雷德里克·哈尔西著；顾剑译. --西安：陕西人民出版社，2025.3
ISBN 978-7-224-14889-3

Ⅰ.①鏖… Ⅱ.①威… ②顾… Ⅲ.①哈尔西—自传 Ⅳ.①K837.125.2

中国国家版本馆CIP数据核字（2023）第073517号

出 品 人：赵小峰
总 策 划：关　宁
策划编辑：王　倩　王　凌
责任编辑：韩　琳
总体设计：哲　峰

鏖战太平洋：哈尔西将军自传
AOZHAN TAIPINGYANG：HAERXI JIANGJUN ZIZHUAN

作　　者	（美）威廉·弗雷德里克·哈尔西
译　　者	顾　剑
出版发行	陕西人民出版社
	（西安市北大街147号　邮编：710003）
印　　刷	西安市建明工贸有限责任公司
开　　本	787毫米×1092毫米　1/32
印　　张	11.625
字　　数	260千字
版　　次	2025年3月第1版
印　　次	2025年3月第1次印刷
书　　号	ISBN 978-7-224-14889-3
定　　价	59.80元

如有印装质量问题，请与本社联系调换。电话：029-87205094

译　序

　　美国海军五星上将哈尔西是第二次世界大战太平洋战争中的传奇人物。太平洋战争中，美军太平洋舰队打击日本海空军的主要利器是快速航空母舰编队，哈尔西在太平洋战争爆发的时候，正担任太平洋舰队航空母舰部队的指挥官，因为率领编队出海巡逻，正好避过日军联合舰队袭击珍珠港。珍珠港事件之后，哈尔西指挥太平洋舰队仅存的机动打击力量，进行了吉尔伯特群岛等一系列"打了就跑"的出击行动，并率领编队搭载杜利特尔中校的陆军轰炸机深入日军防御圈，成功地突袭东京，在振奋了反法西斯同盟国士气的同时，迫使日军匆忙制定计划出击中途岛，直接导致中途岛海空大战的决定性胜利。可惜在中途岛战役前夕，资深的航母舰队指挥官哈尔西因皮炎住院错过了这场会战，但是他向太平洋舰队司令尼米兹推荐自己的巡洋舰护航编队指挥官斯普鲁恩斯接替自己的指挥权，成全了另一位海军名将。

　　哈尔西在美日争夺太平洋战争战略主动权的瓜达尔卡纳尔系列战役中，临危受命出任南太平洋这个二级战区的总司令，在麦克阿瑟和尼米兹两位上级的双重领导下全权负责瓜岛战事。瓜达尔卡纳尔岛争夺战的最终胜利，可以说是哈尔西军事生涯最为浓墨重彩的一笔。此后，在美军跨越中太平洋的大反攻中，太平洋战区的美国海军主力编组为一支打击舰队，由哈尔西和斯普鲁恩斯轮流指挥，番号分别为第3和第5舰队，直至日本投降。斯普鲁恩斯指挥舰队的时候，打了著名的马里亚纳海战，哈尔西则在莱特湾海战中指挥舰队，并在日本投降时正好指挥美国海军主力。由此可见，哈尔西、斯普鲁恩斯、尼米兹是整个太平洋战争期间，美国海军最重要的战场指挥官，亲历并指挥了许多关键性的海上决战。哈尔西的回忆录能从战场指挥官的角度，给后世的研究者和军事爱好者提供很多决策背后的思考过程，是非常宝贵的第一手资料。这本当事人的重要回忆资料，早在1947年就已经在美国出版，历来研究太平洋战争的权威著作也一再引用其中的段落，在国内却从未出版过完整的译本，这不能不说是一个遗憾。

译者1996年赴美留学以后几年，就出于业余爱好读遍了当时国内尚未译介出版的第二次世界大战中所有重要将领撰写的英文版回忆录，以这本哈尔西的回忆录文风最为生动诙谐，通俗易懂，因此一直惊讶于没有人想到把它译为中文。大概在2005年世界反法西斯战争胜利60周年之前，我在当时的二战论坛和朋友谈起这件事，听从朋友的建议，先译出了这部回忆录中关于莱特湾海战的一章，让网友得以一窥作为当局者，现场指挥官哈尔西在这场世界历史上最大规模海战中的决策过程。这一章译文当时贴在二战论坛上，并在各个军事论坛被广泛转载了十年之久。

后来促使我继续努力译出全书的动力，倒不在于这本书的史料价值：毕竟战后半个世纪的战史研究著作汗牛充栋，早已把这部回忆录中最具史料价值的部分反复引用过了。回忆录的引人入胜处，在于它富有生动的细节，折射出哈尔西本人的人格魅力。作为世界海军史上的一代名将，哈尔西在写回忆录的时候并不是以特别严肃的口吻来叙述战役细节，他更注重叙述的个人风格，而且哈尔西本人富于幽默感，他回忆录中叙述的很多细节都令人不禁莞尔。比如对军舰上调皮捣蛋的醉鬼水兵的描述，对自己的大脑袋和特号军帽的自嘲，对袖口标示军衔的无数道金边的尴尬态度，都让人想起，在海军名将光环的背后，是一个活生生的人，而且这个人还拥有颇具魅力的个性。因为鲜明突出的个性，二战时期哈尔西在美国海军乃至新闻界都拥有传奇般的光环，和陆军中的巴顿将军不相上下。巴顿的名言"热血豪胆"后来成了他的绰号，哈尔西的名言则是"赢得战争的秘诀在于不停地杀死日本人"。

译者从小生活在部队大院，从20世纪80年代读小学开始，课外读物都是解放军报，和部队研究所图书馆里那些"内部发行"的外国军事人物回忆录，因此研究第二次世界大战史成了我毕生的业余爱好。后来赴美攻读博士，在学术这条路上一直做到终身教职的正教授，我的专业仍然是战略研究。虽然这个战略专业是商务管理领域里的，但管理学领域的战略管理概念，最初本来就是从军事战略的概念借用来的，20世纪上半叶美国的商学院开创商务管理作为一个科学领域的时候，很多基本原则直接借鉴自军队的层级管理制度和经验。因为专业领域的这层亲缘关系，我在美国的这二十多年也一直没有放下军事历史这项业余爱好，在国内翻译出版了几部西方军事书。20年前，我在互联网上贴过一篇后来流传甚广的网文——

《纵论二战名将中我最佩服和不佩服的三个半》，提到哈尔西的时候，我的评价仍然拿他和巴顿将军两相对照：

> 这两个人都是战将，快速机动作战的好手，只不过一个陆军一个海军。他们的个性也极为鲜明。美国也有人称哈尔西是海上的巴顿。但仔细观察其实大不相同。首先哈尔西能打逆风仗。瓜达尔卡纳尔岛争夺战就是极为艰苦的消耗战，美军一度非常危险。还有就是哈尔西是"跳岛作战"的首创者，这比他打的那些著名海战还要有价值。他的战略造诣极高，但在战术上其实比巴顿更鲁莽，巴顿在战术上倒不是个莽撞人。
>
> 有评家讲"巴顿是假大胆真小心，哈尔西是假小心真大胆"，我认为非常贴切。巴顿嘴上强调进攻到了极端的地步，甚至说"历史上不知道哪个傻瓜说要注意自己的侧翼，从此以后所有的笨蛋都小心翼翼地保护自己的侧翼"。但那其实是根据美军的地面和空中优势所说的戏剧性的话。他自己该注意的时候还是很注意的。象阿登战役开始前，巴顿是美军中唯一预料到北边侧翼要出麻烦的将领，在离开司令部去艾森豪威尔处开会之前，就预先留下了3个预案，对付3种不同情况，并留出了马上可以动用的兵力。这像不像现代版的"锦囊妙计"？
>
> 哈尔西嘴上比巴顿有把门的，但做出来的事大胆多了，有时已经超出了"有算计地冒险"的范围，变成鲁莽了。1944年莱特湾海战，虽然美军整体上比日军占有压倒优势，因此而没有出大的纰漏，还是打了个大胜仗，但在

不留预防措施的情况下，哈尔西就上钩北去追击日军航空母舰舰队，这在指挥上是太冒险了。还有1945年舰队空袭中国台湾和日本本土的作战，是个大胆而成功的行动，但是哈尔西明知预报有台风也不采取防范措施，结果舰队因台风而蒙受损失，则是他太疏忽了。

其实哈尔西自己在回忆录中，对以上失误也不讳言，而且在叙述中侧重解释当时为什么会出现这样的失误。这就为我们后世研究者提供了当事人角度的宝贵资料。而且从回忆录看，哈尔西的公众形象尽管很高调，但他本人并没有忘乎所以把自己当作伟人，他很诚恳，明确地承认自己并不是天赋异禀之人，自己的成功更多归因于强大的美国海军实力和整个军官团多年来浸淫其中的训练和作战原则。我想，这应该是哈尔西和性格迥异，一贯内敛低调的尼米兹跟斯普鲁恩斯私交甚笃，能成为毕生挚友的原因吧。与此相反，一贯张扬自我恃才傲物的麦克阿瑟，与三位海军名将除了在战略上有分歧之外，私人方面也来往甚少。

哈尔西的回忆录出版于战后不久，很多在他这个层次心知肚明的军事秘密，当时还必须对外保密，尤其是美军成功破译日军密码的事实当时仍属绝密。所以在叙述作战决策的时候，难免有不深不透之处，尤其是中途岛战役前的篇幅。另外，哈尔西写回忆录的时候，日军方面的作战档案还没有完全被美军吃透，所以文中涉及日军兵力部署的细节比较模糊。这都是回忆录时代局限性的体现，在所难免。我作为后来的研究者，通读过各方面对太平洋战场历次战役的描述和研究，在译稿中，尽量用译注的方式，把回忆录原文没有写清楚的地方补充完整。

  总之，这是一部不但具有史料价值，而且幽默风趣，可读性很强的书，也是我从学生时代起，就心心念念要把它翻译出来呈现给国内中文读者的原因。译者本人并非军事或者历史专业出身，但我相信，做任何事情，如果出于情怀，就会做得更好，希望这次能够奉献给广大军事爱好者一部原文和译文并称完美准确的佳作。

顾　剑

2022 年 6 月 2 日写于土耳其东部旅途中

致　谢

如果要我列举出所有帮助我写作这本书的朋友，恐怕需要整整一章的篇幅。不过他们其中的一些人，曾做出了特别的努力来让这本书的信息完整而准确：他们让我回忆起一些已经忘却的事件；他们帮助我把业已模糊的事件记录得更精确；他们为我提供人名、日期、电文和其他文件；他们使我得以避免无数的错漏，如果我在书中仍然不免于无知和鲁莽的话，那主要是因为我没有从善如流。我需要特别感谢的人当中，以下几位曾是我的参谋部成员：我在南太平洋战区和第3舰队的参谋长罗伯特·卡尼海军中将；南太平洋战争时期我的作战参谋雷蒙德·塞尔贝海军上校；我在南太平洋战区的助理作战参谋，之后是作战参谋，第3舰队的作战参谋拉尔夫·约翰逊海军上校；我在企业号和南太平洋战区的情报参谋，海军陆战队的朱利安·布朗上校；战时给我当过三年副官的海军预备役中校威廉·基彻尔。

我还要感谢的其他参谋人员包括莱昂纳德·道海军上校，他从战争爆发直到1945年7月一直是我的通讯参谋；海军预备役的道格拉斯·莫顿上校，他从战争爆发前6个月开始，直到1943年8月一直是我的秘书，此后到1945年11月担任我的航空作战参谋；后备役海军上校哈罗德·斯塔森，他从1943年8月至战争结束担任我的秘书，其间只有一小段时间，他作为代表出席在旧金山召开的联合国大会，暂时离开舰队；还有赫伯特·卡罗尔海军上尉，他在我的参谋部待的时间比谁都长，从1940年6月直到1945年11月。

我还要感谢海军预备役少校弗雷德里克·格温的辛勤研究；还有美国海军军官学院图书馆馆员路易斯·博兰德尔先生，他为我提供了我早年在海军服役的很多细节；感谢海军部公共关系处为我提供很多照片，并仔细研读书稿中有无泄密的问题；感谢《战斗亲历记》（由海军情报局编纂）一书那些隐姓埋名的作者，他们的名字不应该被隐去，这本书提供了我军在战争初期发动的几次袭击，还有在南太平洋作战的细节；感谢海军文书约翰·布里岑霍夫、军士长詹姆斯·桑德斯、预备役一级军士阿尔伯特·塞达斯托姆和后备役一级军士约瑟夫·班德罗夫切克为我打印书稿；感谢后备役上校吉内·图内夫妇让我借住在他们佛罗里达州霍布湾的房子里，我在那里完成了本书大部分的前期准备工作；还要感谢《星期六晚报》允许我把这本书重印出来，因为本书的书稿最初是在他们的报纸上连载的。

最后，我特别幸运能有海军预备役少校约瑟夫·布里安三世作为我的合著者。他是《星期六晚报》《科里尔杂志》《读者文摘》等很多全国性报纸杂志的著名专栏作家，还和菲利普·里德合著了《黑暗之外的任务》一书，这是一本描写战争的非常引人入胜的纪实报告文学。公众对他战时所做出的杰出贡献知之甚少。他第一次参战是在新几内亚，职务是航空作战情报参谋。后来在马萨诸塞号战列舰上服役过一段时间，之后在莱克星敦号航空母舰上参加了马里亚纳海战，在约克城号航空母舰上参加了硫黄岛战役和冲绳战役。他经受过敌人数不清的攻击，包括常规空袭和神风自杀攻击，并曾从岸上和舰上起飞，数次在敌占区上空执行任务。他的写作能力和全面的参战经历相结合，使他能够为我提供特别有价值的帮助。

最后，我对本书中所表达的所有观点和所有声明的准确性负完全的责任。

威廉·F. 哈尔西
美国海军五星上将

序

　　1946年海军五星上将哈尔西参加一个招待会，有一名妇女冲进围在他身边的人群，抓住他的手，大声叫道："我感觉好像在触碰上帝之手！"

　　在珍珠港遭到袭击的那一天，威廉·弗雷德里克·哈尔西是一名海军中将，代码第41号，意思是在美国海军的所有现役军官当中，资历排在第41位。他在第一次世界大战当中获得过海军十字勋章，并且是墨西哥服役奖章和带驱逐舰标志的胜利奖章的获得者。此外希腊曾授予他拯救者骑士团勋章，智利授予他一级优异勋章。他已经获得中将军衔，在海军各个部门服役多年，因此在军内广为人知，所有海军上校以上军衔的军官都会进《海军名人录》，他也不例外，但在军外，极少有老百姓听过他的名字。

　　5年以后，到那场招待会的时候，他不仅成了美国海军最著名的军官，甚至是全世界在世的最著名的海军人物。他从《海军名人

《录》无人问津的册页当中，一举跃上全世界各大报纸的头条，从那里又跻身史册。

他在这五年中晋升了两级，代码变成了第7号，他的5条勋标变成了27条。他获颁4次海军优异服务十字勋章，1次陆军优异服务十字勋章，2次总统集体嘉奖令、加舰队徽章的美国国防奖章、带12颗战斗星章的亚洲太平洋战区作战奖章，3次获得菲律宾解放战争勋章绶带、美国战区作战奖章和第二次世界大战胜利勋章。英国授予他英帝国骑士团荣誉骑士级司令官；危地马拉授予他奎扎尔骑士团最高首脑级别成员；智利授予他荣誉军团大十字勋章；哥伦比亚授予他巴亚卡大十字勋章；古巴授予他海军荣耀勋章；厄瓜多尔授予他阿布顿·卡尔德隆骑士团勋章；巴拿马授予他巴尔博大十字勋章；秘鲁授予他阿亚库乔骑士团勋章；委内瑞拉授予他解放者骑士团勋章。

但是他并未受困于这些浮名。他对胸前那些勋章绶带很有兴趣，是因为他对所有漂亮闪光的东西都很欣赏。他把它们称作"我的霓虹灯"，假装忘了其中有些勋章代表的意义；还有一些勋章，他开玩笑说："我跟土耳其大宰相还是什么诸如此类的人吃了顿午饭，然后就拿到了这个玩意儿。"他认为所有的勋章表彰的不是他个人，而是他指挥下的士兵。他袖子上表示军衔的那些金边一道道多得从手腕一直排到胳膊肘，这也没有让他飘飘然。他说："幸亏他们没法再给我晋升军衔了，如果再多一道金边，我胳膊就没法弯过来端酒杯了。"

他无法理解那些拒绝接受他真实本质的公众，甚至觉得那些人令人厌烦。招待会上那位妇女被劝离以后，他回头跟副官说："你听见那个傻瓜说的话了吗？我当了63年的比尔·哈尔西，然后现在我突然变成上帝啦？这还真得花点时间适应呢。"

直到目前，他还没有试图扮演上帝的角色。他顽固地认为自己只是个普通的人，被推上了神坛，部分原因在于自己的能力，部分在于运气，而绝大部分原因是美国海军的勇气和所拥有的资源。

不过至少在海军里，还真的曾有人把他和某位神祇相提并论过。早在40年前他当军校生的时代，他的同学评价他："看起来像是海神的雕像。"他的脑袋确实有希腊英雄那么硕大，军帽必须特制，虽然勉强能戴 $7\frac{3}{4}$ 号的帽子，但 $7\frac{7}{8}$ 号戴起来更舒服。某个肖像委员会宣称，他的头是"全世界最令人惊叹和令人激动的6个脑袋之一"，其他几个脑袋属于欧内斯特·海明威、欧内斯特·贝文、沃尔特·路透、提尼洛·鲍尔和埃德加·胡佛。[①] 他有个又大又方的下巴，看上去有点前凸，蓝眼睛在两道浓眉下面炯炯放光，虽然有人把他的头跟神像相比拟，但他的神情绝对跟神祇沾不上边。如果需要的话，他可以很严肃，但他微笑的时候比皱眉的时候多得多。大多数他皱着眉头的照片是在写字台前拍的，很难反映他的真实性格：他皱眉的时候通常只是在找老花镜或者在阅读的时候没戴

---

① 欧内斯特·贝文是英国劳工运动领袖，当过内阁部长；沃尔特·路透是美国汽车制造业工会的创始人；提尼洛·鲍尔是美国影星；埃德加·胡佛是联邦调查局的创始局长。这些人都和哈尔西差不多同时代或稍晚。

眼镜。

他文过身，也养过鹦鹉，除此之外，他跟大众印象里"老水手"的相似程度，和他跟海神的相似程度一样低。他身高将近 6 英尺，但远远不像一个典型的橄榄球四分卫那么魁梧，因为体重只有 165 磅，比学生时代还轻了 10 磅，他的肚子并不凸出，腿也很细。他坚持锻炼身体保持身材：他在海军军官学校里打橄榄球，还是划艇队成员，并且至今仍是优秀的游泳运动员和不错的高尔夫球手。近年来出海的时候，只要天气状况和战斗形势允许，他常常打甲板网球，而在岸上他会花很长时间散步。他散步一点都不从容，而是大步流星，几乎不动肩膀。陪他散步的人会注意到，他总是会调整步频步幅来和对方保持同步。两个人不同步让他觉得很别扭，很难受。

哈尔西夫人常说他笨拙。她曾说："要是有人想谋杀自己神经质的老婆的话，只需要请你去他家里，你撞到沙发，踢到椅子，过不了 5 分钟神经质的女主人就心脏病发作死翘翘了。"

他的家人和参谋们总是拿他开玩笑——笑他穿便装时打的领带不成样子，笑他在无聊的时候不知所措，笑他开飞机的时候把乘客吓得尖叫，笑他收藏的那些破烂和放在房间里的储物箱。不管是多小多微不足道的礼物，他都永远珍藏。在他右边裤兜里总是放着一只袋鼠皮的小袋子，里面是新西兰总督送给他的一枚新西兰硬币，还有一块 1 美元的硬币。他钱包里有"幸运草查理"送给他的一枚四叶幸运草，用鳔胶密封起来；还有一张 10 日元钞票，上面写着"来自日本巡洋舰那智号的会计保险箱,击沉于1944年11月5日";此外还有十来张军官俱乐部会员卡,可是这些俱乐部早就关门大吉了。他最为珍视的纪念品是稻草做底的一小片白色亚麻织物,在夏威夷是好运的象征,他有一次在旗舰上把它弄丢了,把军舰上的将官住宿活动区翻了个底朝天,终于找了回来。

他的房间里堆满了日本指挥刀、短刀和作为纪念品的烟灰缸[其中有一只是用1944年10月9日炮击马库斯岛(南鸟岛)发射的第一枚5英寸炮弹弹壳制作的],还有他待过的每一艘军舰和基地上空飘扬的旗帜,有一只瑞士八音盒和一只掐丝珐琅花瓶(以前属于指挥横须贺镇守府的日本海军中将所有),还有其他的一大批战利品。那些热衷于搜集纪念品的人则到处找他的帽子、纽扣、徽章,甚至厕所设备。其中有个人在莱特岛上,趁着他下海游泳的机会,拿走了他放在岸边的毕业纪念戒指,他的参谋给他弄了一个新的。他除了毕业戒指和金质身份识别牌,还戴一个新西兰的绿玉小人像项链,后来有人开玩笑说他看上去像是卡门·米兰达①,他脸红了,从此再也没戴过那条项链。

尽管他保存了很多幸运符,却否认自己是个迷信的人。他以前对13号星期五的迷信现在淡多了,可他在说了一句过于乐观的话以后,还是会敲敲木头,而且还是避免和尼米兹五星上将乘坐同一架飞机,因为大家都知道坏运气总是尾随着尼米兹的飞行员。

---

① 生于葡萄牙的巴西桑巴舞性感女星。

哈尔西说："那不叫迷信，那是谨慎。切斯特在空中的运气很糟糕的。"

哈尔西的子女还小的时候——他们现在都已经有了自己的子女——如果把毛巾扔在洗手池里或者将衣服丢在地板上，哈尔西夫人就会说："你爸爸从来不会这么干。"他追求整洁的程度接近于洁癖。他的参谋们从来不知道他在起床和早餐之间那两个小时干什么，但有人怀疑他会在浴室里待很久，也许修剪并清理指甲，刮胡子洗澡，给自己扑上粉，打理头发，然后把这些事情重复一遍，也许再重复第二遍。他从浴室里走出来的时候浑身上下整理得干干净净，不像是去吃早饭，更像是上手术台做手术。他从来都按时理发，皮鞋锃亮，纽扣扣得整整齐齐，军装笔挺。

有很多高级军官都喜欢擅自违反着装条例，比如麦克阿瑟将军和巴顿将军，可是哈尔西将军只在一处利用过自己的特权，他在战斗帽上把飞行徽章别在海军军徽下面，而1943年以后的条令禁止海军飞行员这样做。

他的整洁严谨远远到不了装腔作势或者强迫症的程度。不管是着装还是行为，如果规整和舒适相冲突的话，他永远选择舒适。他走进房间吃早餐的时候，手下参谋一般都会起立，他总是告诉他们："见鬼，都坐下！我要告诉你们多少遍？"他是认真的，但他的部下还是每次都起立。

有他在场的会议和聚餐并不拘谨，低级军官和参谋长一样，都可以畅所欲言。哈尔西将军让部下充分讨论，有时候会在争论中当个裁判,但直到做决定的关头才会发表自己的意见。这种畅所欲言的讨论氛围不止一次证明了它的作用。1942年2月大胆突击马绍尔群岛的战略,就是在大家一起喝汤的时候提出来的,到吃甜点的时候就已经决定了。

他不管吃什么都吃得很少。他和大多数海军军人一样,成天不停地喝咖啡抽烟,有时候会喝一杯啤酒或者马丁尼,但最习惯的饮料还是苏格兰威士忌加水。他曾说:"一般来讲,我从来不会信任一个不抽烟不喝酒的战士,当然有例外,但例外很少。"他最喜欢的祝酒词是:

> 我和大家一起为你的健康干杯
> 我单独为你的健康干杯
> 我这么多次为你的健康干杯
> 结果损坏了我自己的健康

他喜欢派对,尤其是年轻人的跳舞派对。他比大多数同龄人都活得长,还活着的同龄人也太衰老了,很难和他一样喜欢跳舞和派对。他的副官都很难跟得上他开派对的节奏。有时候他一连三天都在凌晨4点回家,然后6点照常起床,这些对他来说都算不了什么。1942年年尾,他的儿子小比尔当时还是军校学生,来努美阿他的司令部和他一起过年,头天夜里跟着他去参加庆祝活动,第二天早晨6点被老爸照常叫起来。他痛苦地抗议道:"昨天晚上似乎挺好,可是大多数人今天这个时候刚要睡觉,而你却叫我起床!"

他说话从来不夹带太多水手的俚语，比如"抖抖我的木材"①或者"站住，停车"之类，但他讲话还是能让人一下子就听出来是一名水手。他会告诉理发师："把我的头发削去6英寻。"汽车后座叫作"艉楼"，行李叫作"装具"，告别晚会叫作 despedida，是从菲律宾学来的西班牙语。他曾说不会外语是自己一辈子的遗憾，但他却能用不连贯的法语或者德语和人交谈，1946年夏天访问中南美洲的时候，他讲的流利的西班牙语让主人非常高兴。

他说话的时候经常会出现两个明显的语病：总是喜欢把重音放在第一个音节，还有说年代的时候在中间加"和"字，比如说"那年是19和26年"，或者"我们在18和94年就是朋友了"。有几个地名他从来都搞不对，比如布干维尔岛的奥古斯塔女皇湾，他总是说成"奥古斯都皇帝湾"，前任海军部主管航空的副部长是"狄"·盖茨，他总是叫成"盖伊"·盖茨。日记 diary 这个词在他那里会和奶制品 dairy 混在一起，他会说："在我的奶制品里面，呃，是日记里！"他的参谋们能听出来他刚刚和一个英国人交谈过，因为每次他和英国人说话，都会不自觉地跟着英国口音把 ae 读成 aa，过一两个小时才能改回美国口音。

战争爆发之前，他的同事们觉得他在专业上是一名有能力的军官，但并非聪明绝顶，只是很稳当，做部下的思想工作很有一套。社交方面，同事朋友们觉得他是个好伙伴，从来不会歧视军衔低的同伴。军官们的妻子认为他是个讲礼貌的模范客人，反应快，充满正能量，而且很体贴。所以有些在珍珠港事件以后一直没见过他，

---

① 水手俚语，意思是赌咒发誓。

只是在报纸上看到他行踪的老朋友，会担心战争让他性格大变。他们说他再也不会是几年前那个说话轻声细语的比尔·哈尔西了，而变成了惹是生非的冒险家，出口成脏。

他们的担心可以理解，但是并没有必要。他还是那个轻声细语的人，平常说话虽然喜欢带"见鬼""该死"之类的字眼，但并不比以前更多。如果和女性讲话，有时候会把"见鬼"换成温和一点的"我去"，无论什么时候绝不会言语失当。他在压力很大的情况下，说出的最重的赌咒发誓的话是"耶稣基督和杰克逊将军啊!"。他其实没有什么改变，仅仅是新闻媒体把他描写成满嘴跑火车的英雄，因为媒体认为美国公众希望看到这样的英雄。他在1942年10月出任南太平洋战区总司令之前，从没有接受过媒体专访，新闻记者们觉得他不像是大家期望的那种"讲话出格的老水手"，他们觉得大多数海军高级将领都应该是那个样子的，于是表示很失望，此后他为了迎合媒体而故作惊人之语。(他手下有一个参谋曾说："老家伙如果想要表演的话，可以演得很出色，他就是个海上的哈姆雷特。")记者们在后来的专访当中，注意到他减少了讲话里面杀气腾腾的用语，不过他们已经把哈尔西的公众形象塑造成了一种典范，此后再也没有改正过来。

尽管哈尔西可以根据情境的需要改变自己的遣词造句，但表达出来的意思绝对是黑白分明的。他有个朋友事先告诉某个仪式的主持人说："你要是并不真的想让比尔·哈尔西说出他的看法，最好别问他，因为他绝对会不加掩饰地畅所欲言。"他讲话不会拐弯抹角，根本不考虑语气是否委婉的问题。海军部长福雷斯特尔曾开玩笑地把他称作"海军里的亨利·华莱士"。但他和很多公众人物不同，只在自己周围的小圈子里直抒胸臆。这倒不是出于谨慎小心的原因，而是因为他在海军之外没有任何业余兴趣爱好。他读书，但不系统；他没有业余爱好来转移注意力。跟他不熟的人会认为他上岸以后根本就没有个人生活，即便身边工作人员也从来没听到他提起过任何个人的烦恼。其中一位参谋说："我不知道他是把私人事务扔在脑后了，还是埋在心里了，但我知道他肯定从不把这些事挂在嘴上。"

他以前常说退休以后要找个能看见大海的地方居住，他虽然热爱海军，但对自己指挥过的军舰一般没有偏爱，唯一的例外是企业号，也许还有萨拉托加号，但程度比企业号轻得多。对于一个有点多愁善感和情绪化的人来说，这种漠然的确有些奇怪。某件感人的事情也许会让别人喉头哽咽，而哈尔西将军则会被感动得热泪盈眶。他轻蔑地提起"我那些废话邮件"，但偶尔有来信指责他对生命无动于衷的时候——每位高级将领都收到过类似的来信——他都会忧郁好几天。某天在瓜达尔卡纳尔岛上，他的参谋们找不到他了，后来发现他溜出去找一位朋友的儿子的墓地、给墓碑拍照。每次他下令执行一项危险的任务时，都会对参谋们说："不想打破鸡蛋就做不出蛋饼！"他说这话的语气，一半是坚定，一半是抱歉。而这项任务完成之前，他总会来回踱步，在手里拧着香烟，掏出打火机，放回去，接着拧香烟。

他对海军有着和纳尔逊相同的观念"兄弟团"。某天晚上他在彭萨科拉附近开车，路过一处车祸现场，一辆摩托车被撞坏了，骑手是一名水兵，受了伤。已经有一辆海军救护车正在赶赴现场的路上。救护车赶到不久，一名海军军医也开车到达，他把受伤的水兵送进救护车,然后做手势让司机开走。

哈尔西将军问他:"你不坐救护车送他去医院吗?"

"是的,长官,我开自己的车去。"

"让你自己的车见鬼!去坐救护车!"

水兵们知道他极为关心部下的福祉,在海军的语言里,这叫作自上而下的忠诚,水兵用更为热忱的自下而上的忠诚来报答将军。在他退休之前,每次他的部下和他人交谈时,都会表现出对他的爱戴和尊敬。海军见面通常会问:"你在哪条军舰上服役?"哈尔西的部下从不回答具体的舰名,而会说:"我在哈尔西的部队里!"

他对上级也非常忠诚。即便在和密友的私人谈话中,他也从不给上级脸上抹黑。他的参谋们常常会故意引诱他对某项他有不同意见的国家政策发表评论,但这些政策是总统制定的,而总统是三军总司令,于是他保持沉默。在战争初期,南太平洋战区的海军和陆战队队员总爱议论麦克阿瑟将军戏剧性的言谈举止。陆战队尤其喜欢冷嘲热讽,因为麦克阿瑟当陆军参谋长的时候,曾经试图取消海军陆战队这个军种。但每次当别人要哈尔西将军对此类言论做出评论的时候,他总是说:"你一定是搞错了,将军是一位出色的斗士。"

要对一个人的性格做出准确的描述,就一定要兼及头脑和精神两个方面。哈尔西将军的头脑是典型的海军头脑——受过良好的职业训练,但也有明显的职业局限性。他的精神和历史上所有伟大领导者的精神相契合。他的礼貌和谦和算不上领导艺术的内涵,而是额外的优秀品质。他对部下的忠诚在领导艺术的构成中占有一席之地。勇气才是他最突出的品质,是部下追随他赴汤蹈火的最重要的特质。他是一名斗士,在战火中久经考验。在指挥第 3 舰队的时候,他不是派部下去战斗,而是率领部下战斗。赢得战争的是士气,而托马斯·马洛里爵士在描述亚瑟王的某一场战役之后所写的一段评述,最好地点出了出色的个人领导能力对提升士气的巨大贡献:

> 所有上帝的子民都对这样一位首领心悦诚服,他会和手下其他可怜的骑士一起亲冒矢石。

哈尔西将军就是这样一位首领。

美国海军预备役少校
J. 布里安三世

目　录

第一章 …………………………………………… 001
第二章 …………………………………………… 019
第三章 …………………………………………… 034
第四章 …………………………………………… 053
第五章 …………………………………………… 071
第六章 …………………………………………… 093
第七章 …………………………………………… 130
第八章 …………………………………………… 149
第九章 …………………………………………… 164
第十章 …………………………………………… 184
第十一章 ………………………………………… 206
第十二章 ………………………………………… 228
第十三章 ………………………………………… 246
第十四章 ………………………………………… 266

第十五章 …… 293

第十六章 …… 323

第一章

1945年8月29日这天，我站上了人生的巅峰。我甚至能把这巅峰的一刻精确到分钟——上午9点25分，因为那天我的旗舰午前瞭望日志里有这样一条记载："美国海军第3舰队司令乘坐密苏里号战列舰驶入东京湾，9点25分下锚于第71号泊位。"我整个45年的美国海军生涯一直都在为这一刻做准备。这些年的岁月和努力，在这一刻都已经化作现实，一切都是最好的安排。

直到今天我还是不愿意被人看作那个骑着白马凯旋的"公牛"哈尔西。新闻界给我贴上了"公牛"这个标签。其实我从父名，最开始被叫作"小比尔"，后来去掉了"小"字；再后来，我当了5个孩子的外祖父，作为海军五星上将又有一大堆年轻的下级，大概我也免不了被人称作"老比尔"吧。今天我坐下来写这本自传的时候，还是愿意在书里被称作比尔·哈尔西，而不愿意用那个装腔作势的绰号"公牛"。

在此我要插入一则更正说明：这本书不是一本真正的自传，更像一份报告。我在海军服役的一半时间都花在写报告上面了，报告是我唯一能写得出来的东西。我在写作的时候，的确时不时会插入一些精彩的小花絮，搬出些陈年的争论，对某些过往的事情致以歉意，或者假定某些事发生变化来猜测之后的历史将如何改变——以上种种都不可能出现在官方报告当中，但我不会完全偏离就事论事的官方报告的写作风格。这份报告将会尽可能地客观真实，将包括我能回忆起的一切有关细节，不管这些细节是否对我自己有利。这份报告不会谈论形而上的哲学问题，这个领域非我所长。它会按照时间顺序展开，从我的祖先讲起，以我的退役作结。

我曾翻阅过今天尚存的那些姓哈尔西的家族先辈一鳞半爪的事迹，发现其中不乏浪迹海上的冒险家，多得是身材魁梧，举止暴烈，无法无天，酗酒无度，满嘴脏话的不法之徒。这个家族最有名的前辈海员是一个名叫约翰·哈尔西的船长，1704年受马萨诸塞州州长委派指挥海军私掠船。有本书，名字叫作《最臭名昭著的海盗犯下的抢劫和谋杀罪行史略》，这个书名最恰当地描述出约翰船长对自己的任务的理解。我很喜欢史料当中描述他如何率领手下一小撮匪徒单挑四艘大型商船，最后俘获其中两艘，船上装载的货物价值25万美元的事迹。不过最令人感动的还是其中提到，他1716年如何在马达加斯加死于热病，如何被葬于当地。这里引用其中的一小段。

在约翰船长的葬礼上吟诵了英国国教会的祈祷词，到处飘扬着旗帜，他的棺材上覆盖着船旗，摆放着他生前佩戴的手枪和佩剑。死者享年46岁，因此小型礼炮齐射46响，此外轻兵器进行了3次英国式齐射和1次法国式齐射致哀。约翰船长生前英勇作战，仁慈对待俘虏，深受朋友爱戴，他的朋友们对他的逝世深感遗憾。他的坟墓坐落在一片西瓜地里，周围以土垒拱卫，以防当地到处乱窜的野猪拱出逝者遗体。

约翰船长死后，哈尔西家族的航海传统在家族血液里潜伏了一段时间，此后重现于世，直到今天。1815年以萨格港为基地的埃利法莱特·哈尔西船长在合恩角外海捕获了第一头长岛鲸鱼，此后四五十年，十几位姓哈尔西的捕鲸船长步他的后尘。我父亲遵循这个家族传统加入了美国海军，我也不例外，我的儿子也克绍箕裘。

我父亲1869年考进美国海军军官学校，是1873届毕业生。他在棒球校队当投手——当时流行的是下手投球法——还博得喜欢打架惹是生非的名声。他有个老同学告诉我，他们毕业前不久曾未经允许一起溜出校园，在回学校的路上意外撞见了海军宪兵。他们两个都已经背了好多违纪罚点，再被上报一次就会被开除，他们也清楚自己的处境。结果我爸爸冒了一次险：他"不小心挥了一拳"，没等宪兵认出自己是谁就把对方给打晕了。

我父母在1880年结婚。我外公是纽约的詹姆斯·德鲁·布鲁斯特，外婆是费城的黛博拉·格兰特·史密斯，他们一共生了14个子女，我母亲安妮·马斯特斯·布鲁斯特是其中之一。1882年10月30日我在外公布鲁斯特的房子里出生，地址是新泽西州伊丽莎白市西泽西街134号，我在那里度过了自己的童年。（那座房子现在是个喝茶的地方，叫作"波莉的伊丽莎白客栈"。）

父亲婚后不久就奉召出海，结束海上勤务回到岸上后，前往纽约的海军测绘局供职，当时我已经两岁半了。他第一次看见我的时候肯定大吃一惊，马上就把我拎去当地的理发馆，把我长长的黄色鬈发给剃光了,我特别高兴,而妈妈却不以为然。父亲后来不顾母亲的反对一直让我留短发,每次我做错事的时候,他都会吓唬我说,要把剃掉的长头发给我粘回脑袋去。

我和妹妹黛博拉度过了典型的"海军子女的童年",我 10 岁之前就住过六座城市。1895 年秋天我进入费城附近的斯沃斯莫尔语法学校。那所高中是第一所我连续待过两年以上的学校。我在那儿上学的第二年,父亲回海军军官学校出任物理和化学教员。我从小就立志要进海军军官学校,快到 15 岁的时候(15 岁是海军军官学校入学的最低许可年龄),家里就到处找人给我写入学推荐信。我们给所有认识的和好多不认识的政客写信,我甚至给时任总统麦金利写过信。[注1]

我从未收到过总统的回信,不过全家都深信我最终会得到一个推荐名额,所以父亲把我送去威尔莫教授开设的为海军军官学校入学做准备的补习班学习。一年过去了,我还是没有拿到推荐名额,第二年也没有,我想既然自己无缘以学员的身份加入海军,至少可以以医生的身份上舰服役。我父亲同意让我进弗吉尼亚大学学医。

我选择弗吉尼亚大学,是因为我的好朋友卡尔·奥斯特豪斯进了那里。我在大学里没学到多少东西,不过成绩挺好,加入了荣誉学生社团,至今我还在怀表的表链上挂着德尔塔—派荣誉社团的徽章,我的大学业余生活也挺丰富。我在学校里对橄榄球的热情越来越高,这进一步削弱了我本来就不太积极的学习热情。我球技不够出色,打不上校队正选阵容,不过有时候能打打替补,位置是左边锋。校队有一场跟乔治敦大学的重要比赛,赛前练习的时候,校队明星四分卫在练习赛中摔断了腿,我的机会来了。我在校队的表现就像很多战场上士兵的表现一样——他们拿不定主意是要授予我国会荣誉勋章呢，还是把我送上军事法庭。学生社团觉得我太糟糕，恨不能把我吊死，主教练却让我随队去了华盛顿特区参加比赛。这类故事总有个俗套的皆大欢喜的结局：受尽歧视的替补队员最终在场上以漂亮的带球触地赢得了所有人的尊重。可我的故事是个例外，我连上场的机会都没捞到。

第二年春天，国会额外授予总统5个军校推荐名额，我妈妈成天泡在麦金利总统办公室请愿，结果总统终于答应给我其中一个宝贵名额。我像疯了似的临时抱佛脚准备入学考试，最后终于通过考试，于1900年7月7日入学。

安纳波利斯海军军官学校1904届那个班有几个特点：我们是最后一届组成一个不满100人的年级，最后一届被称为"海军学员"而不是后来的"军官候补生"，最后一届从未住过现在的主学生宿舍班克罗夫特大厦的学员。另一方面，我们是第一届由一名学员中校出任学员队队长的学员。我入学第一年，海军军官学校的全体学生总共只有238人，只够编成一个营，学员队长是海军学员少校。到我上到第四年的时候，学员总数已经超过600人，足够一个团的编制，学员队长的级别也随之升了一级。我从没当过学员队长，最高也就当过学员第二营的副官，袖子上有两条杠①。

据我所知，美国陆军和海军军官学校的打分系统跟一般地方院校不一样：满分是4分，及格线是2.5分。如果一名学员的总平均分超过3.4，就可以在领章的锚旁边缀上一颗星。我在四年级的时

---

① 学员中尉。

候，学习成绩冲到过全年级平均水平以上，不过一般情况下，我的平均成绩总是离及格线比离星星更近。我上机械理论课的第一个月，拿到一个 2.28 分，我父亲强烈建议我别再打橄榄球了，集中精力学习。我回答说自己宁愿挂科也要继续打球，他大发雷霆。不过我挺幸运，还有很多其他学员也过不了那门课，于是班里安排了成绩优秀的同学给大家进行课外补习，准备下次考试，老师还把下次考试里比较难的考题删掉了。

考完试后我去父亲的教官食堂蹭饭，他在门口拦住我问成绩出来没有。

"出来了，长官。"

"拿了多少分？"

"3.98，长官。"

老爸盯着我看了整整一分钟，最后问我："先生，你喝高了吗？"

我在军校的头两年只能当校队的替补，不过 1902 年赛季开赛前不久，队里的正选全卫受了重伤，于是我进入了正选阵容。我那一年和第二年（也是在校的最后一年）都保住了首发位置。我得承认，那两个赛季的橄榄球队可能是安纳波利斯海军军官学校史上最糟糕的两届校队，而全队水平最烂的位置就是那个全卫。

40 多年以后，陆军五星上将艾森豪威尔在华盛顿海军五星上将金的办公室碰见我，那是我们初次见面。他跟我说的第一句话既不是"很高兴认识您"也不是"你好"，而是"将军，有人跟我说，您自称海军军官学校史上最烂全卫？"

我不知道他想说什么，于是简短地答道："没错，怎么了？"

艾森豪威尔大笑着伸出手来："来认识一下陆军军官学校史上最烂的半卫！"

1902年西点军校以22比8赢了我们，1903年他们赢了个40比5，这是两校对抗史上最悬殊的比分。我输得无话可说。后来在1943年的某一天，我在南太平洋战区司令任上，陆军的查理·汤普森少将从斐济飞来开会，见面的时候我又想起当年输了比赛以后全身青紫的情景，我跟他说："将军，咱们上次见面的时候，你在富兰克林球场按着我的鼻子在地上摩擦。"

"大个子查理"笑了："我当时怎么会知道你将来会当上战区司令？"

两个军校之间因体育对抗产生的传统对立情绪，大概也就是这么回事儿了。[注2]

在我的军校生涯中，最鲜明的记忆除了学习和打球，还有检阅跟夏季航海训练。检阅总是让人神经紧张，可是三个夏季的航海训练每次都让人非常兴奋。当然，那些容易晕船的可怜家伙除外。我自己非常幸运，一辈子从没有晕过船。（某次在北大西洋上，我们乘坐的堪萨斯号遭遇大风，我还能一次吃下去一大块法国卡芒贝尔奶酪，那些本就晕船的同学看着我吃东西，晕得更厉害了。）我从年轻的时候起就有轻度耳聋，可是如果要在晕船和耳聋之间选择，我情愿像现在这样。

我们在这几次出海训练当中完成了从只会空谈的旱鸭子到真正水手的转变。每次航海训练有一半时间是驾驶蒸汽动力舰船，比如旧战列舰印第安纳号，另一半时间用来驾驶风帆舰艇，一般是在钢船壳的方形风帆舰切萨皮克号上。我二年级夏天在切萨皮克号上是普通水手，四年级出海时已经晋升为驻埠船长，那是全班第二高的舰上职务。我对自己在舰上的晋升尤其感到欣喜，因为我父亲在美西战争中担任纽瓦克号巡洋舰上的航海官，我毕业那年他又正好出任军校的航海系主任兼切萨皮克号舰长，我想证明自己也能成为和他一样出色的水手。后来在毕业典礼上，学校的宪兵总军士长跟我说："哈尔西先生，我但愿你今后一帆风顺。"然后又摇摇头，"但你永远也没法成为和你父亲一样出色的海军军官。"他的话给我的雄心壮志浇了一盆冷水。

我们二年级夏季乘坐印第安纳号出海的时候，几个同学相约文身，作为终于当上水手的纪念。某个同学设计了文身图案，那是个很难看的蓝色的锚，锚链组成数字04，王冠上有红色的"美国海军"字母缩写。一个喝得醉醺醺的锅炉工把图案文在我们的肩膀上。他的文身工具跟他本人一样脏兮兮的，天知道我们几个人怎么居然没感染败血症。可毕竟我们没感染，文身留下来了，后来我经常为此感到尴尬。我父亲有四处文身，他警告我别干这种傻事，可是我一如既往地顽固，听不进去。

海军在西奥多·罗斯福总统任期内急剧扩充规模。海军军官学校稍微缩短了学习年限，以便为新服役的战舰输送足够的军官，所以我们1904届毕业于2月2日，而非惯常的6月。入学时的93名学员中62人顺利毕业，我毕业总排名是第43名，可那些都不要紧，要紧的是，我现在成功毕业当上了海军。[注3]

以上种种俱往矣。我们那届同学中有2/3都已过世，没有一个人还在军中服役。但其中有一位同学，如果他后来得到公正对待的话，现在应该还在军中的。我指的是赫斯本德·金梅尔，后面我还会提到他。①

　　海军军官学校毕业生循例享有1个月假期，但我没有享受到。我被派到战列舰密苏里号上。而且接到派遣令的时候，离密苏里号起航前往关塔那摩海域进行冬训只有5天时间。命运何等奇妙：我航海生涯的开始和结束都是在密苏里号上，前一艘绰号"密西"，后一艘绰号"大莫"。两艘舰在当时都是最现代化的战列舰，但时间相隔四十年，两者还是有些有趣的差异的。

	密　西	大　莫
主　炮	四门12英寸	九门16英寸
吨　位	12500吨	45000吨
航　速	18节	32.5节
全　长	388英尺	887英尺
横　宽	72英尺	108英尺
舰　员	652名	2640名

　　密苏里号从关塔那摩海域移师彭萨科拉，参加全舰队一年一度的射击训练。某天早晨我站在舰桥上，听到一声巨响，看见12英寸后主炮炮塔顶舱盖上方蹿起一股高达400英尺的火苗。紧接着又有一声更尖利的巨响。后炮塔里有4个90磅重的推进药包起火，火星窜进了炮塔下方的弹药准备室，又点着了十几个推进药包。5名军官和26名水兵在炮塔里被活活烧死。那天是1904年4月13

---

① 金梅尔是哈尔西的同届同学和好友，珍珠港事件时的太平洋舰队司令。哈尔西认为任何人任当时的职务都无法避免珍珠港的基地和舰队遭受重创，金梅尔被去职是不公正的决定，而如果金梅尔没有被撤掉太平洋舰队总司令职务的话，他肯定会得到海军五星上将的军衔，而海军五星上将永不退役。所以哈尔西有此一说。

日，此事在我的记忆中留下了很深的阴影，我会害怕每个月的13号，尤其是13号正逢星期五的话，我在那天会害怕得几乎不敢做任何事情。

那年秋天我离开密苏里号，短时间内又回到海军军官学校橄榄球队，在主教练保罗·达希尔手下当后场助理教练，之前的海军橄榄球队聘用的职业教练离任时搞得一团糟，达希尔受命重振球队。虽说那年陆军西点军校还是以11比0打败了我们，可1905年我们就打平了，我当时还是后场助理教练，1906年我们校队在7年中第一次击败了西点军校。

1905年赛季结束后不久，我正式离开密苏里号战列舰，去了奥地利亲王堂·胡安号，这是美西战争中的前西班牙炮舰，刚从马尼拉湾海底打捞上来，准备重新加入现役。传说这艘军舰设计建造的原来用途，是在阿方索十三世登基成为西班牙国王的庆典仪式上，用作西班牙王太后游艇的，我们的军官舱占据了全舰后半部1/3的空间，其豪华程度的确可以跟越洋班轮的舱室媲美。

我们驾驶堂·胡安号驶入加勒比海，开始了单调无聊的一段航程，我们的任务是协助圣多明各的警察部队弹压地方，并在几个港口城市支持税吏的工作。我们有整整6个月时间一直待在萨玛纳湾，唯一的娱乐就是旁观当地形同儿戏的社会革命，只有每个星期从本土送来邮件的时候才有点新鲜感。

不过的确另有一件令我激动的事情。1906年2月2日，我毕业以后整整两年，终于获得了海军少尉军官的正式授任。刚毕业的海军候补生不算正式授任军官，只算任命军官，两者的区别是后者在因公残疾的情况下享受不到退休福利。现在我不仅有了这项福利保障,而且基本工资也涨了一大截,军服袖口上还绣上了一条金边。老天爷,我太为这条金边自豪了!后来我晋升为海军五星上将的时候,给袖口绣上四窄一宽五道金边所花的钱,比军装本身还贵。美国海军历史上三位大元帅法拉格特、波特和杜威,一定都有可观的外快收入,才能负担得起这么贵的军装。

1907年3月我去海军最新的战列舰堪萨斯号报到,堪萨斯号为了赶上罗斯福总统任期的舰队环球航行而加紧建造服役。按照古老的水手传统,一艘船下水的时候,一定要在船头打碎一瓶年份最好的香槟酒来庆祝,如果不用香槟而用水来完成下水仪式,就像祝酒的时候喝水一样,是不吉利的。虽然我们也知道堪萨斯州法律禁酒,可是他们居然用堪萨斯河水来给战舰做下水庆典,还是让人非常愤怒,后来州里的官员代表团上舰来送上军官餐厅的整套银餐具,我们在欢迎酒会上小小地报复了他们一下,不上酒,只上柠檬汁。

罗斯福的大海军政策导致海军人手短缺,但我们最后还是配齐了舰上的水兵员额。那年秋天我舰启航驶向汉普顿洛德与主力舰队会合,总共16艘战列舰、5艘驱逐舰,由大西洋舰队总司令罗伯利·埃文斯海军少将指挥。

我们在特立尼达的西班牙港欢度圣诞节,然后南下巴西里约热内卢,再南下到智利的蓬塔·阿雷纳斯,穿越麦哲伦海峡之后北上到瓦尔帕莱索,然后继续驶往玛德莱娜湾的卡瑶,还有圣地亚哥。我们在圣地亚哥举行了阅兵式,海军少尉哈尔西挺胸凸肚地走在自己的水兵方队头排,看见一个当地的小屁孩指着自己大声叫道:"看哪,那家伙长得跟只牛头狗似的!"

舰队在旧金山靠港的时候发生了一件事情，如果能在场旁观的话，我情愿花上一个月的薪水。堪萨斯号的舰长查尔斯·弗利兰德海军上校短期外出，往东去内陆，坐火车回来的时候，在车上碰到六七个刚从安纳波利斯毕业的军校学员，横穿大陆来舰队报到。弗利兰德上校当时穿着便装，被这些军校毕业生当成了普通老百姓，所以他们谈起海军来无所顾忌。他们绘声绘色地描述海军生涯的危机四伏，自己的使命多么重要，就连埃文斯将军都对他们礼敬三分。他们满嘴海军行话，但好多地方都用词不当，连说带比画地向上校解释什么是"送信浮标""水冷六分仪"，还有其他一些自己凭空想象出来的玩意儿。

弗利兰德上校听着，表面上不动声色，心里笑得开了花。火车到旧金山站以后，他谢谢军校生们一路的陪伴，说希望有幸再次见面。不到一个小时，这份"荣幸"就降临了，就在舰队码头上。年轻人一开始还摸不着头脑，这个老百姓来这儿做什么，上校问"我能帮到你们什么？"的时候，他们更觉得不着边际了，笑着回答："要不你把我们弄上军舰吧。"

那位"老百姓"回答说："乐意之至，你们可以坐我的交通艇上舰。"

这帮小鬼坐在交通艇上的时候肯定如坐针毡，尤其是那位被分配去堪萨斯号报到的学员……

旧金山、檀香山、奥克兰、悉尼这一路上都在不停地举行聚会和阅兵式，让人疲惫。港口的热情过后，我们需要在海上休息几天才能缓过劲来。墨尔本和其他几个大港一样热闹，它在我记忆当中留下印象，是因为我当舰上执勤军官时发生的一件事情。当时我们的交通艇靠上来，一批上岸的水兵返回舰上，我注意到有名水兵把一个包裹忘在艇上，就招呼上舰的最后一名水兵，"士兵，顺便把那个包裹拿上来！"

他的回答让我吃了一惊："就来了，先生！"①

我看他不像是喝多了的样子，所以等他登上甲板以后加以盘问，原来他是个澳大利亚平民，在一名海军水兵的要求下，跟他互换了衣服和身份。我们没收了他的军装把他交给警察，但是后来再也没能找出那个水兵是谁。其实舰队在墨尔本的时候有不少水兵开了小差，听说其中有些人后来在墨尔本混得不错，成了当地的头面人物。

舰队从墨尔本驶向马尼拉湾，一路穿越龙目海峡和望加锡海峡，穿过苏拉维西海进入苏禄海。全舰队的航海技术此时已相当熟练，我实现了一个期盼已久的愿望，那就是从我当班到下班的4个小时时间里，全程不需要让军舰提速或者减速就能一直保持在阵位当中——这是我海军生涯里唯一一次做到这一点。

我们从马尼拉驶向日本横滨。当地政府举办了很多娱乐活动，也有毫无生气的乐队演奏不在调上的《星条旗永不落》和日语山呼"万岁"。尽管如此，我总觉得日本人的欢迎不是出于真诚，他们并不喜欢我们。就连日本人授予全舰队官兵纪念章以彰显两国政府间的"友好意愿"的时候，我也觉得他们言不由衷。我不知道自己的那枚纪念章后来掉到哪儿去了，珍珠港事件以后我当年的好几个舰上战友给我寄来了他们的日本纪念章，让我一有机会就丢还给日本鬼

---

① 水兵的标准回答应该是"是，长官"，所以一下就露出了破绽。

子。我在1942年4月指挥第16特遣舰队向东京进发的时候，请杜利特尔代劳，他不但办成了这事，而且还的时候还带响。

我们在横滨和东京参加了好多场派对，其中一次尤其令我记忆犹新，那是在海军元帅东乡平八郎伯爵的旗舰三笠号战列舰上举办的。东乡在对马海战中指挥日本联合舰队，几乎全歼了俄国舰队。东乡在宣战之前就背信弃义地用鱼雷偷袭旅顺港的俄国舰队，在更早的1894年，东乡担任日军巡洋舰浪速号舰长，他还未加警告击沉了中国的运兵船高升号，拉开了甲午战争的帷幕。日本鬼子在珍珠港重施这种背信弃义的伎俩的时候，居然还有某些美国人天真到对这种厚颜无耻的行为感到震惊！

三笠号的派对有很多大人物出席，包括美国驻日大使托马斯·奥布莱恩。派对进行到高潮的时候，有人提议向奥布莱恩大使和接替"斗士鲍勃"·埃文斯出任舰队司令的查尔斯·斯佩里海军少将致以最高的敬意。好多日本人伸手抓住奥布莱恩和斯佩里的时候，我们很多人都警觉起来，这两人都是又瘦又高的身材，不过日本人只是伴随着山呼"万岁"把他们轻轻地抛起放下而已。我们当然也要用同样的方式向东乡致敬。我们个子比小日本高，块头大，东乡瘦弱得像只虾米，结果我们不是轻抛三次，而是把他实实在在地扔上半空三次，如果当时我们知道后来会发生什么的话，第三次把他扔上去就不伸手接住了。

我再次登上三笠号的时候，历史已经发生了翻天覆地的变化：三笠号不再浮在海面，而是恭恭敬敬地供奉在东京附近横须贺海军基地的水泥舰巢里，而我则是征服日本的舰队司令，时间过去了37年。

我们舰队在1908年圣诞节溯红海而上驶向开罗。到达之前全体官兵翘首以盼，舰队指挥官答应大家都能上岸看看这座名城：一半官兵在穿越苏伊士运河之前，从红海这边的苏伊士港上岸，另一半在穿越运河以后从地中海的塞得港上岸，我属于后一半。前一半水兵去过开罗以后回来，把那里吹得天上仅有地下无双，我们的心被撩拨得痒痒，决心要以史无前例的速度穿越运河，结果刚开始过运河，就传来消息说西西里岛的墨西拿被地震夷为平地，我们将全速航行前去救灾。直到今天我都没去过开罗。

舰队能为墨西拿灾民做的有限，只好留下康涅狄格号战列舰和全舰队的医务人员，其余舰艇分散访问法国和北非各个港口，然后在直布罗陀海峡集结，在那里有几艘英国和俄国军舰，俄国军舰当中还包括对马海战的幸存者。每一艘英国军舰都负责陪伴一艘美国军舰和一艘俄国军舰。我们堪萨斯号和俄军战列舰塞瓦斯托波尔号的伴随舰是英国海军德文郡号巡洋舰。在德文郡号举办的招待晚宴上，塞瓦斯托波尔号轮机长坐在我们的轮机长爱德华·卡尔布福斯上尉和我们的副轮机长文森特上尉中间。"荷兰人"卡尔布福斯自以为是个能说会道又懂多国语言的语言学家，他想把不善言辞的文森特拉进和俄国人的谈话里来，于是指着文森特用法语向俄国轮机长介绍说："我的副手。"

文森特鞠了一躬，说了整个晚宴期间唯一的一句话："是的，阁下（法语），而且是整个见鬼的美国海军（英语）最漂亮的副手（法语）！"

环球航行的最后一个航段是从直布罗陀回到汉普顿洛德。我们冲过了一场北大西洋的飓风，在1909年的华盛顿总统诞辰纪念日到达目的地，罗斯福总统乘坐五月花号检阅了舰队进港的过程。我之所以能记得当时的场景还有另一个原因：堪萨斯号的同级姐妹舰中最新的一艘新罕布什尔号也参加了阅舰式，她被涂装成铁灰色而不是通常的白色。我记得当时自己被这艘新舰强大的隐蔽性所震惊，想过在炮战当中这么好的隐蔽性会给她带来多大的优势啊。其实我大可不必如此大惊小怪。现在随着雷达的普遍应用，就算把军舰涂成马戏团海报的颜色都没什么关系了。

作为一名初出茅庐的年轻军官，我认为这次环球航行无论从哪个角度来说都是成功的。对海军本身而言，这次航行让舰队的运作效率达到了顶峰；对国家来说，它提高了美利坚合众国在沿途到访国家当中的威望；就外交方面来说，我们访问日本很可能在当时防止了日美之间爆发战争，至少是推迟了战争的爆发。日本当时对我们调停日俄冲突极为愤怒，正在找茬挑衅，这次远航正是罗斯福总统的"大棒"，他在横滨和东京挥舞这根大棒，逼迫日本人屈服了。

[注1]哈尔西将军当年写给总统寻求推荐的那封信，最近在华盛顿的国家档案馆被发现了，全文如下：

致威廉·麦金利少校：

敬爱的阁下，我猜想您可能不会记得多少学生给您写来的信件，不过如果您能记得其中一些内容的话，我想告诉您，我的这封信与他们的不同。这封信的措辞也许不那么好听，不过我希望自己也不差，我只是想，如果您还没有用完海军军官学校的入学推荐名额的话，务必请您推荐我。

我的父亲是一名海军军官，目前是蒙哥马利号上的航海官。您知道海军的普通军官一般来说没什么政治影响,不过往届总统如果还有没用完的推荐名额的话,一般会把剩下的名额用来推荐海军军官的儿子。我知道人们如果对被推荐的人不熟的话,不会轻易把这么重要的名额交付给对方。不过您知道,一名海军军官一定是一个能胜任本职工作的人,他才能够在职位上坐得稳。海军部长罗宾逊(其实叫罗伯森)让我父亲进了海军,部长是我外祖父的律师事务所合伙人。我曾在我父亲多年的舰勤和岸勤服役岁月中陪伴左右,我一直以来的梦想就是加入海军。

如果我能获得您的推荐,我父母一定会同意并支持我上海军军官学校的。我不认识任何一位国会议员,而新泽西州伊丽莎白市的地区推荐名额也已经有人了。我父亲曾在海军军官学校当过三年英语教员,我也在那里住过三年。我现在是斯沃斯莫尔这所学校的寄宿生,将在1898年毕业。去年10月13日我已年满14岁,我父亲现在的军衔是海军上尉,在晋升序列上排名大概是第95位。当然,我也祝贺您这次大选取得了巨大胜利,每一个品性优良的美国人都会支持您当选的。这样的话已经有很多人对您说了一遍又一遍,自然不需要像我这样的年轻学生再多加重复。

此致
敬礼

W. F. 小哈尔西

斯沃斯莫尔语法学校

宾夕法尼亚州斯沃斯莫尔市

1897 年 1 月 26 日

[注2]以下这段报道摘自1903年11月29日的《费城公共记录报》:

下半场一开场,小哈尔西以一次全场最长距离的带球跑令海军队士气一振。开球之后他在4码线附近抢到球,一路长驱直入,躲过了陆军多名队员的围追堵截，一直跑到43码线才被扑倒。

[注3]安纳波利斯海军军官学校毕业生每年都出版毕业年鉴，名叫《幸运的一群》，1904年《幸运的一群》这样描述哈尔西将军：

外号"威利"和"帕奇"，《幸运的一群》编委会成员，三年级晚餐委员会成员，一年级优等生委员会成员，一年级圣诞卡委员会成员，一年级校橄榄球队替补队员，三、四年级校队正式队员，三年级毕业舞会组委会成员，三、四年级校运动员协会主席，四年级德语学习委员会成员。

用狄更斯的话形容他就是"我觉得此人无所不知，世上稀奇古怪的东西没有这人不懂的"。

他是全年级唯一一个跟"将军"担任的社会职务一样多的同学（"将军"是阿瑟·吉尔·加菲同学的绰号）。起初学医，学到些有用的东西……真正的水手。看上去像是海神尼普顿的画像。基督教青年会运动的同情者。每个同学的朋友，"布莱德"（哈尔西的室友布拉福德·巴内特的绰号）的忠实伴侣。

《幸运的一群》里面没有写到哈尔西还得了汤普森奖杯，这是每年奖给为安纳波利斯海军军官学校体育事业做出最多贡献的毕业生的奖项。

第二章

舰队在环球远航结束之后分散开来，我则接到命令赴华盛顿参加晋升考试。考试科目包括海洋工程和电气工程、国际法、军械和炮术、航海术、通讯、海军条例还有军事司法系统常识。我不算是个读书的料，在环球远航期间也没什么时间读书。现在回想起当时考试的紧张程度，我的膝盖还是忍不住发抖——考试长达6天，每天持续8小时！总共7名少尉参加考试，我是顺利通过的4个人之一。一般情况下，我们会在海军中尉的级别停留上两年，但实际上我们只当了两分钟中尉，因为上尉的位置出缺，于是我们先宣誓晋升海军中尉，然后立刻被提升为上尉。

我的下一个任务是赶赴查尔斯顿海军船厂，接手一艘鱼雷艇，那里有很多闲置多年的各种各样的废旧小型舰船。不过独立指挥第一艘舰艇的经历，对任何人而言都是激动人心和令人难忘的，我在杜邦号上升起军旗的时候，内心充满了无比的自豪感。就在这艘鱼雷艇上，我开始了23年指挥鱼雷艇和驱逐舰的生涯。从那时起直到1932年6月，除了当过一年战列舰怀俄明号的副舰长以外，我的舰勤岁月一直都在驱逐舰上度过。

那年秋天我先在普罗文斯顿外海参加了舰队演习，然后南下到杰克逊维尔港，我在那儿获得了一个月离舰婚假。三年前堂·胡安号停泊在诺福克海军船厂修理，这艘船似乎总是需要修理，某天下午我正在甲板上训练一队水手，突然半空中飞来一只手笼，把我的帽子打掉了，扔手笼的是个漂亮女孩，旁边站着我们副舰长的夫人。

我后来听说她问副舰长夫人："那边那个年轻军官是谁——那个看上去特别把自己当回事儿的？"

副舰长夫人告诉了她，然后那个手笼就飞过来了。

我让忍不住笑的水兵们解散，拾起了手笼，不过要那个女孩告诉我她的名字才能还给她。她叫弗兰西斯·库克·格兰迪，家住诺福克，有三个表兄弟，名叫威利·格兰迪、查理·亨特、阿米斯蒂德·杜比，都是我在弗吉尼亚大学时的好朋友。虽然有这些朋友从中撮合，范（弗兰西斯的昵称）家里的长辈却不大赞成她嫁给一名北佬海军军官。范有个叔叔在梅里马克号跟莫尼特号的历史性炮战中担任梅里马克号的轮机长[①]，那场海战几乎就是在格兰迪家族祖屋的视线范围内打的，结果他们家的长辈们判定我不仅要为梅里马克号的失败负责，我还是葛底斯堡战役、里士满大火、波托马克河南军投降的罪魁祸首。但我还是坚持追求范。只要一有假期，我就在她家庭允许的范围内尽可能多地和她待在一起。我在环球远航期间

[①] 指美国南北战争中 1862 年北军莫尼特号和南军梅里马克号两艘铁甲舰之间进行的世界历史上第一次铁甲舰炮战，那次两艘军舰不分胜负，但在海军史上具有划时代的意义。

给她写了很多情书，寄了很多礼物。远航归来之后，因为级别和工资都涨了两级，我觉得自己有足够的钱来建立家庭，于是向她求婚，她答应了。婚礼定在1909年12月1日举行。

我在杰克逊维尔收拾行装的时候，海军上尉哈罗德·斯塔克跑来问我火车站和车次。我本该对他一反常态神神秘秘的态度起一丝怀疑，可我当时太高兴了，没往多里想，以为他仅仅受了我兴奋情绪的感染而已，就愚蠢地把火车站和车次都告诉了他。结果他安排了一支铜管乐队一路跟着我，高奏《婚礼进行曲》把我送到家。

我和范在诺福克的旧基督教堂举行婚礼。我的伴郎有汤米·哈特、赫斯本德·金梅尔、卡尔·奥纳索格，首席伴郎是大卫·巴格利，全都是海军军官。婚礼前几天我在舰上爬楼梯的时候，佩剑剑鞘卡在扶手和梯级中间被弄弯了。我只好把变形的剑扔掉，结果范只能用一把借来的佩剑切蛋糕。从此以后我每次上下军舰的时候，都会小心翼翼地先把佩剑放好，以免再出同样的事故。

我当了三个月拉姆森号驱逐舰副舰长以后，于1910年4月去诺福克海军船厂的新兵接收舰富兰克林号，出任新兵训练营指挥官。这段时间我也和大多数海军军官一样，职业生涯中至少会有一次严肃地考虑过转业。范跟我提过一些机会，如果我能抓住这些机会的话，未来很多年我就能和家人长久地生活在一起；我可以在自己选择的行业里迅速升迁，拥有一间不会晃动的干燥的办公室，还有一个安定下来的家，总之前途一片光明。（大家知道有多少老水手都会给自己的房子起名叫"归航"或者"港湾"吗？这反映了他们对安定生活的渴望。）我对海洋工程和人事工作感兴趣，觉得自己可以胜任这两个领域的工作，甚至可以两个都做，于是跟一位在两家大型工程公司都身居高位的朋友说起我想要申请在地方工作。他建议我留在海军，我最终决定留下来，可是在后来的瓜达尔卡纳尔战役中那无数个不眠之夜里，有很多士兵因为执行我下达的坚守命令而死去的时候，我会情不自禁地想，自己当年的择业决定是不是对的……

我在诺福克河的伯克利那一边有所舒适的房子，那是我的住处，我的女儿就于1910年10月10日出生在那所房子里，不过不是生于10点钟，而是生在清晨。军营8点钟早点名的时候，军乐团得知我女儿出生的消息便奏起了进行曲，名字叫《我爱我的老婆，但我更爱孩子》。我们给孩子起名玛格丽特，用的是孩子妈妈两位长辈亲戚的名字，中间名叫布拉福德，用的是我上学时候同屋布拉福德·巴内特的名字。

1912年8月我结束岸勤，调去指挥弗拉泽号驱逐舰。令人沮丧的是，我刚上舰安顿下来，就接到命令：由于人手短缺，本舰所属的驱逐舰分队将停在查尔斯顿作为预备役。我们整个冬天都停在港内，第二年初夏我接到命令带两艘驱逐舰加入舰队演习，舰队当时正在模拟攻击各个陆军沿海据点。年轻的驱逐舰舰长们都特别当一回事，卖力地表现，有个舰长靠上费希尔岛的陆军码头，带着一队水兵上岸，活捉了当地的驻军司令。

我当时受命指挥弗拉泽号奔赴加拿大坎普贝洛岛，向助理海军部长富兰克林·D.罗斯福报到，他将乘坐我舰视察缅因州弗兰奇曼湾的海军基地。我们之间的友谊从此开始，直到罗斯福先生病故才结束。他和其他的助理部长（还有部长）不同，他本人堪称一名职业水手。我当时并不知道这个，事先只有人告诉我说，他曾有过一些驾驶小船的经验，所以我们在穿越坎普贝洛岛和大陆之间的海峡时，他请求亲自做引水员，我当时虽然把指挥权交给了他，但一直在近身观察以防不测。也许一个穿纯白法兰绒休闲服的游艇驾驶员，可以指挥一艘小艇开到指定的浮标再折返，但那并不意味着他就有本事指挥一艘高速驱逐舰穿越狭窄水域。就算驱逐舰舰首笔直地指向航道前方正中，也不一定就能万无一失。驱逐舰的舰身会围绕舰桥附近的一个位置打转，换句话说，舰身后方 2/3 的长度都在这个旋转圆心后面，那么尾部左右摇摆的幅度，就会两倍于船头摇摆的幅度。我看到罗斯福先生在指挥军舰进行第一次转弯的时候，会转身向后看，检查船尾部的摆动情况，我就知道可以放心了，他是个内行。

后来罗斯福又有两次乘坐过我指挥的军舰。1918 年停战后不久，当时我指挥雅奈尔号驱逐舰，接到命令从多佛尔横渡英吉利海峡送他去奥斯坦德。比利时海岸密布水雷，虽然海军清扫过航道，但是安全航道的标识非常不清楚。我们航道上的潮汐很强，海面上雾气弥漫，我舰不得不降低航速，差一点驶出了航标标示的正确航道，我说"这样不行啊"，让驱逐舰抛锚，用舰上的交通艇送罗斯福上岸。我可以单独冒雅奈尔号触雷和让罗斯福先生触雷的风险，可是不能冒险把两者一起断送了。

他最后一次乘坐我指挥的军舰是在旧金山湾，1920 年民主党全国代表大会期间。几天以后我在鲍威尔街上再次碰见他，他告诉我："比尔，我刚刚干了一仗。"

他那时候还没有残疾，孔武有力，所以我自然会问他："部长先生，那个家伙现在躺在哪家医院呢？"

其实，他指的是民主党全国代表大会上，纽约州塔玛尼俱乐部①代表团拒绝参加威尔逊总统的政治集会，他在会上为了争夺塔玛尼党团的大旗，和对立面大打出手的事情。当然，罗斯福先生正是在这次大会上被提名为副总统候选人的。

1913年8月我就任崭新的烧油驱逐舰杰维斯号舰长。没有在烧煤的舰艇上服过役的人，永远无法体会转到烧油舰艇上的快乐。后来除了有一年在战列舰怀俄明号上以外，我再也没有体会过烧煤战舰的肮脏和麻烦。我们在秋天于弗吉尼亚角外海举行了射击训练，1月又驶向关塔那摩举行一系列冬季演练，包括图上演习、航海训练、大炮鱼雷和小型武器的射击训练。

时任大西洋舰队驱逐舰队司令的是威廉·西姆斯海军上校，他还是年轻上尉的时候，就令人信服地揭露了舰队炮术训练中存在的问题，结果西奥多·罗斯福总统任命他出任海军炮术训练总监。西姆斯工作极为出色，在罗斯福提携下步步高升，以海军中校军衔当上了战列舰明尼苏达号的舰长——他是美国海军史上第一个也是唯一一个以中校军衔当上作战舰队一艘战列舰正式舰长的军官。他的上司并不喜欢这么出挑的同僚，但他却赢得了下属的爱戴。我猜想他对嫉妒或者爱戴都不怎么在乎，他对待赢得人心跟对待陈规陋习一样根本不放在心上，甚至喜欢冒犯上司。美西战争期间他担任美国驻巴黎海军武官，曾上报过不少开支要求报销，某位官僚驳回了其中一些出租车费用之类的小支出，理由是没有签字的发票单据仅能作为凭证。西姆斯回答说，自己只需要花一条面包的代价就能买

---

① 19世纪后半期到20世纪初民主党内的纽约州政治团体，曾具有左右纽约州和纽约市政局的影响力。

来所有的签字，可是如果政府居然不相信一名海军军官的话，而宁愿相信签字发票之类的票据的话，那么他情愿辞职不干。

1910年他曾在伦敦发表演说公开声称："仅代表我自己宣布，如果有一天大英帝国受到某一个外敌的威胁，你们尽可以放心地依靠大洋对岸的兄弟，我们将会尽每一份人力，流尽每一滴血，不惜最后一元钱地支持你们。"

塔夫脱总统曾因为他口不择言而对他进行了严厉的申斥，他却把总统申斥的话镶在镜框里挂在舱房的墙上。在海军部长丹尼尔斯准备为他在第一次世界大战期间的工作颁发优异服务勋章的时候，他却拒绝接受，理由是这种勋章发得太多已经贬值了。

我记忆中的西姆斯身材高大，精力充沛，说话干脆利落，喜欢开会。在关塔那摩的时候，他喜欢在当地的军官俱乐部召开会议，经常穿着网球服来开会。如果谁在会上发言冗长或者东拉西扯的话，他就往发言者身上扔网球，打断发言。

我们离开关塔那摩驶向彭萨科拉，路过墨西哥。当时墨西哥政局恶化，舰队内定如果停泊在港内的战舰拉响特定的几声汽笛，所有上岸的官兵必须马上返回。4月9日早晨发生了坦皮科事件，预定的汽笛信号响起，全舰队以最高航速出海，途中传来命令，各舰编组陆战队。驱逐舰极少接到这类登陆任务，我们缺少登陆兵需要的卡其色军服，只能把白色水兵服泡在咖啡里煮开以染色，勉强替代，结果把全船搞得像一家廉价咖啡馆一样。

两艘分别挂德国和英国海军旗的美国游艇载着美国难民逃离了坦皮科，把他们送上军舰，德国和英国当时都是中立国。我们只能待在港外束手无策，而同胞国民只能由其他国家来保护，这对于海军是何等屈辱的经历！但我们奉了严令，不得出手令事态进一步恶化。难民被集中在迪克西号驱逐舰上，离开舰队驶回得克萨斯州加尔维斯顿港。但麻烦事儿来了：美国和墨西哥之间没有公民往来的引渡条约，军舰抵达加尔维斯顿的时候，一排当地警察等在港口，单等难民下船就逮捕他们，而难民拒绝下船，迪克西号又不能载着这批难民返回舰队。我们的麻烦也来了，因为迪克西号是我们唯一一艘运送给养的船，我们都等着她运回新鲜蔬菜和冰块。那一周我们只好每天吃三顿三文鱼罐头，从那以后，我看见三文鱼罐头就想吐。

后来杰维斯号奉命开往维拉克鲁斯港。我运气不好，认识了在那边服役的几名陆战队军官，还接受邀请和他们去骑马。我以前从没骑过马，邀请我的主人也没费心好好给我找匹听话的马。我刚骑上去，马撒腿就跑，跳过一堆垃圾，跑上大路以 40 节的速度狂奔。我骑在鞍子上，既没有舵轮也控制不了引擎，要不是路上的好心人帮我把马拦停下来，它可能一直跑到今天。

祸不单行，第二件倒霉事接踵而来。我们分队每艘驱逐舰要轮流开回本土加尔维斯顿港转运邮件。杰维斯号轮值的前一天下午，舰上来了一个消防水兵。他大概以为军舰是游轮，想来就来想走就走，上舰以后两个小时他就偷跑上岸，晚上才回来，喝醉了还吵吵闹闹，宪兵跑过来逮捕他，他跳进了水里。那片海域有鲨鱼，我们赶紧放下小艇打开探照灯来回搜索，结果却发现他跳下水以后马上就又爬回船上，躲在船尾的鱼雷管里面。我们把他揪出来关进禁闭室。第二天早点名的时候，我主持了一场简短的军法审判，把他关起来等待正式审判。

当时我们已经出发驶向加尔维斯顿了，并顺利抵达取到了邮件，刚开始返航，宪兵前来报告，说那名消防水兵又偷跑上岸了，而且再次喝得酩酊大醉回来闹事。我让人带他来见我，训斥他说："你要是想让别人把你当个人看，就像个人样，要是你想让人把你当条疯狗，那你照旧，我会让人用链子把你锁起来！"

那人嗫嚅道："是，长官，我一定好好表现。"

才过了不到一小时，他又惹麻烦了。他的酒劲还没过去，为了保护别人也是为了他自己好，我命人把他的胳膊腿拴在储藏室的一个杆子上，不幸拴得不够紧，他的双手还有足够的活动空间，够得着旁边的储物架。他借机把拴手脚的绳子割断了，于是第三次在舰上引起了轩然大波。我受够了这个闹事鬼，下令整晚上都把他的手脚分别绑牢在分开的杆上，让他动弹不得。

第二天早饭后他总算清醒点了，我让人放了他，这才知道拴他的两个竖向栏杆之间有个很低的水密舱口。这个醉鬼度过了如此受折磨的8个小时，可能有点过了，可当时正在驶往维拉克鲁斯的途中，天知道我可是一点都不会为他感到难过，到了那边我总算能把他转到一艘战列舰上的监狱里了，因为我们舰上没有专门的牢房。此类违纪行为的严重性仅次于叛乱，所以我要求对他正式起诉并进行审判。（舰长不能主持召开正式的军法审判，只有海军部长才有权这么做。）我的请求获得了批准，那名水兵被送上军事法庭，并被判决，罪名成立。

我以为这事就这么了结了，没想到几个星期之后收到一封海军部公函，里面附录了一封那名水兵父母的控告信，控诉我把他们的儿子绑起来是残酷的虐待行为，还指控我让军舰在墨西哥湾鲨鱼出没的水面不开灯以高速行驶,让他们的儿子游泳追不上军舰,是更加不人道的行为!不仅如此,公函信封里还有一张参与军事法庭审判的老朋友写的便条,让我小心谨慎地回复质询,因为海军部长丹尼尔斯暗示说,要拿我做个示范,整顿军中虐待士兵的风气!

此事当时危及我的海军职业生涯。良知和常识都告诉我,我当时采取的行动无可指摘,不过我对自己是否能在部长面前申辩清楚这一点不太自信。我的回信改了十几稿,又让朋友们帮我检查修改。在定稿的回信中,我指出水兵父母指控信当中有不尽不实之词,并指出我在审判前提出指控的时候,就已经全盘复述了自己采取的措施和这么做的理由——换句话说,部长在下令召集军事法庭的时候,就已经了解了所有的事实。

我寄出回信紧张地等待结果。丹尼尔斯部长后来再没有提起此事。

春末,驱逐舰队北返,回到诺福克港,我又合家团聚了。我在海地买了一只小小的但行为乖张的鹦鹉,它居然喜欢喝酒,而且喝醉以后的行为令人尴尬,我不太愿意把鹦鹉带回家。可是我的轮机长很喜欢这只鹦鹉,说服我拿它来交换他养的一只漂亮的巴西鹦鹉,名叫佩德罗。我太太不是很在意佩德罗,可是小玛格丽特爱死它了。它只会两种特技:要么会学小孩哭,就像孩子被打了屁股以后那样,结果邻居还以为我们在家虐待小玛格丽特;要么会像个疯子一样哈哈大笑。除了这两种特技,它还喜欢变着法逃出笼子,或者学各种新招使坏。

某天我发现这只鹦鹉一反常态地安静,仔细观察才发现,它正耐心地把我唯一一顶便帽给抓碎。我这么大的脑袋,要买到一顶合适的帽子可不容易。我羞愧地承认，自己一时火起，一巴掌把佩德罗扇到了地板的另一端。它从此就视我如寇仇，每次我凑近的时候就想啄我。它还憎恨我们家的女佣，我见过佩德罗把她逼进角落然后啄她的脚，直到她尖叫为止。

那一年是1914年，丹尼尔斯部长签发了著名的第99号条令，下令7月1日以后任何海军舰艇上不得藏有酒精饮料。6月30号晚上杰维斯号前甲板水兵舱里举行派对，悼念海军饮酒时代的终结。军官们很忧郁，可水兵们却无所谓，尽管水兵以前就不被允许在舰上喝酒，但很多人会偷偷带酒上舰，酒喝完了就拆鱼雷，喝里面的酒精燃料。当局试图制止此种行为，于是在鱼雷燃料里面添加了变叶木油和其他添加剂，让它无法下咽。可这阻止不了水兵们，他们只用一条面包就解决了问题：把长面包一剖两半，把"鱼雷饮料"倒在中间，挤压面包就能拧出纯酒精。

我一向认为签发第99号条令不是明智的举动。它的确终止了大白天醉酒的行为，让人们下午也能清醒地工作。可是对一名水兵来说，可能他刚刚结束寒冷潮湿的瞭望任务或者紧张危险的飞行任务，这时没有什么能比喝一杯酒更让人舒服了，英国海军就很理解这一点。珍珠港事件以后不久，我亲自出手干预这个规定。我作为航母作战舰队司令，命令我的岸勤联络官奥伯里·菲奇海军少将为舰队的飞行军医采购100加仑威士忌并下发给飞行员。后来此举成为常规。我不记得海军部正式批准过这种做法，可是记得杰克·菲奇说我采取不合规的做法，却让他替我背锅。

不过当时我没时间抱怨第99号条令。8月第一次世界大战爆发，杰维斯号的任务是在纽约港外巡逻。我们有一项任务是监视港内的温切斯特号游艇,这艘游艇速度极快,某个交战国有可能买下这艘游艇把她开到国外,而这将践踏美国的中立地位。一艘英国巡逻舰艇——好像是艘巡洋舰或者战列舰——当时也盯着温切斯特号。初秋美军驱逐舰队出海演练,预定在康涅狄格州桑迪虎克镇灯塔船附近海面结束演练。天气非常糟糕,杰维斯号在整个600海里航程中每次变换航向航速的时候,都观测不到星辰来帮助定位。我们只能知道自己大概的位置,某天早晨驶出浓厚的雾气,发现正前方突然出现一艘陌生的军舰。后来才知道就是那艘英国巡逻舰,两艘舰都紧张了好几分钟,害怕对方开火。

我们回头驶入雨雾中,可是马上又遭遇到新的危险。我根本没有看见这个危险,甚至也不知道哪里有危险,我就是感觉到危险迫在眉睫,这种预感非常强烈,无法忽略。我下令"全速倒车",退出来以后,我问附近一艘渔船上的渔民这是哪里。

他在渔船上喊话回答:"你再往前开半海里,就撞上火焰岛海上救护站了!"

当时促使我"倒车"的原因,或许是感觉到拍岸浪在推舰身,或许是舰尾突然出现了浪涌。我不知道,可是感觉到有什么东西告诉我要做出反应,而且要快。

1915年我被调往安纳波利斯海军军官学校风纪部。我报到的时候毕业班全体外出了,校内只有低年级学生和少数几个高年级学生。那天晚上毕业班回校,我又有了一种预感,感觉到我正式上报违纪的第一个学生肯定是一个老朋友的儿子。果不其然,我在晚饭后例行巡查,走进一间满是烟味的宿舍。我问道:"这是谁的房间?"

一个英俊的小伙子回答说："我的，长官。"

"你的名字？"

"学员麦克林，长官。"

"你爸爸是麦克林将军？"

"是的，长官。"

我叫了出来："老天爷，我就知道是这样！"

我很快开始单枪匹马地在学校里主张取消禁烟令。无法执行的禁令不是好禁令，而我在军校的亲身经历告诉我，禁烟令是无法令行禁止的。学员队长提醒我说医务军官们会反对，他们也确实反对了。可是禁令最终还是取消了，我希望自己在其中起过一些推动作用。

我当时已经有11年管理水兵的经验，我用同样的手段来管理军校生。对于小错我只要咆哮两句，吓唬他们一下就够了，而对犯大过失者才绳之以军纪条令。我这个理论听上去不错，可是忽略了一个问题，那就是学员们把违纪当作一场游戏，执勤军官就是游戏中的对手，而违纪又不被抓住就算得分。

比如1916届有个天才在浴室里安了一个烟雾吸收装置，烟就那么凭空消失了，我根本不知道他是怎么做到的。后来一个年级里另一个天才给班克罗夫特大厦的所有电铃、蜂鸣器、电灯甚至电梯都安上了某种超自然的控制装置，他能随心所欲地操控所有电器。我在南太平洋战区和第3舰队的参谋长——海军少将罗伯特·卡尼是1916届的。很多人传说他入学第一年的时候被我抓了好多次现行违纪，结果那一年过得很糟糕，其实那根本不对。米克·卡尼本人承认说，他当年太聪明了，我根本抓不住他。（不过我听说他毕业前的最后一晚,是被关在军校的监狱船梅赛德斯女王号上度过的。)

高年级军校生形容这些屡次违纪却总能逃脱的人时有个词叫作"酷炫"。穿条令禁止的衣裤,比如说带侧边口袋的裤子,被视为特别酷炫的事情,当然还有夜里偷跑出学校去城里玩。我一年级的时候就特别崇拜某个四年级学长,他不仅是四条杠的学员干部,而且成绩名列前茅,更神奇的是他每天晚饭后都偷跑出去,却从未被抓住过。当年的他是真的酷炫,今天这个人已经当上了海军五星上将,他就是厄内斯特·金。

国会在1916年夏季通过扩充海军的法案,我有资格晋升为海军少校了。我有很多理由渴望晋升,主要原因还是少校的工资每个月多100美元。现在我又有了个儿子,他叫威廉·弗雷德里克·哈尔西三世,生于1915年9月8日。不过我首先必须应付又一轮考试。我夜以继日地备考,终于成功考过了,考完以后筋疲力尽。

第二年跟第一年一样一成不变,我已经厌倦了成天跟学员玩猫抓老鼠。我厌烦的部分原因是我们还没有参战。1915年5月我读到报纸上露西塔尼亚号被德国鱼雷击沉的新闻,身旁一个工人嚷道:"上帝啊,要是我们现在还不出手,那就活该吃这个亏!"不过可能当时参战的条件确实不够成熟,民意的分歧还很大。但从1916年到1917年冬天,美国的民意清楚地站在协约国这一边,局势已经明朗化,美国参战在所难免,我们这些不幸的岸勤军官都极度渴望和舰勤官兵们一起投身到战斗中去。

我参战的热情随着4月美国正式宣战而愈发高涨。每次电话铃响我都以为是整装出发的命令。我的行装早已整理妥当,可是时间就这么一天、一个星期、一个月地悄悄溜走。我离开了风纪部，转任体育部主任。我的另一项职责是训练后备役军官。他们是最优秀的美国青年，全都毕业于顶尖高校，能和他们一起学习训练是我的荣幸，可是9月、10月过去了，我还是待在岸上。11月终于有朋友给我透风，说美国驻欧洲海军总司令西姆斯将军给海军部发去一份希望调往欧洲的军官名单，我的名字赫然在列！我一听说消息就急忙去告诉军校学员队长，他说只要校长同意，放人手续不成问题，我可以走。

1917年12月26日我奉命调离海军军官学校，前往爱尔兰的女王镇接掌驱逐舰。

第三章

我的军舰要等到1月7日才下水,这样我得以和范在纽约消磨几天时间。某天早晨我在一个很大的商店门口等她的时候,有个不长眼的女人抬手叫我:"给我叫辆车!"

然后几分钟之内又有8个人错认为我是百货公司服务生,问我百货公司的各种部门在哪儿。一个处于战争状态的国家,其公民居然对自己的海军无知到了把军官误认为门童的地步,这真让我无语。结果我给他们每个人都指了路:"上到顶楼,走到柜台的对面去,右拐一直走,那就是你要找的地方。"

我在1918年1月18日到达女王镇,向乔伊·普林格尔海军上校报到。他的旗舰是梅尔维尔号,他同时还兼任皇家海军上将路易斯·贝利爵士的美国参谋长。普林格尔上校分派我上邓肯号驱逐舰,在舰长罗杰·威廉姆斯那儿见习一个月。我们的主要任务是为商船队护航,先跟出港的商船在某个爱尔兰、英国或者法国港口外会合,向西护航500海里,再换一批东行的商船把她们护送到欧洲。有时候我们也干搜救和猎潜的活儿。基本上出海执行5天任务，回女王镇休息 3 天，每出 5 次任务再多在港 5 天，做锅炉清洁工作。"放假"上岸的日子总是愉快的，这要感谢柯克的皇家游艇俱乐部的殷勤好客。我们给柯克游艇俱乐部起外号叫作"皇家开瓶游艇俱乐部"①，把那些在俱乐部整夜喝酒第二天差点回不到舰上的军官简称为"FIR"，意思是"掉进河里"。

2 月 7 日我临时晋升为海军中校，19 日普林格尔上校正式分派给我拜纳姆号驱逐舰。

拜纳姆号是艘极好的军舰，船员也很出色，其中有一位名扬整个海军的帆缆军士长———一位极为出色的水兵，可有时候会变成酒鬼，问题在于：你从他的脸色上永远看不出来他是清醒还是喝高了。有一次他们从纽波特纽斯启航，这位军士长在监督起锚过程，用对讲机向舰桥汇报"锚链拉紧，长官……锚离开海底……锚正在上升……锚出水，长官！"最后一个口令要么是"锚就位"，或者是"锚有异常"，可舰桥上听到他汇报的是"上帝啊，锚上有辆汽车！"。

当然人人都以为他又喝多了，于是派一名军官下来查看。锚上面真的挂了一辆汽车！

这个故事让我想起另一个酗酒的好水手的故事。舰长对他说："不喝酒的时候你是这舰上最出色的水手，本来前途无量。你怎么就管不住自己呢？你就不能像个军官那样喝酒吗？"

水手答道："上帝啊，舰长，我可没钱喝那么多！"

我还保存着当年在女王镇执行任务时候的个人日志，将近 30

---

① 柯克是爱尔兰名城，同时也有软木瓶塞的意思。

年以后再次展读，日志里有这么几段挺有意思的：

> 2月22日。乔治干得漂亮！……早晨9时40分，与一支商船队会合，船队包括冯·施图本号、林肯总统号、芬兰号，还有船名应景的玛莎·华盛顿号①。

> 2月23日。海上为运兵船队护航……裸眼可见最近的运兵船安提冈号上挤满了士兵。在敌潜艇出没的海域需要尽可能长时间地让士兵们待在甲板上。你看着他们，会觉得这些将要走进战壕的士兵很可怜。大概他们看着我们也觉得，这些人挤在驱逐舰上随浪摇摆也是愚不可及吧。不管怎么说，我们都是为了同一个目标走到一起来的，那就是打倒德皇。愿这一天早日到来。

> 2月24日。进行射击训练。标靶是用木桶扎起来的一个筏子，上面插上旗子，把筏子扔下水。水兵们在标靶上涂上德国国旗，写上"杀死德皇"的标语。每门4英寸主炮都打了4发炮弹，还发射了机关枪。

> 3月7日。今天被召去英国海军部与杰里科上将喝茶。他极具个人魅力，很有风度。我作为一名海军军官很容易和他攀谈。西姆斯上将事先跟我们描绘过他的外貌。他的鼻子真的很突出！身材矮小但充满活力，看上去很年轻。

当然，海军上将约翰·杰里科爵士就是日德兰海战中的英国大舰队总司令。

---

① 那天是美国的国定假日总统纪念日，即华盛顿诞辰纪念日。

3月9日。大约夜里11时我舰在两艘相向而行的大邮轮之间穿过，两边各相距大约500码。夜色漆黑还下着小雨，没有任何光线。真够吓人的！船已经到了面前你都看不见，即便看见了也是一个模糊的黑影，根本没法判断对方的航向。想从两船之间安全穿过，那真要向上帝祷告了。除了德国潜艇和水雷之外，在这片挤了很多舰船的海面上，这是最危险的事情了，让人紧张得寒毛直竖……我们启航之前，舰上来了一位自称英国海军部利物浦港引水员的乘客。我想这家伙太聪明了，不像是个区区引水员，我怀疑他是情报部门的人。

我的怀疑从未被证实过，不过有个事实也许能支持我的怀疑：他告诉我说自己当过多年引水员，从不晕船，可是以后四天里面，他是我这辈子见过晕船最厉害的家伙。他来我们舰上是因为我们正前往与商船莱维栅号会合。这艘船目标太大，容易招致潜艇攻击，所以英国人不想让她在梅塞河口停留太久等待引水员上船，一般情况下所有商船都要在河口等待引水员的。

3月15日。凌晨4时30分两名瞭望哨报告，在船头右舷方向发现明显航迹。水面波光粼粼，这条航迹起先指向我舰船头，然后明显停顿了一下之后散开。我以为肯定是遭遇了敌潜艇！我的第一反应是我舰出其不意地出现在潜艇附近，敌潜艇在我船头方向紧急下潜。我正想下令发射深水炸弹，往旁边看了看，发现这条航迹变成了在船身四周跳跃的大片鱼群！

这类巡航当中，我会一再地被鱼群尤其是鼠海豚吓出心脏病来。鼠海豚在夜间波光粼粼的海面上特别像一条鱼雷。你看见一只这样的"鱼雷"射向军舰的时候，根本没有时间采取机动措施，只能屏住呼吸。当这条航迹到达船舷的时候，你做好了迎接爆炸的准备，然而，它却在船的另一边侧舷出现了，你的心脏这时才开始重新跳动起来。

3月21日。（驱逐舰）曼利号到达，我手下的年轻水兵登上曼利号，回来说她真是千疮百孔。

曼利号当时正给一艘英国军舰递送命令文书，海面浪涛汹涌，两舰相撞，英国军舰甲板上的深水炸弹被震落水里爆炸，又引爆了曼利号自己的深水炸弹，把整个舰尾炸掉了。要不是TNT炸药不易爆的特性，伤亡会比实际发生的严重得多。曼利号的鱼雷发射管填装了鱼雷，就那么悬空在舰尾的残骸上方，所以引擎舱后部燃料舱燃烧起来的火苗直接舔到鱼雷管上，鱼雷装满炸药的头部变得白热化，可始终都没有殉爆。

3月22日。驶过几个浮桶和其他残骸，包括一截伸出海面18英尺的桅杆。它也许是德国潜艇布设的，伪装成潜望镜的诡雷。我们没有多加理会。

我们知道德国人喜欢用假的潜望镜布设诡雷，所以对此有了戒备。日本人在二战初期曾在珍珠港外故技重施。不过就我所知，日本人的伪装潜望镜下面没有水雷。

3月30日。今天早晨将军话很多,我第一次看见他这样子。

贝利将军是一名出色的军官和绅士。英国海军一般都认为他是个非常严厉的人,但那些在他手下服役的官兵都爱戴和尊敬这个人。他很内向,偶尔有话多的时候我居然还记录进了我的日志里。他对我们这些下级军官不称呼名字,而叫所属的军舰。比如我在出海回来汇报的时候,他会这么叫我:"早晨好,拜纳姆!"还没等我回答,他一定会问:"你的船情况怎么样?"

如果你知趣,那不管实际情况如何,你都要回答"状况良好,长官",因为贝利将军认为备战状况不佳是比叛国或者叛乱更加严重的罪行。同样,他下一个问题将会是"你什么时候准备好再次出海?"聪明的舰长应该回答:"一加完油就准备就绪,长官。"

某位舰长不够机灵,列出了自己军舰上一大堆需要处理的问题。将军耐心听他说完,然后礼貌地回答:"很好,很好。如果你在3点钟之前没有准备就绪的话,肯定能找到一艘拖轮把你的军舰拖带上,在驶向金赛尔海角的路上完成修理的。"

4月7日。"飞飞"佩顿来和我们共进午餐……

飞飞是最早一批海军飞行员之一。我引用这条记录只是为了证明这个绰号早在二战之前就被叫响了。

4月9日金赛尔岛外,(驱逐舰)奥布赖恩号发出发现敌潜艇的信号,冲上前去。我舰全体戒备跟进。奥布赖恩号投下一颗深水炸弹,没发现什么东西。我舰在附近水面投下了一颗深水炸弹。这是我投下的第一颗深水炸弹。

驱逐舰舰长投下的第一颗深水炸弹就像女孩的初吻。我的日志记载当时自己"没什么感觉"。

4月19日。两个月前的今天我开始指挥拜纳姆号。我觉得她现在跟当初相比是一艘不一样的军舰，无论如何，我都很高兴。

这是典型的自大型"新扫帚"综合征：他一定要在家里把一切都变个样才会觉得高兴，从此以后，一切才能算步入正轨。

4月26日。码头上的人没告诉任何舰员就多系了一根缆绳，绕过舰身后部滑轮系在深水炸弹架下面。没解缆就准备启航，搞得非常狼狈！军舰差点就撞上（单桅帆船）科林号，还好我及时下令紧急全速向前才避免相撞。然后又差点撞上（驱逐舰）肖号，又一次在间不容发中避免了撞船。最后才发现问题所在。

我和手下军官干的好事啊！居然有人给船上多系了一根缆绳，而船要启航的时候没发现，实在难以置信，罪无可恕。"一切准备就绪"，呃？

5月17日。停泊在河流下游的时候，一架飞机表演了不少精彩的特技动作。它直接飞向我们，快要撞上舰桥的时候突然升起来，从桅杆顶上掠过。在我们头顶200英尺高的空中画了一个圈。我第一次看见这种特技。

时间和经验会大大改变一个人的观点！当时我觉得精彩绝伦的东西，后来就是我最讨厌的"故意找死"行为。一个飞行员一生中最危险的时候，就是他刚开始对自己的飞行能力有了点自信的时候：他以为全世界都不在话下，没有他做不了的特技动作。这种年轻没有经验——或者应该准确地被称作愚蠢的行为——影响过成千名飞行新手。老话说"世界上有老飞行员，也有大胆的飞行员，但是绝不存在大胆的老飞行员这种生物"。如果我在南太平洋或者第3舰队抓住这种"优雅地从桅杆顶上掠过"的飞行员，我一定让他停飞一辈子。

5月18日。驶入外港，3时15分抛锚。这是我作为拜纳姆号舰长的最后一次任务。我让全体舰员集合，并宣读了调令。挺伤感的，我渐渐开始喜欢这帮舰员了。

我被调去指挥肖号驱逐舰，那也是一艘好舰，可是有个结构上的缺陷给我带来很大的困扰：某位天才的设计师认定，只安装一台主压缩机能大大减轻全舰的重量。他的理论听起来不错，因为减重对驱逐舰来说很重要，可是他缺乏经验。如果军舰有两台压缩机的话，一台出现裂缝还能靠另外一台继续航行。只有一台压缩机，那你要么冒着锅炉被海里的盐毁坏的风险继续航行，要么停下来抢修，而在战斗海域哪有那么多能让你长时间安全停下来的海面？

5月27日。1时30分好戏上演。舱面军官报告说，本舰船头右舷发现绿色信号弹——那是发现敌潜艇的信号。我跳上舰桥的同时，本舰的第一颗深水炸弹发射出去了，接着是一串深水炸弹。然后，我看见(驱逐舰)库欣号绕过护航船队的队尾赶过来，发射了一片深水弹幕。同时发现敌潜艇的(驱逐舰)斯特莱特号继续在舰尾轰炸这片水域。就是斯特莱特号和一艘运兵船同时最先发现的敌潜艇，斯特莱特号打出了17枚深弹。就算潜艇没被炸中，至少也把敌军吓得不轻。

大约上午8时驶过一片漂浮着很多空香槟酒瓶的水面，那显然是从运输舰上扔下来的。我猜士兵们昨天夜里受了点惊吓，今天早晨来场香槟早餐压压惊。

斯特莱特号的舰长是海军中校阿兰·法夸尔。某天晚上聚餐，我和"糊涂蛋"·法夸尔因吹嘘各自的猎潜技术杠上了，结果两个人以5英镑为赌注，打赌看谁第一个击沉德国潜艇。我直到今天都没见到过一艘德国潜艇，虽然曾经有几次我以为自己看见了。可是自从糊涂蛋当上了斯特莱特号舰长，似乎总能碰上德国潜艇。上面那则日志记载的是好多次我都以为自己输了那5英镑，结果没输的其中一次。

6月7日。3时45分收到无线电讯息，(一艘英国巡逻艇)P-68号刚刚发现并攻击了一艘德国潜艇，该潜艇在8海里外特莱福斯角海面刚击沉一艘商船。我们以25节速度赶赴现场。德国鬼子干得不赖，把那艘船开了膛，海面上只剩下还在燃烧的木料和一大片油迹。猎杀现场各国的各种舰艇云集——1架飞艇、2架飞机、2艘巡逻艇、2艘拖网渔船，还有肖号。一艘拖网渔船救起一只救生艇，上面有4个人，其中一个已经死了。我舰和飞艇进行了联络，追踪油迹两个半小时，可是一无所获，最后不得不回到护航阵位。大约上午十点半在指挥室打个盹，舱面执勤官报告："正前方发现浮在海面的潜艇！"这是我参战以来最激动的时刻！两跳就上了舰桥，前主炮已经准备就绪，指向潜艇，瞄准手的手指已经按在击发扳手上，根本不在乎那是艘什么潜艇。正要下令开火的时候，一直用单筒望远镜观察对方的导航和信号士官报告说，自己能看见潜艇上的字母，那可能是艘美国潜艇。我舰询问对方口令，对方没有回答。但到那时我已经能用裸眼看到对方艇身上的字了：AL10。最后对方打出了识别信号。同时我舰近距离保持警戒，万一对方有所异动，随时准备开火或者冲上去撞沉她。不用说，我们深感失望。

进港的时候盐结块，把锅炉堵住了。压缩机又有管子开裂。该死的压缩机！

救了那艘潜艇的导航和信号士官是印第安人，难怪他的眼力那么好。这次我以为那5英镑钞票已经在向我招手了。

6月18日。刚刚发现因为我是资深同级军官，今天我是爱尔兰海上之王了。归我指挥的还有美国海军（驱逐舰）比格尔号、英国海军的两艘（单桅帆船）凯斯特号和奇法尔号。这是千载难逢的把他们指挥得团团转的机会。

这是我第一次在战区指挥多艘军舰。我骄傲得跟只长了两条尾巴的狗似的。

7月1日。22时30分收到美国海军科文顿号的求救信号，位置在布雷斯特港西南方向150海里。我舰即刻以20节航速赶赴救援并上报海区总司令。

7月2日。上午8时30分找到科文顿号，由三艘拖轮拖带着，（驱逐舰）里德号和华兹华斯号在旁护卫。拖带倒很顺利，大概能有5节的速度，科文顿号向左舷倾侧10度，稍向船尾后翘……一切顺利，可是下午2点半其中一艘拖轮打出信号，要求舰员马上弃舰。下午3点所有人员撤离完毕。科文顿号倾斜得越来越厉害，严重左右摇摆，每次摇摆回来的幅度逐渐缩小。这是个可悲的景象，会让你想起一头巨大的动物受了致命伤，还在垂死挣扎。你心里存着万分之一的希望盼她不会沉没，但你的理智告诉你肯定会的。最后舰上崭新的大幅国旗浸入海里。不久舰身后部腾起一片气泡，开始下沉。她往右侧矫正了一点，舰首高昂着，几乎和海面垂直，200多英尺的舰身翘在海面上……军舰沉没的过程中冒出一大股黑烟，可能是因为锅炉和烟囱里的空气被海水挤压出来了。当舰首消失在水下的时候，水面上冒起大片泡泡，像是深水炸弹爆炸。浮在海面上的残骸少得惊人。

科文顿号沉没之前已经被拖带了50海里，进港1/3的路程已经走完了，当时海面上风平浪静，我非常希望她能进港得救。这是令人心碎的损失！

我发给贝利将军的电报说本舰正赶往救援，听起来是自作主张，但要是我发电请求指示才是愚蠢至极呢。将军本人常说，现场指挥官比待在总部的上级了解更多具体情况，总部不可能给出更为合适的指示。这是我整个海军生涯学到的最宝贵的一点。

7月4日。女王镇区域的所有美军舰艇官兵收到贝利将军这样一份电报："总司令祝全体美军官兵国庆愉快，预祝成功。"

他总是如此礼节周到。

7月8日。大约13时50分，位于康宁贝格灯塔东南偏南5海里的地方，肖号撞到了海面以下的某个物体。发现海水有扰动，与我舰航迹成锐角离去，上方有海鸥环绕。投下一枚深水炸弹，泛起一片油迹。再在油迹处投两枚深弹，泛起更多油迹，还有一只标记着"美国商船后备役，c/o N.S.O. 阿伯丁"的圆桶。这种圆桶是系在马尼拉海底电报线上的，而伦敦马尼拉电报线在海面以下20英寻深度，再绞接上另一股系留在海底的1/4英寸电报线。放下小艇查看圆桶，但无法打捞起海底电缆。用无线电通知了海区总司令，两艘装备有水听器的渔船和两艘拖网渔船奉命出港来增援。大约21时在一个8乘2英尺的盒子里装满软木塞，系在浮标上作为额外的方位标示物。收回小艇的时候浮标就沐浴在夕阳中。可是后来很多次经过有浮标的地方,却再也没有找到过这个浮标。

我的解释是,当时我舰剧烈地曲折运动,出其不意地撞上了一艘停留在潜望镜深度的德国潜艇,她成功深潜之前被我们撞到了。至于那个消失的浮标,我猜想是我们的深水炸弹爆炸冲击波把它从系留的潜水艇艇壳上震松了而使其得以浮出水面,后来潜艇艇员又通过某种水密门把浮标给拉回艇内了。我直到今天也不清楚真相究竟如何,可是知道有很多人都在笑话我。他们把我称作"阿伯丁公爵"和"康宁贝格伯爵"。还有人编了一首顺口溜:

> 昨晚在阿伯丁,
> 我见到一艘德国潜艇。
> 最滑稽的事情,
> 就是老比尔·哈尔西的潜艇。

7月16日。昨夜22时上舰桥。早晨9时30分下来,累得跟狗一样。经过两支护航船队,发现本舰从一支向北开的船队中间穿过,整夜各个方向都有灯光和汽笛声。早晨5点浓雾散去,看见附近有5艘商船,包括最大最好的喀尔巴阡号。雾气重新聚合,直到上午9时30分才散。这时已经筋疲力尽了。躺在船尾横梁上一觉睡到15时。

7月17日。一回港口就听说喀尔巴阡号沉了,就在遇到她们3个小时以后。真可惜,那是艘漂亮的大船,能跑到15节以上,根本就不该把她编进9节半航速的护航运输队。

这艘喀尔巴阡号就是当年在泰坦尼克号沉没时救起无数乘客的那艘船。

8月5日。中午会见众议院海军事务委员会的议员。和其中一位委员一起步行下山,此人特别喜欢到处打听,很想知道我们的水兵是不是酗酒,甚至跑进一间酒吧打探了一番。

老天爷,此人让我烦透了!据他说,他的一个在伦敦红十字会拿工资的朋友(红十字会给我们的部队发些甜甜圈,偶尔说些鼓励的话)告诉他,喝醉的美国水兵在伦敦制造的麻烦比其他军种都多。我问他这个朋友多大年纪,此人确实是适合服兵役的年龄,所以我说此人去前线堑壕里服役不是比在后方嚼士兵的舌根要好得多吗?这位议员从酒吧打探一番回来和我会合,问我平日里酒吧是不是总有这么多美国水兵。我回答说:"你问住我了。我从没进过酒吧。"

8月19日。回到女王镇时调令已经等着我了,本舰的军官们送我上岸。

8月21日。乘坐英国邮轮阿奎坦尼亚号前往利物浦,由我的肖号护航。

以女王镇为基地的美军驱逐舰部队的作战和管理都非常成功,二战期间美国海军在太平洋战区的外围岛屿基地沿用了这一模式。我们出海的时候总是掌握了准确的情报,包括德国潜艇的大致方位。女王镇的两艘美军修理舰迪克西号和梅尔维尔号的舰员负责维护作战舰艇。不管舰队何时回港,总会有军官迎候在码头,上船索取一份需要修理之处的清单,一般都会当场批准修理。修护人员三班倒,每班 8 小时,一周 7 天无休。这套管理系统产生了两个最显著的效果:其一,我们驱逐舰的舰员在海上连续 5 天执行任务,非常疲惫之时,可以回港安心休息;其二,我们的驱逐舰一直保持良好的状况,随时可以出海作战。

英美盟军自贝利上将和普林格尔上校以下都保持着最友好诚挚的关系,我们不仅是战友还是好朋友。多年以后,当贝利海军上将来安纳波利斯海军军官学校为已故的普林格尔献上一块纪念铭牌的时候,他致自己这位前参谋长的献词是我听到过的最发自内心、最热诚的话语。[注1]

我一回到美国,就带着老婆孩子去大西洋城度假,为期 3 周,然后去费城的克兰普海军船厂报到,即将担任新驱逐舰雅奈尔号的舰长。雅奈尔号是一艘最新设计的驱逐舰,排水量 1200 吨,比肖号大 200 吨。等待接收雅奈尔号期间,停战协议签署了,不过威尔逊总统不久宣布他将要坐船去法国,我意识到为总统护航可以给这艘新舰一个短暂而有趣的首次适应性航海训练的机会。我要求承担护航任务的申请很快就被批准了。这次航程很有趣,但绝不短暂。我被迫在欧洲待了无聊的 6 个月。

我们在 12 月 13 日把总统安全护送到法国布雷斯特港。他刚上岸,雅奈尔号就荣光不再,被派去承担无聊的送信任务,主要在法国布雷斯特和英国普利茅斯之间来回跑,这种航程经过的海面特别不平静,我们把它称作"晕船环线"。

我们经常摆渡一些从美国来的商船水手,他们去接管和驾驶德国人交出来的空船,而德国人自己的水手投降以后被押进了考沃斯港的战俘营。我们第一次载运美国水手到达德国港口的时候，因为潮汐的关系，必须在德国船旁边做行进中抛锚急停动作。我们第一次尝试，开到合适的位置把缆绳抛给旁边的德国船，德国人拒绝接缆。我忙着全速腾挪把军舰退出来，避免撞上德国船，所以没时间跟他们多废话，在军舰退出来准备第二次尝试急停的当口，我让手下军官们掏出各自的配枪随时准备开火，让四个会讲德语的人站在德国人能听见他们喊话的位置上。再次靠近的时候，四人大声警告德国人说，如果他们还不接缆绳我们就开枪，同时挥舞着手枪。德国鬼子乖乖地接住了缆绳。

第二次摆渡搭载了一个协约国使团，去视察德国人的航空和潜艇基地。同船的还有一名代表德国政府的军官和一名德国商船引水员。我们对他们有礼有节，但除了公务之外没有任何私人交流，甚至要在军官吃完饭以后才让他们在军官食堂就餐。我们的军官食堂服务员是个名叫哈斯提的黑人，他挺有幽默感，不知从哪里搞来了《马赛曲》的录音，每次德国人开饭的时候就播放《马赛曲》给他们伴奏。

这又让我想起另一则恶作剧，回想起来也是挺好玩的。我每次上岸巡视的时候，我们舰有个士官长总要求我带上他一起，他会说德语。他知道德军中官兵之间等级森严，也很清楚他的绑腿和皮带一看就知道是士官的不是军官的，所以他处处故意逼迫德国军官和他讲话，并以此为乐。说实话我也觉得这挺有意思的，德国军官面临这种尴尬处境的时候连单片眼镜都会起雾，可是却无可奈何。

我很难忘记有一次在波罗的海瓦纳明德岛视察的经历。当地军官陪同我们穿过一栋建筑物，正好一群德国水手在粉刷屋顶。他们就看着我们这些耀武扬威的胜利者走过，一动不动。

我当时想："要是胜负易位，换作是美国水兵拿着油漆刷子的话，好多德国军官就需要买新制服了！"

1月我舰去葡萄牙。离开里斯本的那天夜里漆黑一片，海上浪很高。我们沿塔古斯河顺流而下，船头两个锚中的一个处于解开的状态，随时准备下锚，直到开出河口我才命令把锚链收好固定。固定锚链的工作小组总共四个人，三名水手还有刘易斯·史密斯海军上尉，他是个来自费城的后备役军官，我们大家都很喜欢他。他们刚刚走到前甲板，一个大浪就打上来，雅奈尔号整个前部舰身都没入水下，三个人落水，包括史密斯。第四个人因为鞋跟很厚，卡在主消火栓跟旁边的舱门之间，才幸免于难。我们把他救下来的时候，他的衣服都被大浪冲走了，卡住的鞋跟也开裂了，跟鞋底就连着一小块。

我们在海上来回搜索，可是却没能找到其他三个人。打上来的浪头大到军舰前部的钢制舱门都被拍弯变形，很可能他们当时就被浪头打晕或者打死了。他们是在我指挥的军舰上唯一一批因事故死亡的官兵。

我到布雷斯特港以后有几天假期，于是和塔贝尔号驱逐舰舰长哈尔西·鲍威尔一起去了趟巴黎。我们决心把这次旅行当成纯粹的文化教育之旅，甚至事先还列了一个长长的要去看的文化历史景点的名单。我们第一个去看的是著名的万神殿，正在我们专心参观的当口，忽然听见有人喊："大家准备，把海军军官赶出去！"回头一看，原来是两个陆战队的朋友，从此我们开启了胡闹之旅，再也不理会什么文化历史了。（我在这里就不点这两位军官的名字了，他们两位现在都已经是将军了。）

有一位海军上尉在后面几天和我们一起在巴黎游荡。我记得他跟两个陆战队军官抗议说："跟咱们一起的两个海军中校，你们管其中一个叫比尔，另一个叫哈尔西，可是有时候又把这个叫作哈尔西，把另一个叫鲍威尔。究竟是你们疯了还是我喝多了？"

那个周末我跟哈尔西两个人花光了钱，只能借钱买火车票回布雷斯特。在火车包厢里我们和一个美国牧师聊天，说起国内民众批评军队过度扩张、机构臃肿的报道，那位牧师发了好一通议论，他说："这帮狗娘养的笨蛋，他们根本不懂什么叫作臃肿！"

二十多年以后有人跟我说起另一个好斗的牧师，我还会联想起此人。这另一位牧师的逸事是，有个陆战队员在护送牧师穿越新乔治亚岛热带丛林的路上遇到一名受伤的日本兵。陆战队员急忙掏出枪迅速瞄准了日本伤兵，然后回头看看牧师征求他的意见。在所罗门群岛战役初期，我军友好对待日军伤兵，但此举很不谨慎，经常出现我们的人过去救护敌军伤兵，结果被对方暗藏的刀子或者手榴弹杀伤的情况，于是我们停止了这种做法。牧师知道这些事情，他说："结果了这个狗娘养的！"枪响的时候他又补了一句："愿他的灵魂与上帝同在！"

我们在1919年春天终于迎来一些令人激动的事情。5月16日3架海军水上飞机从加拿大纽芬兰的特莱帕西起飞，准备途经葡萄牙的亚速尔群岛和里斯本飞往英国。3名飞行员都是我的朋友——海军中校约翰·托尔斯、少校帕特里克·贝棱格、少校阿尔伯特·里德，而贝棱格的副驾驶是马克·米切尔少校。帕特里克和杰克[①]的

[①] 杰克指约翰·托尔斯，杰克是约翰的昵称。

飞机在第一航段迫降，帕特里克被一艘商船救起，而杰克成功地在水上滑行到亚速尔群岛。但"普提"·里德飞完了全程，他是第一个驾机从西往东横越大西洋的飞行员。他在 31 日离开里斯本的时候，我的雅奈尔号守在他航线沿途的海面作为救援舰。我还记得当时我们目送他的 NC-4 飞机从头顶上嗡嗡飞越的时候，心情何等激动，还有他的发报员一直用一个我们密码本上没有的呼号来呼叫我们，我们一直没法回答，他对我们的沉默感到特别愤慨。

巴黎和会在 6 月结束，威尔逊总统再次登上乔治·华盛顿号，我舰也再次加入为总统护航的驱逐舰队。我回家待了几天，然后指挥雅奈尔号开赴汉普顿洛德加入新成立的太平洋舰队，舰队总司令是休伊·罗德曼海军上将。在舰队开赴巴拿马运河之前，我受命兼任驱逐舰分队司令（每个分队有 6 艘驱逐舰），我一直担任这个职务，直到两年以后调离驱逐舰。

[注1] 哈尔西将军由于在第一次世界大战期间作为驱逐舰舰长的卓越战绩被授予一枚海军十字勋章，嘉奖令如下：

在担任美国海军拜纳姆号和肖号驱逐舰舰长期间，在本职工作中做出卓越的成绩，在敌潜艇和水雷出没的海域进行巡逻，执行重要而又危险的作战任务，为运送部队和给养的重要船队通过这片海域进行护航，执行进攻和防御任务，不知疲倦和不停歇地与敌海军作战。

哈尔西本人的评论为："一战期间海军给太多的舰长颁发了十字勋章。它的珍贵程度比不上二战期间的十字勋章。"

第四章

新舰队在西海岸的第一站是圣地亚哥。海军部长丹尼尔斯在这里登上军舰。1919 年是大选年,而他莅临舰队,舰队又在整个西海岸各个港口巡游,所以这次远航被称为"为民主党拉票之旅"①。

战后很多军官和"仅仅为了战争"而从军的士兵复员,舰队上人手开始短缺。海军给每位官兵发调查问卷,询问他们对于未来的意向,那些想要暂时离开参加学习进修,未来继续服役的人将会得到重点照顾。军官食堂的黑人服务生哈斯提在问卷中表示,想继续进修化学课程,我对此大为奇怪,把他找来问:"难道你以前学过化学?"

他说:"我以前在一家药店打过工,长官。"

"在药店干什么呢?"

"往桌上搬汽水。"

---

① 威尔逊总统属于民主党,曾想打破惯例谋求连任,但因病没能如愿。那次大选民主党推出考克斯与富兰克林·罗斯福搭档,作为总统候选人,大败给共和党的华伦·哈定和柯立芝搭档。

哈斯提走了（不过不是进大学），我的轮机长走了，还有很多优秀的官兵都离开了军舰。舰上大幅减员，人手刚刚够开动军舰。如果再减少的话，就只能把军舰封存列入预备役了。

新任太平洋舰队驱逐舰部队司令是海军少将亨利·威利。他是那种能够做出无米之炊的巧妇人。他上任的时候，驱逐舰队唯一的优点是组织管理还算井井有条，但人手短缺，士气也低落。威利将军的领导能力、严格管理的作风，还有对军容风纪的强调都让驱逐舰部队成为整个舰队里最让人自豪的兵种。我这么说不仅仅因为自己偏爱驱逐舰。威利将军卸任将权力移交给普拉特海军上校的时候，你可以从一名水兵在街上走路的步态和他高昂着的水兵帽判断出来他在驱逐舰上服役。

普拉特上校在西姆斯上将手下担任过大西洋舰队参谋长，和威利将军的风格正好互补。威利提振了我们的士气，普拉特提高了我们的工作效率，开始强调各驱逐舰中队和分队之间的协作。经过两年的协同训练，我的分队里各位舰长互相熟悉到能够读出彼此的想法，而我们各个分队长在中队旗舰信号旗升起之前，也都能猜到中队长的意图。我们的中队长是弗兰克·泰勒·埃文斯海军上校，他父亲是"斗士鲍勃"·埃文斯上将。泰勒·埃文斯是一名优秀的舰长，懂得如何操纵军舰，他比我认识的任何人都更懂航海术。他在驱逐舰上服役多年，经验丰富，所以对驱逐舰的战术运用有独到的见解。比如他设计了一系列大胆的新编队队形，而且破例使用汽笛信号来实现队列协同。一个中队的19艘驱逐舰在夜间均施行灯火管制，以25节航速疾驰，完全依靠汽笛来协同机动，这可不是纸上谈兵的军官能做到的事情。

1920年1月，包括雅奈尔号在内的一批驱逐舰被调往中国的基地，由一批刚刚调离岸勤上舰的新舰长指挥。我已经在海上干满两年，所以被调往昌西号，这艘驱逐舰驻在圣地亚哥港。

从我开始指挥杜邦号的那一天起，一直鸿运高照，但运气就快要用完了，我自己一直有这个预感。在我指挥军舰的11年里面，从未出过严重的撞船事故。拜纳姆号在我接手之前不久撞过一次，肖号在我调离以后不久跟阿奎塔尼亚号邮轮相撞，撞掉了90英尺的舰艏。可是在我指挥下的军舰，发生的最严重的一次事故就是雅奈尔号在哥本哈根撞上了一艘英国驱逐舰，而损伤小到你用胶带就能粘好。毫无疑问，就快轮到我倒霉了，唯一的问题是，什么时候？

答案是那年5月，就在开赴珍珠港的一次中队远航期间。昌西号的薄弱环节在轮机舱，就是那儿出的麻烦。那天舰上锅炉的水位突然急剧下降，结果只能依靠两台锅炉提供动力。轮机舱通过舰内通话设备传上来"停车"的消息，我才知道出了紧急情况。这时应该升故障信号旗，通知其他舰只本舰无法操控，前桅杆已经准备好了信号旗，可风是从后向前吹的，我们升起紧急故障信号旗的时候，信号旗被缠住了。我们同时试图鸣响紧急情况汽笛来通知其他军舰，可是锅炉故障导致蒸汽不足，连烤花生机都带动不起来，别说汽笛了。我们唯一的指望就是编队后面的那艘军舰沃德号发现我陷入困境及时避让。沃德号的舰长是雷蒙德·斯普鲁恩斯。不幸的是，沃德号瞭望哨上执勤的少尉缺乏经验，没有及时发现问题并报告给雷，他只来得及减速到原来的1/3，还是撞了上来，我舰没有动力也无法操舵，什么都做不了，只能坐以待毙。昌西号几乎停在海面上，沃德号航速大约 5 节，撞在我舰右舷螺旋桨护栏后面一点的地方。

驱逐舰外号"锡罐头"，因为舰壳很薄，连步枪子弹都挡不住。（在图拉吉战役中日本步兵在布坎南号驱逐舰舰壳上打了很多点 25 口径的步枪弹孔。）艾伦·沃德号舰艏切进我舰舵舱 8 英尺深，舵舱立刻就进水了，右舷引擎损坏，所有缆线都被切断，一直切到方向舵的传动装置。尽管这是我遭遇的最严重的一次事故，但居然没有一人伤亡。

我们费尽力气把昌西号开进珍珠港，可祸不单行，我自己也和军舰一样残废了，左脚因痛风肿胀，只能架着单拐一跳一跳地行走，脚上再套一只跟着一跳一跳的拖鞋。我看上去滑稽可笑。当时皇家海军声望号战列巡洋舰也在珍珠港，威尔士亲王和我的远房表亲、海军将军莱昂内尔·哈尔西爵士都在舰上。我以前就认识莱昂内尔爵士，所以这次他选了一个晚上来我住的莫阿纳饭店看我，我当时正和几个朋友闲坐，赶紧一瘸一拐地迎上去。他穿着漂亮的白色海军礼服和饰金边的深蓝色裤子，汗流浃背，美国海军把这种有着两道金边裤线的长裤叫作"铁轨裤"。我当时也穿着白色军装，可是一只脚穿着白色皮鞋，另一只脚套着棕色拖鞋。我们闲聊了一会儿，然后他向我介绍威尔士亲王。酒店前厅顿时响起一片惊叹声！我想，这有什么大惊小怪的，他们这些人肯定见惯了王储嘛！其实那些访客的赞叹声不是因为见到了威尔士亲王而发出的，而是因为我。因为我一只脚穿着拖鞋又拄着拐杖，再加上威尔士亲王降尊纡贵亲自来看我，周围的人都以为我是个受伤的战争英雄呢。

我们在珍珠港待了三周才离开，我以为昌西号完全修好了，可是回程中她的两台锅炉又烧坏了，只好去马尔岛海军船厂大修，开往船厂途中第三台锅炉又坏了，刚靠上码头停好，第四台也是最后一台锅炉也完蛋了。这艘军舰厄运连连，所以7月我被调去约翰·伯恩斯号的时候一点也没有留恋。伯恩斯号挺皮实，可也有自己的问题，其中之一是特别费油。1920年的海军，资源不足，油料供应紧张，只能保留最省油的舰艇，其他舰只只能被封存列入后备役。伯恩斯号10月进入后备役，我又去了维克斯号，她省油的程度和伯恩斯号费油的程度不相上下。

在此期间，6月某一个下午，我刚完成演习上岸就收到妈妈从华盛顿发来的电报：父亲因心脏病发作去世了。他埋葬在阿灵顿国家公墓。他在1907年以上校军衔退休，第一次世界大战期间重新回到现役，在海军部工程与维修局主管军械。我和他最后一次争论是因为某一款带旋转臂的船锚的发明专利，他到死都坚持认为那玩意儿在驱逐舰上没用。

我长得像父亲——附带说一句，父亲的外号叫"丑八怪"——可是性格和才能几乎完全遗传了母亲。我母亲现在88岁了，和我妹妹黛博拉（雷诺兹·威尔逊夫人）一家住在特拉华州的威尔明顿。①每次我去看望他们，都会深深意识到自己更像母亲。她和我都是那种黑白分明的人，非此即彼。我们都很直接，几乎是口无遮拦。有军事记者形容我"说话不走脑子，常说错话"，每当出现这种情况，我太太就归因于"布鲁斯特家族的祖传血统"。母亲会原谅我这么说的，我希望自己同时也继承了她刚直不阿和坚强的品质。

---

① 原书注：哈尔西将军的母亲于1947年5月病逝，当时本书正在出版过程中。

1921年早春，我所属的驱逐舰中队奉命演练向四艘战列舰发动鱼雷攻击。一段时间以来，我是年资最老的分队长，所以演习前中队长因病离职的时候，我任代理指挥。雷·斯普鲁恩斯接替我指挥我的第1分队，威利·威尔考克斯指挥第2分队，约翰尼·弗格森指挥第3分队，每个分队6艘驱逐舰，外加一艘独立的旗舰：这是我当时指挥过的最大规模的舰队了。

我自己的分队能够很熟练地急停下锚，但我没时间训练其他两个分队，只能跟威利和约翰尼解释我的基本方法，让他们注意。他们笑话我，因为觉得办不到。

"办不到吗？你们俩最好小心看着。"

发起鱼雷进攻前一天夜里，我们以15节速度前往长滩港。我接近锚地的时候减速到原来的2/3并升起"准备下锚"的信号旗。编队接近指定锚地的时候还保持着10节速度，可我仍然下令"下锚"，放下锚链同时全速"倒车"。我的分队执行得分毫不差，可其他两队里有些舰把锚链一直放到头才勉强停住。

我当然料到威利和约翰尼登上我的旗舰的时候会气得吹胡子瞪眼睛。我只说了一句："怎么样，下次该相信我的话了吧？"

（我必须在此解释一句，这种锚泊法听起来好像是炫技，其实是把驱逐舰等轻型舰只一次停泊到位的最好办法。轻型舰只低速下锚的时候会产生横移，不那么容易操纵。）

第二天早晨我只下达了一道命令——编队驶向距离战列舰3万码的阵位，等待进攻命令。我让两个分队列成相距1000码的两支平行纵队，第三个分队紧随其后，如果敌舰试图规避鱼雷的话，随时准备拦截。发出进攻信号以后，我以25节高速朝向预定的拦截位置行驶，离敌人越来越近。我看出我的航向正确，下令全中队施放烟幕。

太平洋舰队驱逐舰部队司令普拉特上校当时作为观察员和我一起在舰桥上，他问我："你想干什么？"

我反问："演习限定条件是什么？"

"没有限定。"

我答道："如果战列舰编队保持目前的航向航速，我的意图是用两列纵队左右夹击敌编队。"

我保持航向，直到距离敌先头舰3000码的发射位置，再转向驶回我们的烟幕保护之中，在转身的同时发射鱼雷。旗舰没有发射鱼雷，因为供演习用的鱼雷数量不够。后续每艘驱逐舰在同一地点转向的时候都发射两条鱼雷，总共36条鱼雷，有22条命中。

我们的鱼雷当然是演习专用的，头部用软金属制作，撞上目标舰的时候，既不会损伤舰艇也不会损伤鱼雷本身。不过我们忘了一件事：最后一艘驱逐舰发射鱼雷的时候与敌舰之间的距离已经缩短到700码，此时推进鱼雷用的压缩空气瓶几乎还没有消耗，气瓶本身爆炸的话是很危险的。

四艘战列舰当中只有爱达荷号没有受伤。海军中将的旗舰新墨西哥号被一颗鱼雷的气瓶打裂了装甲板，油漆贮藏舱进水。密西西比号的螺旋桨中了两颗鱼雷，不得不进厂大修。另一颗鱼雷打进得克萨斯号的舵舱下方，炸掉了舰上所有继电器，一时间全舰的电气设备全部瘫痪。我们在1分半钟的时间内造成了150万美元的损失。那些战列舰舰长把眼睛里的浓烟抹掉，看清损失情况的时候，他们气疯了！回到长滩市，日报头条新闻的标题更是火上浇油：驱逐舰决定性地击败战列舰。

第二天本来预定要再举行一次同样的演习，出海前我和普拉特上校被召到旗舰上，上峰强烈建议我们不要再重复昨天的战绩了，而且下令把最短发射距离改为 5000 码。那天战列舰复仇成功：有一枚鱼雷发射之后失控，转了回来，在我的一艘驱逐舰尾部附近爆炸，把舵炸得变了形，不得不把她拖回港内。

我在 1921 年 6 月正式晋升为海军中校，9 月奉命去华盛顿的海军情报局任职。我离任的时候，我指挥下的驱逐舰分队赢得了两项海军中的最高奖项。我很高兴地通知塞伦号成为海军驱逐舰炮术冠军，然后回到我自己的维克斯号宣布，该舰将在前桅上升起"肉丸子旗"，代表我们赢得了包括炮术和航行在内的各项竞赛全能总冠军头衔。

维克斯号是我指挥过的最好的军舰，她的外观也是最干净漂亮的。你看一艘军舰航行的姿态就能判断出她有多漂亮，不过要想知道军舰干净与否，关键部位是厨房和厕所。每次我上舰视察，一定先查看这两个部分。

我离舰的时候接任的人还没报到，所以无法进行常规的交接。后来我听说后任一到职就先要看分队的文件卷宗。拿到档案的时候，他惊讶地发现其中有这么一封信，我记得很清楚：

缺乏交通工具

1. 回舰的交通艇引擎无法发动不是一个可以接受的借口，你永远可以乘"白灰微风"回到舰上。此外……

每次水兵离舰以后回来报到时，总会说乘坐的交通艇无法启动，这令我非常生气。如果这帮人发动不了该死的引擎的话，那就让他们划桨好了（海军俚语把桨叫作"白灰微风"）。只要他们按时回舰报到，我才不在乎他们用什么办法呢。

我一贯厌烦公文往返，所以尽可能用开会来代替，面对面讨论还可以鼓励大家畅所欲言。这套工作方法适合我，不过不一定适合在全海军推广。有时候我要花好几个小时起草、修改、签署报告时，就不禁想起曾经有位将军建议订立一个条令，禁止打字机上舰。

这是我第一次在首都华盛顿的海军中枢部门工作，而且是我第一次在写字台上办公，海军把这叫作指挥 LSD——钢制大写字台。海军情报局的任务是"搜集整理分析散发"一切有军事意义的情报。最困难的反而是最后一个环节——散发。仅仅在正确的时间把正确的情报送给正确的人还不够，你还得保证他不会把情报扔在"待处理"框里发霉。我才刚刚开始学习文牍工作，就正好碰上有人讨论下一任驻柏林美国海军武官的继任人选问题，我不由自主地凑过去问："你看我怎么样？"

我不知道自己为什么想毛遂自荐，因为我并不喜欢德国。反正1922年秋天我在匆匆上过几节德语入门课后，就带着太太、12岁的女儿和7岁的儿子一起上船赴德国履新了。我们在英国普利茅斯下船，顺道拜访了当年我的总司令路易斯·贝利将军，然后去伦敦听取赴任前的情况简报。我们的驻巴黎海军武官又在法国再次给我介绍了情况。所以我到达柏林向豪顿大使报到的时候，对新工作并不感到特别陌生发怵。

海军武官的主要职责有两个：他既是大使的助手和顾问，又要让海军部随时了解驻在国海军发展的状况。他不一定非得是个间谍。他做的事情都是光明正大的，得到了驻在国政府的许可，他所搜集的信息也是驻在国政府认为可以公开的。

德国人在1922—1923年仍然在努力从战败的废墟当中恢复元气。总有些自称"美国的朋友"的家伙向我兜售他们的发明，还常常隐晦地威胁说如果我们不花钱买，他们会卖给日本人。其中一项发明是一种优良的体视测距仪。英美海军当时都在使用复合焦点（两相）测距仪，这种仪器容易受舰炮和震动的干扰。德国人的设备几乎不受干扰，所以我们经过试用买了下来，海军也采用了。

除此以外我还参观访问过不少海军感兴趣的德国各行业的工厂：弗里德里希港的齐柏林飞艇工厂，德国人在那里为我们建造操作便捷的洛杉矶号；蔡司和戈尔茨光学仪器仪表公司；还有埃森的克虏伯公司。我还要感谢美国驻丹麦、瑞典和挪威的使团。美国驻丹麦公使戴纳基·普林斯博士尤其殷勤好客。我记得他能唱至少20种不同语言的民歌，从拉脱维亚民歌到美洲印第安人的民歌，没有他不会的，而且自己用钢琴伴奏。（巧的是，为基普林的诗《通往曼德勒之路》谱曲的正是普林斯博士。）

1924年7月我卸任驻柏林海军武官之职，奉命去指挥戴尔号，然后是奥斯伯恩号驱逐舰，她们都是美国海军留在欧洲水域"显示存在"的六艘驱逐舰当中的成员。这期间16个月里，我们大部分时间都在地中海边巡航边观光。1925年7月4日我们到达直布罗陀，为欢迎我们，海军上将罗杰·凯斯爵士的旗舰礼貌性地升起全副礼仪用旗伴随我们进港。我正式拜会了皇家海军以后，进行礼节性回访的是将军的参谋长海军准将达德利·庞德，后来在二战期间他是英国常驻美国参谋长联席会议的皇家海军代表。一名英军水手（皇家海军管水手叫"鼻涕虫")驾驶准将的交通艇靠上奥斯伯恩号的时候，撞坏了我们手工制作的柚木舷梯，这架舷梯可是我们舰上的宝贝和骄傲。庞德准将不仅坚持替我们修好舷梯，而且那天下午特意把当事的水兵派来我们舰上当面道歉。我觉得这样惩罚太不给这个漂亮的红头发年轻人面子了，后来见到庞德的时候，我说美国海军不可能有任何一位指挥官这样对待一名下属。可我后来把整件事讲给其他皇家海军军官听的时候，他们众口一词："庞德做得漂亮啊！这对鼻涕虫来说是个很好的训练！"

这次巡航中在马耳他岛进行停泊对我来说是个里程碑式的事件，因为我在那里第一次见到了一艘航空母舰——皇家海军竞技神号。在一名驱逐舰军官看来，航母是一只不对称的难看的大桶，就像孩子学习制作航模的时候丢下的半成品。可是未来的岁月里，我不仅指挥美军航母，甚至还指挥过英军航母，我才意识到航空母舰有自己独特的美丽和优雅。

我们从马耳他航行到威尼斯，奥斯伯恩号在威尼斯的锚地令人难忘，就在大运河里，离我下榻的酒店不到100码。我早晨起床准备回舰上的时候，只消走到卧室的阳台喊一声甲板执勤官，他就会派小艇来接我，就这么方便。

雷·斯普鲁恩斯在11月接替我的职务。我在瑞士跟家眷会合登船回国。1926年1月登上战列舰怀俄明号报到，担任副舰长。在怀俄明号上服役的一年没有什么可说的，不过我在这艘军舰上体会了之前和之后都没有过的经历。怀俄明号前往费城海军船厂把烧煤的锅炉改为燃油动力装置的时候，工人发现吃水线附近舰壳上多年沉积的藤壶之类太厚了，根本铲不掉。我们不得不用镐头凿开板结的沉积物,我还从没见识过有人挥动镐头凿僧帽水母的场面呢。

1926年春季我够资格晋升为海军上校,那年夏天通过了考试,1927年2月正式在袖口绣上了第四条横杠。当时我奉命去安纳波利斯海军军官学校指挥梅赛德斯女王号帆船。女王号和奥地利亲王堂·胡安号一样,都是在美西战争中缴获的战利品,西班牙人把这艘旧式巡洋舰凿沉在圣地亚哥港的航道上,意图封锁港口,但是失败了。我们把这艘船打捞出水,开去安纳波利斯,去除武装改为学员训练舰。

训练舰是唯一一种舰长可以带家属随军的军舰,船艉楼有非常舒适的住舱,配备一名厨师、仆佣和小工照料我们的起居。工作负担很轻,还能参加军官学校的体育和社交活动,非常闲适。如果觉得安纳波利斯的生活无聊,那么华盛顿和巴尔的摩都在一小时车程以内。我在这里任职了3年零5个月,这是我整个海军生涯最愉快的时期了。

很多人听说女王号是因为她是监狱船。如果学员偷跑出来被抓了现行,就会"被送去船上"关四个星期,吃住都在船上,丧失了自由和一切特权。这项惩罚很严厉,但是并不耻辱,今天的很多海军最高级的军官当年都经历过这个。我就是其中之一,在我那个时代的监狱船圣提号上被关过。

我最无关紧要的一个职务是军校的设备总管。军校的一切浮动设备,包括帆船、摩托艇在内,除了皮划艇以外都归我管,女王号是这些设备维护人员的营房,还是实习课士官教员跟一些食堂服务员的营房。现在,女王号又新添了一个前所未有的职责。那年,就是1927年春天,她成了军校新设立的海军航空系教职员工的基地,我的整个军事生涯正是在这里有了一个转折。

我最初接触海军航空兵是在 1910 年，当时我在诺福克，有一次跟诺福克海军船厂里指挥三艘潜艇的肯尼斯·维廷还有监督另一艘潜艇入役的"土豆儿"·艾利森一起吃饭。

肯问"土豆儿"："你对这个飞行的玩意儿有兴趣吗？"

"不怎么感兴趣。"

肯说："我倒是挺感兴趣。我看过莱特兄弟和柯蒂斯的飞行表演，刚向部里递交了去学飞行的正式申请。"

"土豆儿"说："听起来不错，把你的申请信抄我一份，我也去递份申请。"

"土豆儿"还真申请了，而且完成了飞行训练课程之后，成了第 1 号海军飞行员，而肯的申请没有通过，而且肯奉命接手"土豆儿"留下来的监督潜艇入役的工作，这让肯大为光火。肯直到两三年以后才去接受了飞行训练，成为第 16 号海军飞行员。

既然提到"土豆儿"和肯，我正好想起一个有趣的巧合事件。1945 年 6 月 22 日我指挥第 3 舰队在冲绳外海作战，日本神风自杀飞机重创了舰队中好几艘舰船，其中就包括快速扫雷舰艾利森号，该船就是以"土豆儿"的名字命名的，另一艘受伤的军舰是水上飞机勤务舰肯尼斯·维廷号。对了，同一天受伤的还有另一艘水上飞机勤务舰柯蒂斯号！

住在女王号上的海军航空系主任是德怀特·拉姆齐海军上尉，副主任是克利夫顿·斯普拉格海军上尉[①]。我讨厌外行指挥内行，

[①] 拉姆齐后来在南太平洋战场担任萨拉托加号航空母舰舰长。斯普拉格后来在莱特湾海战中指挥护航航空母舰编队硬抗日军战列舰队主力，一战成名。

于是请求"公爵"·拉姆齐教我飞行。

他回答说:"行啊,我们上天飞一飞吧!"

我以前飞过两次,一次在1913年,一次在1914年。第一次是帕特·贝棱格在安纳波利斯带我飞的,用的是一架柯蒂斯A-3型水上飞机,它统共就由一部引擎、一个螺旋桨、一对机翼和一个浮筒组成。我的座位比自行车座大不了多少,也没有安全带。不过我们毕竟摇摇晃晃飞上了天,在天上待了15分钟,然后降落在水面。我们滑行回堤道上岸的时候,一名士兵递给我一份表格,要我填写姓名、军衔、住址、身高体重、宗教信仰、亲属姓名之类,起飞前他忘了让我填表。我当时接近自己历史最高体重,超过210磅。这个士兵看到我填的内容时说:"您是我们带上去的最胖的乘客了!"

我觉得,海军航空系早期历程中所创造的各项纪录里面,应该为此记上我的名字!

我第二次升空是在彭萨科拉。那次飞行员是杰克·托尔斯①,这回的飞机总算换成了一架真正有机身的水上飞机。起飞前杰克跟我提到他手下有一个特别聪明的陆战队中士,发明了一个新奇玩意儿——能精确测定油箱里剩余油量的度量棒。我们刚飞上天一会儿引擎突然停了,杰克把飞机稳稳地紧急迫降在海面上,然后检查问题出在哪儿,最后发现居然是油箱空了。那个新奇的度量棒太过新奇了。我们被迫从附近停泊的一艘驱逐舰上借来一桶汽油才飞回去。

还有,那一年我随舰队停泊在墨西哥外海的时候,帕特里克·

---

① 太平洋战争初期曾任海军航空局局长和太平洋舰队航空兵司令,后升任太平洋舰队和战区副总司令,但不受尼米兹赏识。

贝棱格从空中飞越墨西哥军队的阵地，多次遭遇对空射击。我提到这件事是因为我相信这是第一次有美国海军飞机——也许是世界历史上第一架作战飞机——遭遇火力袭击。

现在时间过去了13年，我又升空了。我和所有新手一样对飞行入了迷。只要"公爵"或者"拐子"·斯普拉格同意带我飞，我就尽量抓住机会上天。他们俩偶尔让我来操纵飞机，而我也很快以为自己已经是个王牌飞行员了。所以前面我提到航空系的建立彻底改变了我的海军生涯一点都不夸张。不久以后我吃饭、喝水、呼吸时都在想着航空，住在女王号上的剩余时间里都是如此。

1930年春天，海军航海局局长詹姆斯·理查森少将给我写信，说他知道我对航空感兴趣，问我愿不愿意去彭萨科拉学习飞行。我立刻答应下来。此前不久海军要求所有一线军官都要接受是否适合飞行的全面体检，我很容易就通过了。可是这次我遇到了我生涯中第一次测试不合格：问题出在视力上面。我以前从没有注意过自己视力有什么问题，也许就是年龄大了有点老花，我认定那是暂时性的，所以先等了一个星期，然后再去测视力，还是通不过。我只能认命了。

那年6月我离开女王号前往大西洋舰队指挥第14驱逐舰中队。这个中队有19艘驱逐舰，分为3个分队，每队6艘，外加我的旗舰霍普金斯号，她是最现代化的1200吨排水量的驱逐舰。[注1]

在岸上待了三年以后再次回到舰上的感觉真好，我尤其高兴能回到自己最喜欢的舰种上。同时我还能继续发展对飞行的爱好。现在飞机已经是舰队的标准配置了，用于飞行员为驱逐舰观察鱼雷的航迹，所以我观察鱼雷发射效果的时候，一半时间在舰桥上，另一半时间从空中观察。

但并非所有海军军官都能像我一样很快认识到飞机的重要性。某天有一艘战列舰放飞舰上配备的侦察机,让它去侦察某个海区,出于某种原因,战列舰无法到预定地点跟侦察机会合,可是舰长忘了通知那架飞机。飞行员在空中尽可能长时间地盘旋等待,最后在海地附近海面迫降,剩下的燃油刚刚够飞机滑行到岸边。那艘战列舰的中校副舰长是我朋友,我买了个娃娃,给娃娃穿上中校制服,再在腰上系上一架飞机模型送给他当作礼物,提醒他将来可别忘了自己的飞机。

1932年1月大西洋舰队的驱逐舰奉命转移到太平洋海域去,此后美国海军舰队的主力都将集中在太平洋。海军组织结构方面还有一个变化,就是每个驱逐舰分队的舰只由6艘减少到4艘,一个中队减少到下辖13艘驱逐舰。我还没来得及完全适应新变化就在6月被永远调离了驱逐舰部队。自从我当上杜邦号舰长以来已经过去了23年,所有的舰勤都在驱逐舰上,只有在怀俄明号战列舰上的一年例外。我在驱逐舰上服役的时间超过任何一位海军在役军官,舰勤的方式也比任何一位同级军官更单调。用老话说,我算是"和驱逐舰一起成长的"。现在这个伙伴关系结束了,我从此以后再也没有乘坐过驱逐舰。

我的新任务是去纽波特的海军战争学院担任学员。这段时间在很多海军军官的生涯中都是最快乐的时光。这段时间没有正式职务,所以无官一身轻,同时又是令人兴奋的,因为要听课、交流观点,有机会在演习中验证自己的作战理论,还要阅读最新的专业理论期刊论文。

还有个小故事，放在这儿讲只是因为放在别的地方讲都不合适。有一次我们夫妻和几个战争学院的朋友一起吃饭，有个刚嫁给海军军官的新娘问范，她对海军家属生活最深刻的印象是什么。范直白地告诉她："就是在世界各地不停地购买和丢弃垃圾桶。"

陆海军的战争学院传统上都会互相交换学员，我在1933年从纽波特毕业之后奉命前往华盛顿的陆军战争学院进一步深造。这是我第一次深度接触陆军，我在这里结识了奥马尔·布莱德雷少校和乔纳森·温赖特中校①，他们都是我的同学。我们在纽波特学习海军作战的战略战术的时候，把重点放在研究后勤保障问题上。而在华盛顿我们研究的科目更宏观，从战争全局而非一次战役的高度进行研究，而且是从最高战争指导，也就是参谋长联席会议的角度出发来思考问题。

我结业前不久收到时任海军航空局局长厄尼·金寄来的一封信，信中提出如果我能通过彭萨科拉的航空观察员课程的话，就让我出任一艘航空母舰的舰长。海军航空世界突然之间再次向我敞开大门，我太激动了，以至于觉得能够指挥萨拉托加号航母都只是附带的额外福利而已。

我把厄尼的提议转告给太太，请求她在表达意见之前先考虑48小时。两天以后她回答说，如果时任航海局局长威廉·李海将军觉得这是个好主意，她就同意，因为我们夫妻都很尊重他的判断力。威廉·李海不仅赞成，而且非常积极热情地为我鼓吹。

我在夏天来临之前安顿好家庭，长途开车前往彭萨科拉，到达

---

① 温赖特后来在太平洋战争初期率领美军在菲律宾投降。

目的地之前一晚我途经塔拉哈希住宿①。那天夜里我突然之间意识到:"比尔,你都51岁了,已经是孩子的外祖父,明天早晨你要跟年龄只有你一半大的年轻人比拼!"

那天晚上我喝了顿酒,此后整整一年滴酒未沾。

[注1]威廉·F.哈尔西三世(哈尔西将军之子)按语:

(原书编者按:哈尔西将军的家庭成员和亲友在阅读本书手稿的时候知道,他们在书中加入按语时所用的称谓遵循如下规则。当写按语的亲友是现役或退役军官时,使用此人现在的军衔或者退役前的最高军衔。所有书中正文其他地方的军衔和级别都用当时的职级,比如当哈尔西将军的参谋长在有关南太平洋战局和第3舰队作战行动的部分加入按语时,其被称为卡尼海军中将,这是他现在的军衔,而不是他当时的军衔海军少将。)

那年夏天我在美国全国广播公司打工兼职当引导员。某天,公司的一个公关经理叫我去,告诉我他在报纸上看到我父亲指挥的驱逐舰中队会来纽约。他说:"我们想报道令尊,希望能拍一张你们父子在一起的照片,都穿白色制服。"

我穿引导员的制服而父亲穿海军上校制服,这能相提并论吗?我离职以后很久都根本不敢跟他提起这件事。他肯定会把那家伙的胳膊拧下来,再用拧下来的半截胳膊捶死他。

---

① 塔拉哈希是佛罗里达州首府,彭萨科拉位于这个州。

第五章

1934年7月1日我到达彭萨科拉以后立即开始训练，飞行教官是布洛姆·菲尔德·尼科尔海军上尉，他后来给我当过多年参谋。初学者的飞行中队被称为第1中队，训练日程是半天地面理论学习半天飞行。我们学习航空发动机结构、无线电、空中导航、军械、轰炸和鱼雷的相关知识，在飞行中则练习平飞、基本战术动作和精确着陆。

布洛姆带我飞了几天以后，我要求把自己的身份从"观察学员"改为"飞行学员"，单纯从安全的角度考虑，我也觉得还是自己驾驶飞机比坐在飞行员背后听天由命要强，飞行员可能受伤或者因为其他原因而失能，一旦那样观察员就束手待毙了。而且我未来要接掌一艘航空母舰，当舰长，就应该对飞行员所面临的问题和思考方式有深刻的了解。我的视力还是够不上飞行员的标准，说实话直到今天我也不知道自己是怎么混进飞行员队伍的，我也不准备去深究。无论如何我毕竟开始学习飞行了。[注1]

飞行学员必须在由教官带飞至少8小时最多12小时后才开始

单飞。让教官带飞了 12 小时，然后终于单飞的时候，简直是我一生中最兴奋的时刻。彭萨科拉飞行学校有个惯例，就是把每个班最后一个单飞的学员扔到海里。我是我们班最后一个，所以当我驾驶飞机——第 1 中队用水上教练机——在水面上滑行回到斜堤以后，我的同班同学已经等我多时了。大多数同学都是海军少尉，所以要把一名海军上校扔进海里还是有点犹豫的，不过也只是犹豫了一小会儿。很快我就在海里游泳了。

那年夏天我家住在罗得岛州的詹姆斯顿。我单飞了 10 个小时以后才有勇气告诉太太自己改学飞行的事情。我知道她会大发雷霆的。[注2]

我们完成第 1 中队的课程之后就升入第 2 中队，主要飞陆上教练机。我们在这个阶段学习三机编队飞行和一些基本的特技飞行动作，比如翻筋斗、快滚、落叶式降落和破 S。我们还重点练习了定点精准降落。某一天早晨我降落的时候飞得过快，冲出了目标圆圈直撞向护栏，当时只能选择撞护栏或摔在地上嘴啃泥，我选择了前者，幸好飞机没有摔坏，我也没受伤，不过这次经历告诉我不能那么自以为是了。

第 2 中队最后的训练科目之一是越野飞行，并在外围机场着陆。我们以三机编队从基地机场起飞，每位学员轮流领飞一个航段。我第一次领飞是飞最后到达的航段，结果我的视力拖了后腿。飞行学员是坐在教练机的后座操纵飞机的，而座舱里唯一一个罗盘装在前舱的仪表盘上，离我 5 英尺远，我看不清楚。我试图用"按照铁罗盘飞行"（就是沿着铁路轨道飞行）的老伎俩蒙混过关，结果运气不佳，铁轨分叉，而我选择了沿着错误的铁轨飞。（有教官跟我们一起飞照料我们，可是他故意不纠正我，要给我一个教训。）结果我很晚才返回基地，让地勤和指挥都非常紧张。从此以后我总有一个印象，就是每次我驾机升空，地面人员都会很紧张。

第3中队的飞行训练是上作战飞机而不是教练机，所用的是舰载侦察机中队所用的双翼机，非常难操纵。飞机的尾轮可以自由转向，所以一着陆就容易原地转圈。不过我出了一次飞行事故，着陆时前滚翻，倒不是活动后轮的问题。当时我降落滑行得很正常，可是机轮压到了一块特别松软的地面，结果飞机翻了个底朝天。塔台的人认出我的机号，救护车和抢险车拉着警报紧急出动，他们要我躺到担架上，戴上呼吸器，怕我受伤，但我要求换一架飞机马上再次升空，因为我怕这次事故给自己留下心理阴影。现在我可以很高兴地说，一点影响也没有。

在第4中队训练时上了T4M型水上鱼雷机，这种侦察机在两个浮筒之间挂载一枚鱼雷。我们并不投射鱼雷，只飞T4M来感受一下如何操纵一架重型飞机在海面飞行，为下一步飞大型双引擎侦察机做准备。在双引擎侦察机上我们演练只用一台引擎飞行，并第一次接触了水平投弹。我无法全部完成第4中队的学习，因为完成全套飞行课程需要12—13个月时间，当时已经开春了，我预定在7月初去接任萨拉托加号舰长之职，所以后半截飞行课程只能加速进行，我必须跳过部分第4中队的训练直接去第5中队训练。

第5中队的训练科目是整个飞行训练里最有意思的。我这个"老笨蛋"开始飞F3B和F4B型作战飞机，于是开始幻想自己成了一名战斗机飞行员。现在开始学习高级特技动作，我必须在此强调，特技飞行不仅仅是为了表演，相反，它们都有重要和明确的战术价值。设计的每个动作都是让飞行员用来躲避敌机追杀，或者抢占射击阵位的。当然最近的太平洋战争中，日军飞行员经常使用的一些特技动作可能不是那么实用，但我们后来获悉，他们这些动作也有自己的实际用途：因为日军的机载无线电不可靠，当无法用无线电联络的时候，日军编队指挥官就要用某个特定的飞行动作来表达他的指挥意图。

我们在第 2 中队一直没有学过的两个特技动作是慢滚和在筋斗顶部加滚转①。做慢滚动作的时候，需要两次变换方向舵，这就需要飞行员具有快速的判断力和完美的协调能力。我还记得我第一次练习这个动作的时候，刚做了一半，就开始觉得这太容易了，可是一看仪表盘，我已经以超过 200 节的速度俯冲了 2500 英尺。即便经过反复练习，我还是掌握不了那些需要精准技巧的特技动作，而那些只需要大力折腾飞机的特技动作，我是一学就会。

我直到那个时候都没有戴过眼镜，因为我觉得自己必须学会不戴眼镜也能飞行，否则如果在空中时眼镜掉了或者摔碎了，我就会变成死蟹一只。我后来还是不觉得在正常飞行中需要戴眼镜，可是意识到在紧急情况下我可能需要眼镜，所以我在飞行目镜里装了眼镜片，从此以后一切飞行中所出的差错就怪不着视力，只能怪自己太笨了。[注3]

1935 年 5 月是我培训课程的最后一个月，我就像朝圣一样终于飞上了战斗机，飞一段战斗机，再去海滩飞侦察机，然后再换战斗机。在这个月 1 号到 28 号之间，我飞了 80 多个小时。但天下无不

---

① 又叫殷麦曼机动，是德国著名飞行王牌殷麦曼在第一次世界大战中创造的特技动作。

散的宴席，我终于赢得了"海军飞行员"资格，在胸前别上双翼徽章，和太太一起开车横穿大陆赶赴加州长滩，出任萨拉托加号舰长。

范在前一年12月搬来彭萨科拉和我在一起。在那之前半年我们分别的时候，我体重接近200磅，她这次再见到我的时候，当地炎热的天气和紧张的飞行生活让我的体重降到155磅。我当时还以为自己很苗条，颇为沾沾自喜，暗示她赶紧夸我两句。没想到她把我拉到镜子面前，一把抓住我下巴下面松松垮垮耷拉下来的皮问我："这是什么玩意儿？你看上去活像一只被拔了毛的瘟鸡！"

不过我掉体重是暂时的，获得飞行资格徽章的时候，我的体重已经回到了175磅。

飞行训练的那一年还有一件逸事：某天一名飞行学员告诉我说他在广播里听到某一个名声很臭的评论员说我的事儿。如果我复述有误的话，请记住这是十多年前的事，而且是我道听途说来的。广播评论员所说大意是海军总有办法绕过国会通过的法律，上有政策下有对策，比如国会要求航空母舰的舰长必须是飞行员出身，至少也要有飞行观察员资格。然后就有一名海军上校奉命去彭萨科拉接受观察员培训。航空学校的校长是他的老朋友，上校亲切地叫校长的名字，告诉他自己来这里的目的。

校长说："这好办，我手边有个教官正合适！"他叫来一名脾气温和又听话的年轻上尉，指示道："某某上校来这儿参加我们的观察员培训课程，你将担任他的教官……明白了吗？"

上尉答道："明白，长官。"然后就开始请某某上校坐上飞机，在蓝天白云下开始了一系列平稳的空中观光之旅。

几周的时间很快过去。某某上校再次造访，还叫着校长的名（省略对方的姓）以示亲热，说道："我结业了，整个培训过程极其愉快！"

校长回答说："太棒了，我非常高兴授予你这枚双翼飞行资格章。祝贺毕业！"

当时我是在彭萨科拉受训的唯一一名上校军官，也是唯一一个即将当上航空母舰舰长的人，年轻的学员们觉得广播评论员这不是指着和尚骂秃驴吗？他们听得气不打一处来。我倒是摆出了高姿态，只给厄尼·金写了一封信请他转达大嘴先生，我邀请他来坐我驾驶的飞机。我还说，自己正好在第2中队学习特技飞行呢，这个家伙如果敢来，我肯定能让他在空中把胆汁全都吐出来。他从未回复过我的邀请，不过公平地说，我也的确不知道厄尼是不是转达了我的邀请。

萨拉托加号建造的时候并不是航空母舰，她和同级姐妹舰莱克星敦号原是战列巡洋舰，由于1922年召开了华盛顿裁军会议，才被改建成航空母舰。所以她们比一般的航母稍微难操纵，不过这也使她们成为当时世界上最大的战舰。她们有足以与体形相匹配的18500马力发动机。1929年华盛顿州塔科马市的发电厂发生故障，莱克星敦号把军舰发动机接入城市电网，发出的电力足够供整座城市使用，直到30天以后发电厂恢复运转为止。

到当时为止除了有一次指挥怀俄明号战列舰抛锚之外，我只指挥过驱逐舰，所以我很想感觉一下萨拉托加号在操纵性能上和拜纳姆号或者雅奈尔号有什么不同。如果我说两者区别仅在于大小不同，这种评论其实也不算特别白痴。萨拉托加号真的就像一艘超大号的驱逐舰，我可以用驾驶驱逐舰的习惯来驾驭她，甚至可以行进间抛锚急停。有一次在科罗纳多洛德港，我在军舰航速还有9节的情况下，命令抛锚，同时全速倒退，放出75英寻锚链以后军舰就稳稳地停住了。当然那次是个紧急情况，不过证明了她能做到你想让她做的任何事情。

我在萨拉托加上没有参加过战斗。后来企业号成了我最喜爱的军舰，那是因为日本鬼子袭击珍珠港的时候，企业号是我的旗舰，而且我们后来又一起在战火中出生入死。但有两个原因让我总是在心里把"萨拉"当作女王，为她保留一席之地。一个原因是我把她当作我的家，我当了两年舰长，作为海军少将又有两年以萨拉托加号为旗舰，这样我住在这艘舰上的时间比在任何一艘军舰上都长。第二个原因是我喜爱这艘军舰：她是我初次踏入海军航母界时的伴侣，向我展示了海军航空领域的魅力。

你只有充分了解航空兵的潜力和局限性，才能在海战中恰当地运用这支力量。我想经过六年的实践之后，我算是初窥了航母作战的门径，但是当时我所知道的还很有限，只能慢慢地摸索经验，从他人的经验中不断学习，同时还承担着他人实践可能产生的后果。

飞行员驾机从航母上起降需要经过特殊的训练，还要有极大的勇气。我说这句话是很客观的，因为我自己虽然多次作为后座乘客从航母上起降，却从未敢自己驾机。不管是岸基还是舰载飞行员，只要是战斗人员，就一定会飞行、导航、操纵无线电、射击和投弹，可是对舰载飞行员来说这些能力只是最起码的要求，此外他还要面对额外的高风险。

比如他起飞越过舰艏以后，发动机可能突然在空中熄火，然后机身就落水了，机轮在海水中遇到阻力，于是整架飞机向前或者向后翻滚，他可能被撞晕过去；如果他的安全带或者座舱盖卡住了，他就会被淹死。就算他从下沉的飞机里逃脱出来，还有可能被行进中的自己的母舰撞到，沉入水下。他每次起飞的时候都要面对以上种种危险。

假设起飞一切顺利，再假设敌人没能在他远离母舰200—300海里的海上把他打残，发动机也正常，那么他接下来还得面临找到母舰的挑战。此时母舰可能已经距离他起飞时的位置50多海里，海上又没有地标作为参照，没有铁路当作"铁制罗盘"，没有电线杆。他当然可以借助无线电，但即使最好的无线电也不是百分之百可靠的，如果无线电在恶劣天气中信号微弱的话，那就只能依靠几分之一秒内做出导航决策的判断力救命了。

我说的几分之一不仅指时间，也指经纬度必须精确到几分之一度。在着舰的那一刻，他的确需要把握几分之一秒的时间机会。前文说过，军舰一般都会围绕舰身前部1/3附近的一个点左右摇摆，就是说舰尾摇摆的幅度比舰首大一倍。飞机从舰尾着舰，在海浪高的时候，舰尾左右摇摆幅度达25英尺，再加上狂风和变幻的风向，要找准那条狭窄的着陆跑道是很难的。航母飞行员都有这么好的技术和心理素质克服以上种种困难，他们是被逼出来的。

他们还有一个共同的爱好就是喜欢恶作剧。我记得"乡巴佬"摩尔有段时间在"萨拉"号上被人当成不可接触者，没人理他。每次他在食堂或者待命室坐下来，旁边的人就会找个借口走开。最后终于有人悄悄告诉他原因，就像电影广告一样，"乡巴佬"急忙去看牙医，牙医问他用的是什么牙膏。"乡巴佬"把自己的牙膏拿来给牙医检查，才发现他的朋友"帽子"·布朗偷偷用一支注射器给他的牙膏管里注满了大蒜汁。

1935年初，萨拉托加号开赴华盛顿州布雷默顿港进行三个月大修，然后开赴巴拿马进行冬季巡航，结束之后返回母港长滩。长滩的海军锚地紧挨着一处商船码头，就在1936年春天的长滩，我第一次注意到一个现象，那就是无处不在的日本商船，此后我一直忘不了这个事实。我每次经过那个码头总能看见日本商船在那里装运废钢铁。每次我们出港都能经过进港运油的日本油轮。（在我看来那些油轮的操纵方式很像海军的作风，是不是我太多疑了？）而且以圣佩德罗港为基地的渔船队里有不少日本渔船。

（有一点确信无疑，那就是每次舰队演习的时候总有渔船在附近鬼鬼祟祟地逗留，没有任何明显的商业动机。夏威夷的大多数渔船都由日本裔船员驾驶，他们也喜欢窥探。1941年夏天第2航空母舰分队在夏威夷岛外执行任务的时候，有一艘小舢板不听警告一直试图闯到近处，我下令驱逐舰施放烟幕覆盖它，然后过去搜查，结果发现舢板上有一名不是船员的陌生日本人。）

我在1937年6月奉杰克·托尔斯的命令卸任"萨拉"号舰长，此时我已经有两年没回过西海岸了。当时已经出了美国炮艇帕奈号事件[1]，所以我见到日本商船还在长滩港继续装运废钢铁的时候，感到非常忧虑。我的预感是这些废钢铁终究会变成炸弹和炮弹掉到我们自己的头上，海军中持有同样见解的人不在少数。美日在太多问题上存在分歧。我们憎恶日本独占中国东北的政策，他们也反对

---

[1] 1937年12月日军即将攻占南京，停泊在长江江面的美国海军炮艇帕奈号被日军飞机炸沉，史称帕奈号事件。这是美日关系中的一次危机。

我们1924年的排外法案。而在所有的政治经济分歧之外,有一个不容忽视的事实是,美国人民不喜欢也不信任日本人。[注4]

我和父亲在这个问题上观点有分歧。他和很多日本人都很要好。第一个进入安纳波利斯海军军官学校学习的日本军人松村淳藏就是他在军校里的同班同学,松村的最高军衔是日本海军中将。我刚进海军服役的时候有很多军官食堂服务生是日本人,其中两个我记得很清楚:越是个单纯的人,兼职拉黄包车,而田太很聪明,反应快,人又狡猾,我一直相信他是个伪装的日本海军间谍。

我卸任"萨拉"号舰长之后下一个上任地点是在东海岸。我从圣地亚哥给住在特拉华州威尔明顿的太太打电话,告诉她我有个机会,可以作为一名优秀飞行员的副驾驶,乘坐一架快速两座轻型飞机飞回家……

我没听太太的抗议飞回了家。我在途中把无线电音量调得太大,降落在华盛顿之后发现自己暂时性耳聋了。我又给范打电话报平安,可是还没开口说话,她就在电话里滔滔不绝地数落起我来,那可是每分钟1.8美元的长途电话啊。我从她的语调里猜出来她要扒了我的皮,可是却听不清楚一个字。我这辈子再也没有这么走运过。

我的新职务是彭萨科拉飞行学校的校长。我们的校长官邸很舒适,很高兴又见到那么多老朋友,我不仅能想飞多少次就飞多少次,而且还能跟进海军航空技术的最新发展潮流。我对仪表飞行技术的进展特别感兴趣,让教官们花了很多时间给我介绍这些技术,结果教官们要我少占用一点他们教课的时间。

1936年12月我被选拔为晋升海军少将的人选,不过只有少将位置出缺才能正式晋升，直到15个月以后我到达彭萨科拉履新的时候才正式获得晋升。能晋升将级军官当然好，可这让我损失了3000美元。海军上校和少将的军饷每年只差300美元，多拿的军饷还不够我给军装袖口绣金边和领章。而且国会通过了一条法律，1938年7月1日生效，规定只有一名海军将级军官能享受飞行津贴（飞行津贴相当于基本工资的一半），而这个人不是我。这条法律执行了一年就撤销了，恢复到所有真正驾机飞行的将级军官都能拿到飞行津贴，可是我那一年损失的飞行津贴有3000美元。

同时，我在1938年5月离开彭萨科拉，被调去指挥航空母舰第2分队，包括厄内斯特·麦克沃特上校的约克城号和查尔斯·波纳尔上校的企业号两艘崭新的航母。约克城号还在刚刚入役的适应期，当时正在诺福克海军船厂进行适应期之后的维修和改装，所以我把旗舰设在"大E"上面。1月初约克城号准备就绪，向加勒比海出发，参加海军作战舰队春季演习。

二战结束的时候，美国海军拥有100艘航空母舰。而1939年1月只有5艘。萨拉托加号留在太平洋，其他4艘都聚在一起，分为我的第2分队和由突击者号跟莱克星敦号组成的第1分队，两个分队由海军航空母舰部队司令厄内斯特·金统一指挥。列克斯号的舰长是约翰·胡佛海军上校，他后来当过我的参谋长，突击者号的舰长是约翰·西德尼·麦凯恩海军上校，后来在我的第3舰队里指挥第38航空母舰特遣舰队。① 突击者号和莱克星敦号服役已经有一段时间了，各方面都很有经验，效率很高。约克城号和企业号作为新

---

① 麦凯恩的儿子后来在越战期间出任太平洋战区总司令，孙子在越战期间被俘，后来担任过参议院军事委员会主席并在2008年竞选总统，败给了奥巴马。

手上路,想要赶超老大哥还有一定困难,但是在整个演习期间,我们也并不输给他们。[注5]

舰队从汉普顿洛德开往纽约休假放松。启程前几天的一个下午,我正驾车开过诺福克市,参谋部里的一名水兵神情激动地拦下了我的车,告诉我有紧急命令,要我们马上出动奔赴西海岸。我们第二天就启航了,事发突然来不及召回所有上岸的官兵,只能在西海岸和他们会合。上峰始终没有解释原因,但小道消息说,白宫直接下达了调令,有情报说日本人密谋要在7月1日前后炸毁巴拿马运河。

不过我们赶到西海岸的时候局势已经缓解了,舰队又恢复了日常。可是日本鬼子的货船还在长滩不停地装运废钢铁,油轮也在不停地运油……这次我有更多机会观察它们,因为这次我在这里驻扎了10个月时间,直到1940年4月作战舰队移驻夏威夷为止。

在此期间航母分舰队的舰只和人员发生了调动,我担任第1分舰队司令,旗舰是萨拉托加号。那一年陆海军举行联合图上演习。他们的任务是用一个师的兵力防御加州海岸的一段,作战舰队的任务是运载这个师,而我指挥只有一艘航母的"空中力量"袭扰陆军的岸基航空兵。我们对机场的各次模拟袭扰中,有一次特别突出。陆军上尉威廉·奥德率领轰炸机编队从东海岸跨越大陆飞来,驻扎在里诺城。他非常笃定舰载航空兵不可能突入内陆200英里袭击他,所以根本没有布置巡逻警戒,直到我们的战斗机飞到他头顶他才意识到遭到了空袭。我们的战斗机无礼到用降落伞空投闹钟,提醒陆军该醒醒了。

作战舰队在开往珍珠港途中兵分两路,一支由查尔斯·施耐德海军上将指挥,另一支由威廉·派伊海军中将指挥。我在派伊将军的舰队中。当时我对海军航空兵应该如何部署、如何提高作战效率已经形成了自己的一套看法。无线电联络是我们面临的问题之一。当时每艘航母都用自己的专属无线电波段和本舰的飞机联络。当然侦察机越早发现敌舰的位置并发回报告,我们就能越早地发动进攻,可是在当时的无线电联络方式下,会浪费很多宝贵的时间。比如说各舰的侦察机会同时搜索敌舰队,包括航母、战列舰、巡洋舰上搭载的侦察机,如果其中一架巡洋舰上搭载的飞机首先发现了敌人,那么巡洋舰先收到报告,解读密码之后再转发给旗舰,旗舰再次解读,再转发给航空母舰编队,最后航母才能派飞机出击。

我认为所有侦察机都应该使用同一个波段,无论谁先发现敌人,航空母舰都能马上得到警示。我向派伊将军强烈推荐这种做法,他批准了。我们俩都清楚这么做会有人反对,也的确遇到了反对者,他否决了反对意见。我们所建立的体系经过某些改进,一直运用到今天。

差不多同时我还卷入了另一场关于无线电的争论。很多通信军官都认为,舰机之间的无线电通话联系功能在战时可能会受到敌方干扰而失灵,因此应该完全依靠无线电收发报方式联络。我提出两个理由反对这个主张:第一,我认为通话联系功能不可能被干扰到完全失灵的程度;第二,学会无线电通话比学习发报容易得多,学会前者只需要几分钟,可是熟练掌握摩尔斯电码需要好几个月。当时是1940年春季,纳粹德国正在欧洲横行肆虐。美军的俯冲轰炸机和侦察机都很缺后座观察员,观察员不仅要掌握无线电通信技能还要操作机枪。我们没有足够的时间训练他们,如果花太多时间在学习摩尔斯电码发报上面，就必然要牺牲射击训练的时间，我认为学习进攻和自卫要比成为一个熟练的报务员重要多了。

结果争论双方达成一致意见，用一场测试来决定谁对谁错。早就应该这样了。通信部门在一艘军舰上搭载了三台大功率无线电发射机，然后飞机起飞。尽管对方千方百计地试图干扰我们，飞机还是能够在150海里的距离上保持跟舰队的通话联系。这场争论我们赢了。

舰队抵达珍珠港之后一个月，我从航母第1分舰队司令升任为舰队航空兵司令，兼任第2航母分舰队司令，这样我就同时身兼数职。作为舰队航空兵司令，我指挥太平洋舰队所有航空母舰和舰上的飞行大队，而作为第2航母分舰队司令，我又是自己的直接下属，就像后来海军五星上将切斯特·尼米兹作为太平洋舰队司令，是作为太平洋战区总司令的自己的下属一样。上任那天是6月13日，我被授予海军中将的临时军衔，这件事也有些戏剧效果：因为厄尼·金刚刚卸任舰队航空兵司令职务，他的军衔从临时海军中将军衔退回到海军少将的永久军衔，结果我成了他的上级，而且这种情况一直延续到他被提升为海军上将为止。（以上这些都没有什么实际意义，我提到这些事只是为了说明，临时军衔制度造成的军阶跳跃很有意思。）

那年夏天在夏威夷，太平洋舰队第一次见到一种奇怪的新装备，安装在战列舰加利福尼亚号上。该舰去西海岸升级改装的时候还一切正常，回来以后变了一副模样，看上去好像一个老太太在帽子上安装了床垫里的弹簧。这是一种绝密的新发明，叫作雷达，传说它具有超自然的魔力。

多年以前在华盛顿主管舰队训练的罗斯科·麦克法尔海军上校就向我介绍过雷达,告诉我说它能够发现飞行在东海岸马里兰州外海的飞机,然后一直把它追踪到华盛顿附近的安纳科斯提亚海军航空兵基地。这个发明的重要意义无论如何高估都不过分。有人告诉我说整个海军舰队都要安装雷达,我急不可耐地想在我的新旗舰约克城号上安装雷达。我们刚刚拥有雷达就有机会在一次演习中试验它的性能,它能够在地平线以外超视距的35000码距离处发现敌人,我简直惊呆了。几个月以后约克城号去圣地亚哥进行升级改装以后,我们的雷达不但在晴朗天气下发现了78000码外的一个驱逐舰中队,而且在浓雾中帮助我们找到锚地。

如果让我按照在太平洋战争中的重要性将各种武器装备排序的话,我会把潜艇列在第一位,其次是雷达,再次是飞机,最后是推土机。

企业号在12月安装了雷达,因此我把旗舰改为企业号,乘坐她在1月上旬回到珍珠港,替换约克城号进坞改装。2月1日舰队又迎来另一个惊喜,我的同班同学和朋友、海军少将赫斯本德·金梅尔卸任巡洋舰部队司令之职,被任命为太平洋舰队总司令,并获得海军上将的临时军衔,这是海军高层人事大调整的一部分。

他无疑拥有出任这一职务所需的资历,但相对而言资历比较浅,这次任命出乎他自己和我们所有人的意料。当然获得任命的主要原因是他有出色的任职经历,但我认为还有部分原因是他在海军部长诺克斯去年夏天视察舰队的时候,给部长留下了很好的印象。诺克斯先生事先传话说他要和海军每一位将级军官单独见面,而且指定了具体的时间。这种做法不太合常规但是很有道理:既给了我们面见海军部长并展示每个人军事背景的机会，又给部长一个单独估量每个人的机会。我确信，赫斯本德·金梅尔单独会见的时候，他的个性给诺克斯先生留下了特别深刻的好印象，结果到了要遴选海军上将"乔"·理查森的继任人的时候，部长一下子就把他给想起来了。

我相信全舰队的将级军官都认为金梅尔是这个职位的理想人选。不幸的是，即便是理想人选也不可能做出无米之炊，金梅尔手中就没有完成任务所必需的手段和工具。珍珠港事件真正的责任者，是第一次世界大战之后美国采取的鸵鸟政策。我们拒绝承认世界上存在侵略成性的民族，所以认为这些民族就不存在。既然和平友好是国际关系的主要基调，那么美国就不再需要海军，因此海军经费也一再被削减。水兵员额被限制住了，而舰员短缺又让很多舰艇不得不转入封存状态，新造舰船数量也很少了。

随着美国海军实力的衰退，侵略者开始得寸进尺。幸好罗斯福总统当选得及时，避免了美国军事实力彻底崩溃。他立即着手恢复美国的军事实力，虽然战争爆发的时候美军实力仍然虚弱到危险甚至致命的地步，但他至少成功地把军事实力增强到一定程度，足以挨过第一次打击。太平洋舰队的实力就非常虚弱，在此我引用一段金梅尔在珍珠港事件联合调查委员会面前的证词：

> 太平洋舰队在所有作战舰艇种类上全面落后于日本联合舰队……开战之时日军拥有9艘现役航空母舰，我们在太平洋有3艘，而且舰上的飞行大队还不满员。虽然舰队的战列舰平均舰龄和日本海军重型舰只的舰龄不相上下，但是我们军舰上的近程防空武器严重不足。

我们对敌强我弱的实力对比有所认识，可是我们中的很多人都倾向于低估日本，尤其是他们的航空力量，尽管我们在远东服役的军官反复提出过警告，尤其是哈里·雅奈尔海军上将。我承认自己在12月7日之前也低估过日本人。袭击珍珠港的日本海军飞行员很出色——真的是非常出色。

而另一个悖论是，我们采取的某些弥补措施反而造成了某些致命的实力缺陷。海军在1940年开始扩军，新的部队需要经过训练的骨干，成千名骨干力量从太平洋舰队被抽调出来，替换他们的是新兵。金梅尔说过，他手下军官有一半以上都是新近进入现役的后备役军官，有段时间某些舰艇上70%以上的官兵从未听过一声炮响。

舰队最缺乏的是侦察机和机组人员。要想有效地防御海岛，就必须建立半径800海里360度的搜索区，辅之以由潜艇和快速水面舰艇组成的侦察力量。金梅尔手中这两者的数量都不够，他手中的侦察机数量甚至不够建立一个60度的搜索扇区，我这么说绝非夸大其词。而机组人员方面，华盛顿命令他每个月要抽调12个受过训练的机组去西海岸，这就加剧了机组人员的短缺。这种境地下他只有两种选择：要么强迫现有的侦察机和机组连轴转，最终筋疲力尽难以为继；要么减少侦察，为将来的作战养精蓄锐。金梅尔选择了减少侦察，这也是日军偷袭得逞的原因之一，可是任何一个称职的海军将领都会做出相同的选择。

我军在制定所有作战计划时都已经考虑到日本不宣而战的可能性，但大多数人认为日本将在南方的马来半岛发动进攻，我们一厢情愿地这样估计，因为这样我们就有了预警时间。如果日军首先在珍珠港发动袭击，我们也认为日军很可能使用潜艇，辅之以间谍破坏。（夏威夷群岛有15.5万日裔人口。）金梅尔的前任理查森海军上将注意到，我军位于毛伊岛和拉奈岛之间的拉哈伊纳洛德主锚地很容易遭到潜艇偷袭，因此下令放弃这个锚地。随后舰队集中到了珍珠港，金梅尔把舰队主力组织成三个特遣舰队，精心安排三个舰队的出航时间，遵循这样一个基本原则：在任何一个时间点上只能有一个特遣舰队停泊在港内。他还禁止随意谈论舰队的调动情况，作为反间谍措施。此前我们一直都可以随便谈论的。

到1940年秋季，我们已经预料到与日本终将一战，第二年春天我们预料战争迫在眉睫。4月4日舰队收到第一条预示着战争在即的命令——清理全舰一切作战不必要的可燃易碎物品，包括小艇、垫子、木箱、帆布遮阳篷、多余的帆缆、油漆等等。我们给高射炮位安装了防护弹片的防盾，舰体安装了消磁线圈以防磁性水雷，还安装了声纳来探测潜艇。在金梅尔的坚持下，我军加强了各类训练演习。各舰载航空兵大队几乎每天都要演练枪炮、轰炸和雷击战术，每天夜间都要起降飞机。潜艇部队也协同航母编队进行演习，以便飞行员学会从空中发现水下各种深度的潜艇。我们对雷达进行一系列的试验来探索雷达的性能和局限性。

比如企业号上的雷达很善于探测飞机的距离，但是对其高度测不准。我们就使用了一个笨办法：派一个中队的飞机飞到离舰100海里以外，分别从不同高度巡航，每隔1000英尺高就飞一次，一直到2万英尺高，然后观察雷达的显示，我们发现飞机在一定高度区段会完全从雷达显示屏上消失，高于这个区间又能被雷达探测到，于是我们就画了一个曲线，标出雷达盲区，并计算高度。我们把实验结果和全舰队还有陆军共享。实验过程中雷达显示我们的第二队飞机偏离了航向，当时他们还在 50 海里开外，所以当母舰提醒飞行员矫正航线的时候，那些尚不了解雷达能力的飞行员都听呆了，百思不得其解母舰是怎么发现这件事的。

金梅尔和三位特遣舰队司令保持密切联系，派伊海军中将指挥第 1 特遣舰队，我指挥第 2 特遣舰队，威尔逊·布朗海军中将指挥第 3 特遣舰队。金梅尔将得到的任何一鳞半爪的情报都马上分享给我们三人，还有基地部队司令威廉·卡尔霍海军少将和第 14 海军军区司令克劳德·布洛赫海军少将。我能清楚地回忆起 11 月 27 日上午的那次会议，那天我们收到了华盛顿发来的著名的"战争警告"。金梅尔一直很担心我们的外围岛屿线——中途岛、威克岛、约翰斯顿岛和帕尔米拉岛——这些岛屿的防御力量和舰队一样空虚。他给这些一线岛屿派去了自己能搜罗到的一切增援力量，请求当时正在巡视这个地区的海军陆战队少将查尔斯·普莱斯特别留意检查一下这些岛屿的防务。岛屿防务的一个任务是要给威克岛和中途岛的新建机场配备陆军战斗机，而向两岛运送战斗机的任务由企业号来承担，这是早就由陆军部和海军部联合做出的决策。那天的会议是要定下来应该运去新的还是旧的飞机。与会军官包括陆军夏威夷军区司令沃尔特·肖特中将、肖特手下的陆军航空兵司令弗雷德里克·马丁少将、布朗海军中将、航空兵侦察部队司令贝棱格海军少将、我，还有金梅尔的参谋人员。

肖特将军认为这批飞机很可能第一批与敌交战，因此我们应该送去手头最好的飞机。

我问马丁将军："据说你的战斗机受命不许飞出海面 15 海里以上，是真的吗？"

他点头确认。

我说："这样的话，新飞机对我们没有用。我们需要能够在海面上识别航向的飞行员。"

我们决定给岛上送去陆战队的 12 架 F4F 格鲁曼野猫式战斗机。散会以后我留下来和金梅尔待了一个上午，回到舰上吃午饭之后又回来继续和他讨论接下来的行动，直到晚上 6 点。我们都认为保密至关重要，绝不能让夏威夷的日本间谍知道我军正在用飞机武装威克岛和中途岛。实际上除了早上与会的众人，还有金梅尔参谋部里有必要知道此事的幕僚以外，知道此事的只有两名军官，分别是我的参谋长迈尔斯·布朗宁海军中校和将被运送过去的陆战队第 211 战斗机中队的中队长保罗·普特南少校。普特南为了对手下飞行员保密，同时又把中队拉上企业号航母，假意宣布他们是要上舰做两天的试验飞行。他们上舰的时候只携带了过夜行李和身上穿的衣服。而他们下一次回到相同的经度时，已经是在日本战俘营里度过了地狱般的 4 年以后了。

我们预料到在这次远航途中很可能会遭遇日军主力舰队，而一旦交火就会随时成为战争的导火索。我请示金梅尔："你要我做到什么程度？"

他的回答个性鲜明："见鬼，你见机行事！"

我认为这是一名下属能从上司那里得到的最好指示。这绝不是金梅尔在推卸责任。我是现场指挥官，他在赋予我全权，采取当时情况下最合适的对策，而无论我做出什么决定，他都会支持我到底。

[注1]尼科尔海军上校按语：

我始终搞不明白一件事，似乎天气越糟糕，他飞得越好。

[注2]哈尔西将军的女儿莉亚·斯普鲁恩斯夫人按语：

某天上午我从纽波特坐轮渡回家的时候，母亲挥舞着一封父亲的来信，气得活像一只大黄蜂："这老笨蛋想干什么？他居然在学飞行！飞行肯定是现在唯一能让他觉得自己还年轻的东西了。他在地面上再也翻不了空心跟头，所以他现在要在空中翻跟头。你听说过这种事儿吗？都是你的错，是你让他当了外公！"

[注3]约翰·拉比海军上校按语：

我当时是第5中队的海军中尉教官。将军升入我们班的时候，我要他每次起飞前在飞机里带上降落伞包。他拒绝了，他说自己和其他学员没什么两样，不想享受任何特殊待遇。

当时我们做了个"飞行笨驴"的大奖章，是一片铝制胸甲，做成一只驴的形状，有带子可以系在肩膀和腰上扣紧。如果你在降落滑跑中出了圈就获得这个奖章，你必须一直戴着它，直到下一位飞行员失误，从你那儿把"荣誉称号"赢过去为止。将军不久就滑跑出圈还摔了个嘴啃泥。有位海军少校马希亚斯·加德纳（后来在第3舰队指挥一个航母特遣大队）队长集合全中队学员和士兵，当众宣读了我们给将军写的所谓嘉奖令，把笨驴奖章戴在他胸前。

他戴了这个奖章整整两周，后来第2中队的一名学员降落出圈，我就要他把"笨驴"交出来给下一个获奖倒霉蛋儿，他回答说："不，我想保留这个奖章，我现在不会再戴着它到处现眼，但我去当萨拉托加号舰长的时候，要把这个奖章镶在住舱门框上方。如果有人干了蠢事我正要大发雷霆的时候，我会看一眼它，提醒自己：'比尔·哈尔西，少安毋躁，你自己也不怎么样啊！'"

[注4]海军中尉梅尔文·卡尔按语：

珍珠港事件爆发前我在檀香山，是将军的司机。那边很多人开车很野，如果有人撞了我们的车，将军一般都主动把责任揽下来，只对日本司机例外。如果事故对方是日本人，那无论是谁的错他都会让日本人没有好日子过。

[注5]尼科尔海军上校按语：

演习期间某天早晨机库甲板的一名军官犯了个错误，耽误了飞机起飞。金将军马上通过无线电询问谁是责任者。哈尔西将军回电"第2分队司令"——自己承担了责任。

他勇于替部下承担责任，从不诿过于人。我个人认为这是一名海军军官最可贵的品质，忠诚就是这么建立起来的。

第六章

1940年11月28日早晨7点第2特遣舰队从珍珠港出发。驶出港口水道之后,我从部队当中分出企业号航空母舰、3艘重巡洋舰和9艘驱逐舰,组成第8特遣舰队,由我自己指挥,向东驶去。原第2特遣舰队中资历仅次于我的米洛·德莱梅尔海军少将指挥剩下的3艘战列舰和其余巡洋舰、驱逐舰开往训练海域进行佯动。前一天我和金梅尔开会时定下的这个分兵方案,原因有这么几条:1. 我军出港的时候要带着战列舰,以便制造这是例行训练的假象;2. 但是我们需要尽快把飞机运到威克岛;3. 战列舰航速只有17节,会拖累30节航速的企业号和巡洋舰、驱逐舰;4. 如果我们在途中遭遇日军舰队,最好的自我保护手段是加快速度而不是加大火力,因此战列舰为航母编队提供不了多少保护。

第8特遣舰队驶出珍珠港和第2特遣舰队无线电监听范围之后,我让企业号舰长乔治·穆雷海军上校发出了第一号战斗简令,命令开头说道:

1. 企业号目前处于战斗状态。

2. 我军必须不分日夜随时准备投入战斗。

3. 我军可能遭遇敌潜艇……

与此同时,我向第8特遣舰队全体下令,立即装上战斗部的鱼雷,所有作战飞机挂载炸弹或者鱼雷,配齐弹药。我进一步命令飞行员做好准备击沉遭遇的任何舰艇,击落遭遇的任何飞机。(当然我早已事先了解到在我们预定航线上没有美国或者盟国的舰艇活动。)

到当时为止,我和迈尔斯·布朗宁、保罗·普特南还是整个特遣舰队中仅有的知道真正任务的三个人,所以我的命令一发出就像在舰队里投了一颗1000磅的炸弹一样。我的作战参谋威廉·布拉克尔海军中校难以置信地拿着命令电文来问我:"将军,是你下的命令吗?"

"没错。"

"你明白这意味着战争吗?"

"是的。"

比尔高声抗议:"见鬼,将军,你不能私自开战啊!谁能担得起这个责任?"

我回答说:"我负全责。任何人胆敢挡路,我们先开枪再跟他理论。"

因为这些飞机必须在绝密的状态下被转运上岛,我已经做好了击沉敌人的渔船坐探的准备,而且最好是在它还没来得及用无线电报告遇到我舰队之前就将其击沉。因此我舰队保持无线电静默,每天拂晓出动飞机执行反潜巡逻,每天上午和傍晚搜索周围300海里洋面。我认为战争爆发近在眼前,也许就在几个小时之内,而我们如果遭遇敌舰队的话，抢先发动进攻是赢得生存的唯一机会。就算是无法生存，在被敌人消灭之前给舰队主力以示警也好。我觉得先打第一枪是完全正当的。说实话因为前一天的战争警告说日军很可能南下而不是东进，所以当时我们并没有预料到会在途中遭遇日军战列舰，可如果我们真的遭遇了他们，那只有一个原因：就是日军正在故技重施，处于偷袭我军的途中。

12月4日早7点，我军抵达离威克岛200海里的洋面，我放飞了陆战队的F4F格鲁曼野猫式战斗机，调转航向回珍珠港。原计划我们将在7日早晨7：30进港，不过因为海上风浪大，驱逐舰未能按时加油，在那个历史性一天的拂晓时分，我的舰队离港还有200海里。早晨6点我把舰上的18架飞机派去福特岛海军航空兵基地，然后走下舰桥回将官住舱放松一下。（我一直住在舰岛里的临时住舱。）我刮了胡子，洗了个澡，换上干净制服，和秘书道格拉斯·莫顿海军上尉共进早餐。刚喝到第二杯咖啡，一个电话打进来，道格接电话，我听到他说："我是莫顿……什么？……收到！"他回头告诉我："将军，执勤军官说他收到电报，珍珠港遭到攻击！"

我跳将起来："老天爷，他们在向我们的飞机开火呢！赶紧通知金梅尔！"

我们事先没通知珍珠港我们的飞机会抵达，不过按照原本的计划，他们就应该在这时候到达珍珠港，所以我一开始以为某个神经质的高射炮组没认出自己的飞机向他们开火了。我怒气冲冲。就在此刻我的通信官莱昂纳德·道海军少校冲进来递给我一份电报：

发自：太平洋舰队总司令部
致：所有在场舰船

> 珍珠港遭到空袭。这不是演习

我通过广播喇叭通知了全体官兵，下令全员就位。当时是8点12分。8点23分我们收到了这份电文：

> 发自：太平洋舰队总司令部
> 致：所有在场舰船
> 注意警戒。日军飞机袭击了珍珠港和瓦胡岛上的机场

9点03分

> 发自：太平洋舰队总司令部
> 致：所有在场舰船
> 自珍珠港遇袭起与日本处于战争状态

9点21分

> 发自：太平洋舰队总司令部
> 致：第3、第8、第12特遣舰队
> 向第8特遣舰队指定的地点会合。发现敌人位置以后将有进一步指示

第3特遣舰队由重巡洋舰印第安纳波利斯号和几艘驱逐舰组成，当时正在约翰斯顿岛附近洋面。第12特遣舰队有莱克星敦号航母、3艘巡洋舰和几艘驱逐舰，正在向中途岛渡送陆战队战斗机途中，执行的是和我们去威克岛一样的任务。此外，尚在珍珠港的所有还有作战能力的舰船都奉命冲出港外，组建第2特遣舰队，归

我统一指挥，这样我就拥有了指挥所有海上作战力量的全权。我舰队在珍珠港以西150海里的卡乌拉礁石附近机动，等待其他特遣舰队与我会合。当时有一艘旧式四层甲板的驱逐舰从东方海平线下以难以置信的高速向我冲来，穿过我们编队停都不停，也不搭话。我发信号问："你去哪儿？"

她回答说："不知道。我接到的命令是全速向西行驶。"

我命令道："加入我舰队。"我后来也没查出是谁给她下的原来那条命令，要不是我拦截到这艘驱逐舰，或者她的燃料耗尽的话，她会一直开上中国海岸。

我的秘书保存的官方作战日志里，这段话最好地概括了那一天剩下来的时间：

> 我们从数不清的不明来源收到无数关于敌军战舰、航母、运兵船和潜艇位置的报告，很难从中辨别真假。

这些报告里面有一份声称，有一架侦察机在珍珠港外的进港航道附近击沉了一艘敌潜艇。这是真的，可是几乎所有其他报告都是错误的。我一直怀疑其中一些是来自日军舰队或者瓦胡岛上日本间谍的假情报。直到好几天以后，情报处翻检被击落的日军舰载机飞行员尸体上携带的地图的时候，才发现了日军航母编队发起进攻的真正地点在瓦胡岛以北大约200海里处。

> 根据目前获得的信息判断，那天早晨有一些飞往珍珠港的我军飞机正好在日军发起进攻的时候抵达，于是被日军战斗机或者我方高射炮击落。

我最初的判断其实是对的。我们后来获悉，从企业号上起飞的18架飞机中有5架被击落。从未被偷袭过的人可能难以理解，高射炮怎么会误击友机，可那个时候你亲眼看见己方的战舰被轰炸，被鱼雷击中，你的战友阵亡，在你眼中根本看不到友机。随着战争的进行，我们的火力控制和敌我识别能力都有了很大提高，于是此类误击变得罕见了。

11时哈尔西将军通知金梅尔将军自己依赖总司令部提供侦察情报。

那是因为我自己无法搜集情报。我的半数侦察机已经飞去了珍珠港，而我需要其余的侦察机为我发现敌舰队以便发起进攻。

11时05分本舰队升起战旗并通知了太平洋舰队司令部。

战舰在平时巡航中在斜桁上悬挂国旗，而在作战行动开始前，国旗同时悬挂于前桅和主桅。我相信这是太平洋舰队历史上第一次升起战旗。

13时20分收到（驱逐舰）拜纳姆号发现敌潜艇的报告，舰队航向转到170度加速行驶，此后拜纳姆号投下8颗深弹，在冲突海面发现油迹和残骸。

这艘拜纳姆号当然是一艘新舰，不是当年我指挥的第一次世界大战中的那艘旧舰。

13时30分从海军部收到通报，日本向英美两国宣战。

日本已经发动了进攻，杀死了我们的人民，击落了我们的飞机，击沉了我们的战舰，然后鞠了一躬告诉我们："请原谅，不过我们刚刚决定宣战！"

下午接近傍晚的时候，由4艘巡洋舰和几艘驱逐舰组成的第1特遣舰队与我会合，指挥官米洛·德莱梅尔向我报到并告诉我："恐怕安德森的部队已经瘫痪了。"沃尔特·安德森海军少将指挥珍珠港内停泊的所有战列舰，而"瘫痪"这个词用得颇为委婉。

我们接到新的报告说在西南方向发现敌踪，于是我把两支特遣舰队中除企业号和她的屏护驱逐舰以外的所有军舰组成搜索队形，一旦发现敌人就开火。她们一无所获。然后又来了一份报告：珍珠港以南发现一艘敌航母。我手中的进攻武器只剩下第6鱼雷机中队的21架飞机，马上让他们倾巢出动，配备6架烟幕机和6架战斗机护航。他们还是一无所获。战斗机继续飞往珍珠港，尽管我们事先通知珍珠港这是自己的飞机，珍珠港的高射炮还是打下了4架。鱼雷机和烟幕机大约在夜里9点回到舰上，那天夜晚是我这辈子见过的最黑的夜，而第6鱼雷机中队不但没有练习过夜间着舰，而且每架飞机都挂载着战斗部的鱼雷。他们最终全都安全着舰了，据我所知这是第一次有飞机在如此危险的条件下着舰。

企业号和她的屏护驱逐舰当夜按照预定方案独立航行，拂晓和第8特遣舰队余部会合。令人困惑、自相矛盾的各种报告让我大为光火。一无所知就已经够糟糕的了，而被牵着鼻子团团转就更让人无所适从。我整夜就等着能有一份可靠的情报，也在彻夜分析所面临的形势。假定我们发现了敌人，再假定我处于能够拦截敌舰队的位置，那又能怎样呢？我不可能发起夜袭，因为我手中只有巡洋舰来对抗敌军的重型舰只。而且我军燃油极度缺乏：企业号只剩下一半的油，巡洋舰剩下30%燃料，驱逐舰剩20%燃料。另一方面，我剩下的飞机可能会给敌舰队造成一些损失，而且明天上午莱克星敦号就能赶到和我发起协同空袭的位置了。如果有人能给我清晰准确的情报就好了！

算了，事已至此，木已成舟，过去的就让它过去。我在以后的4年战争当中肯定犯过一些判断上的错误，但我清楚地知道，战争开始的那几天里，我做了力所能及的一切来求战，这让我问心无愧。

第二天的作战日志继续写道：

> 11时企业号率领7艘屏护驱逐舰赴珍珠港加油。本舰队其余战舰奉命沿瓦胡岛——考艾岛一线以北50海里区域部署。听闻（侦察机）21-P-1在约翰斯顿岛附近海面攻击了一艘日军航母，攻击没有成功但也没有遇到抵抗。

所谓的"日军航母"后来被证实是美军重巡洋舰波特兰号。

上午早些时候，我在彭萨科拉的飞行教官，现在是我的助理作战参谋布洛姆·尼科尔从珍珠港飞回舰上，给我们带来了港内灾难的第一份目击报告。企业号的航空大队长霍华德·杨海军中校在前天驾机带他飞赴珍珠港，向金梅尔上将口头汇报威克岛的行动，因为我不想通过无线电报谈论这次绝密行动，而且我要他打前站，去给第8特遣舰队安排锚地和后勤补给事宜。他们接近瓦胡岛的时候，布洛姆注意到高射炮火密集，奇怪陆军怎么会安排在星期天举行防空演习。直到一架日军战斗机向他乘坐的SBD无畏式俯冲轰炸机俯冲下来，他才注意到空中有飞机。可即便那时他还是以为，对方是个美国陆军的年轻飞行员，意在炫耀。他瞥见自己飞机的机翼金属被打成碎片，又看到了对方机身上涂有太阳机徽，赶紧跳起来去抓后座机枪，不过这时"西"·杨已经被引导向福特岛，准备降落了。布洛姆冲到太平洋舰队司令部。他站在窗前眼看着亚利桑那号战列舰爆炸沉没。

我问他："金梅尔将军怎么样？"

他回答："精神抖擞！"

我进港的时候是日落时分，可是目力所及的景象已经足以让我咬牙切齿。我看见的最凄惨的舰是沉没在泊位上的犹他号战列舰，而如果我的舰队没有被耽搁，准时进港的话，那本是企业号预定的泊位。[注1]

我急于见金梅尔，随便找了一艘小艇就下舰了。去太平洋舰队总部的路上，神经质的机枪手们向一切移动的东西开枪，子弹嗖嗖地从我们左近飞过，幸好有灯火管制，我们没有受什么伤。和平时期珍珠港的海军军官在星期天穿白色军装。金梅尔和手下的参谋还穿着星期天的军装，皱巴巴的，溅满了泥点。他们面容疲惫、胡子拉碴，可是高高地昂着头。金梅尔本人行事冷静而高效，不过他身边人的歇斯底里情绪每分钟都在增长。有人看到8艘日本运兵船绕过巴伯斯角，日军滑翔机和伞兵部队在卡内奥赫着陆，甚至还有人描述了日本伞兵的军装。我大笑起来。

金梅尔回头问我："见鬼，有什么可笑的？"

我回答道："我这辈子听到过的不靠谱的报告不在少数，可这是我听到的最不着边际的报告！日本鬼子不可能从他们最近的基地把滑翔机拖曳到这儿来，而且他们绝对不会在宝贵的航母甲板上的空间中摆这些没用的玩意儿的。上帝啊！"

即便在那时，我认为在场的所有人都已经料到，上面一定会对这场灾难进行正式的调查问责，可我起誓我们没有一个人想到金梅尔后来成了替罪羊，我们都认为责任不在他——完全不在他身上。我想要强调以下这段声明：**我在我的整个海军生涯中，没有见过任何一位美国海军的舰队司令比金梅尔工作更努力，面对不利的局势，也没有人付出过像他一样的精力来提高舰队的作战效率和战备程度，而且曾经在他那个位置上的人，也没有一个比他做得更多。**我还想重复一遍罗伯茨调查委员会询问我为什么能对日本人的偷袭严阵以待时我的回答："全都是因为一个人：金梅尔上将。"

那么，究竟谁是终极的责任人？让我们理性地分析这件事：日本人能偷袭成功是因为金梅尔和肖特没法充分地防卫珍珠港。他们无法充分防御是因为没有适当的防御手段。没有适当的手段是因为国会拒绝给他们授权。国会是由美国人民选出来的。珍珠港事件的终极责任人正是美国人民。我们不应该用抹黑两位出色的将领这种手段推卸责任，而应该勇敢地直面错误，并且明智地从中吸取教训。

我们在第二天，也就是 9 日凌晨 5 点给企业号加完油立即出海，奉命在夏威夷群岛以北洋面搜索敌潜艇，有情报显示敌潜艇正在开往美国本土西海岸占领攻击阵位的途中。甚至有情报说日军航母已经在加州外海作战了。我曾说过金梅尔本人很冷静，可整个海军的各级部门就远没有这么镇定自若。我的舰队出海的时候也沾染了这种歇斯底里的情绪，这很自然，因为舰队官兵里有众多缺乏经验的年轻人。我们的瞭望哨看见浪峰就以为发现了潜望镜,看见鲸鱼就以为是鱼雷。这种大家都草木皆兵的状态很浪费舰队的时间和燃料,因为每次报警整个编队都要在高速航行中做规避动作。不过拜纳姆号确实有一次看到了真正可疑的东西,她正在仔细辨认,我的一名年轻军官却大喊起来:"看哪!拜纳姆号沉了,就在那儿!"

我调转望远镜看过去,她的舰身正躲在浪谷里,然后又被抬上了下一个浪峰。我当时肯定已经受够了,告诉那名大惊小怪的军官:"要是你再虚报军情,我就把你扔进海里!"

这一天里瞭望哨的紧张程度有增无减。最后我给全舰队发去一条通告:**如果报告的每条鱼雷都是真的,日军潜艇早就打光了鱼雷回港去了,我们没什么好怕的。况且我们在中立的鱼群身上浪费了太多深水炸弹。注意一点。**

以上申斥不针对我军侦察机,他们没那么大惊小怪,但仍很警觉。他们第二天真的发现了3艘敌潜艇,其中一艘正迅速下潜,飞机来不及进行轰炸,第二艘据报"受了伤",第三艘很快沉没,甲板上来不及进入潜艇的4名艇员被留在海面上载沉载浮。

同一天企业号的雷达临时出现故障,正好此时我们的瞭望哨报告说有一大群飞机正在接近。其实那是组成我们内层防御圈的战斗机,我们差点开火,酿成12月7日那样的误击惨剧。

我们在海上巡航6天平安无事。回港以后,才听说金梅尔自请离职,派伊海军中将现在代理太平洋舰队司令职务。18日我和派伊开会,听说以莱克星敦号航母为中心的第11特遣舰队将轰炸沃特杰岛,以萨拉托加号为中心的第14特遣舰队将运送人员和飞机增援威克岛,并进攻预料会在那里发现的敌舰。我的任务是指挥第8

特遣舰队开往中途岛附近海域掩护她们的北侧翼。

第 8 特遣舰队在 19 日 10 点启航，第二天下午 3 点 45 分收到命令，取消第 11 特遣舰队轰炸沃特杰岛的指令，第 14 特遣舰队不让萨拉托加号接近威克岛，只派出了水上飞机母舰坦吉尔号在没有空中掩护的条件下前往。威克岛是美军最前沿的环礁湖阵地，我们一直不停地关注着岛上守军的英雄事迹，整个太平洋舰队都迫不及待地想要援助他们。当"萨拉"号上的飞行员们听说自己只能待在甲板上不准起飞的时候，很多人都坐下来开始哭泣。两天以后他们更有理由哭了。威克岛发出了那份著名的电报，汇报说敌人正在登陆，形势"岌岌可危"。太平洋舰队司令部命令第 11 特遣舰队向珍珠港返航，第 14 特遣舰队在第 8 特遣舰队的支援下把增援的飞机和人员送上中途岛。当然第 14 特遣舰队那时候本来已经可以到达威克岛狠狠打击日本鬼子了。我不知道为什么任务突然改变，只知道战争刚打了 15 天，美军已经丢掉了关岛和威克岛。

也许真正的原因是没摸清敌情。13 日海军部的一份情况通报错误地宣称日军舰队正在太平洋东部作战。现在我们又接到报告说敌舰正在向约翰斯顿岛上空打照明弹，于是以极耗燃料的 25 节高速冲向那里，结果又收到更正后的消息说那只是一艘潜艇而已。

我们把飞机和人员运到中途岛，在 31 日回到珍珠港。这次远航真是一无所获，直到今天回首往事，我只能找到一件小事还值得一提——我这辈子第一次也是唯一一次过了两次圣诞节。12 月 24 日下午我们向西穿越国际日期变更线，第二天又向东穿越回来。第一个圣诞节时我向特遣舰队发出旗语"圣诞节快乐"，第二次我只需要在上次的信号旗边上升一个"重复前文"的后缀旗。

第 8 特遣舰队在 1 月 3 日再次出港掩护从本土出发的一支护航运输队，这次为时很短，7 日就回来了，回来后马上开始补充燃料和补给。同时海军迎来了两个非常重要的任命消息：12 月 20 日厄尼·金就任美国海军舰队总司令，31 日切斯特·尼米兹就任太平洋舰队司令，上将军衔。切斯特在 9 号叫我去，我们一般会先寒暄几句，可这次他开门见山，说日本鬼子刚刚占据了英国托管的吉尔伯特群岛，看来他们正准备向南长驱 1300 海里进攻萨摩亚，果真如此的话，他们将很快切断我们和新西兰、澳大利亚之间的交通线，我们必须尽快给予迎头痛击。但是怎么打？在哪里打？美军两栖部队还没有做好准备去进攻日占地区或者收复失地，所以只能依靠快速航空母舰部队作战。我们的任务攻守兼备。我们必须增援萨摩亚的陆战队驻军，不能让这个群岛失守，还可以把这里变成舰队的基地和未来进攻的跳板。增援部队由海军少将弗兰克·杰克·弗莱彻指挥的第 17 特遣舰队护航，包括约克城号航空母舰、路易斯维尔号重巡洋舰、圣路易斯号轻巡洋舰和 4 艘驱逐舰。我指挥第 8 特遣舰队前往萨摩亚，等增援兵力完成登陆之后，我统一指挥两个特遣舰队袭击马绍尔群岛和吉尔伯特群岛。

切斯特问我：“这个计划怎么样？是个难得的良机！”

我同意他的看法，不过没那么起劲。我们对马绍尔群岛几乎一无所知，只知道《凡尔赛条约》规定，这里由日本托管，条件是其不准在这里设防。我们怀疑日本根本就没有遵守条约，已经在夸贾林环礁建立了机场和潜艇基地，可是多年以来整个群岛禁止外国人进入，我们几乎完全没有关于这里的情报。不过我清楚地记得几周以前在太平洋舰队总部做图上推演时，一支进攻夸贾林的舰队受到重创，不得不撤退。

我第二天又去见了切斯特，接受临行前的指示并告别。我离开的时候他送我到交通艇边，在我登上交通艇的时候他喊道："比尔，祝你好运！"

好运？我还从来没遇到哪次远航运气像这次这么糟糕！每天都有糟心事儿，每件事本身其实都不大，可是加起来就很让人泄气。我们出海的那天是1月11日，听到的欢送消息是萨拉托加号中了一个鱼雷，要进厂大修好几个月，所以太平洋上只剩下3艘美军航母了，分别是企业号、约克城号和莱克星敦号。13号一架美军侦察机昏了头，打破无线电静默，报告说自己的引擎出了问题，差点因为这一件事就让整个远航任务失败。14日布卢号驱逐舰上一名水兵落水。16号盐湖城号重巡洋舰炮塔发生事故，导致一名水兵死亡，企业号上的一架侦察机在甲板上坠毁，死了一名机师，还有一架鱼雷机失踪。

几周以后我们获悉，这架鱼雷机的机组成员登上了橡皮救生艇，在热带阳光下漂流了34天，终于在750海里以外的普卡普卡岛获救。我很高兴为这3名机组成员授勋，仪式结束以后我问机长——一级航空机师哈罗德·迪克森："我把你们抛下，你还和我说话吗？"

他回答说："是的，长官，我理解你当时的处境。"

17日我军一架侦察机在飞行甲板上坠毁，报务员当场死亡，飞行员受伤。20日一架鱼雷机发射鱼雷，命中一艘敌潜艇，可是鱼雷没有爆炸。（以后两年我军一直都在抱怨炸弹和鱼雷的质量问题。）22日早晨范宁号和格雷德利号两艘驱逐舰在大雨中相撞，两艘舰的舰艇都严重受损，只能返回珍珠港。那天下午重巡洋舰北安普敦号上搭载的侦察机发现一艘单桅小帆船，用灯光信号询问对方身份，对方没有回答正确口令，飞行员愚蠢地命令对方船员弃船，然后对她进行了轰炸扫射。结果这是一艘从阿皮埃港出发的英国船，是过来帮助搜救盐湖城号在20日损失的一架飞机的机组成员的。盐湖城号自己在21日已经找到并救起了这些机组人员。

愚蠢的不只是美军。25日我们有一架俯冲轰炸机遭遇一架奇怪的四引擎水上飞机，对方拒绝回答任何口令。我们知道日军在附近部署有类似的飞机，所以我们的飞机先往对方飞机机头前方打了一梭子以示警告，对方仍然置之不理，我们的飞行员就瞄准机身开打了。对方终于有了反应，挂出来一面澳大利亚国旗。前一天我们刚刚把增援部队运到萨摩亚，两支特遣舰队正在北上发动进攻，正是紧张的时候，这些澳大利亚人居然还有命能挂出国旗也算幸运了。

原计划由弗兰克·杰克①进攻吉尔伯特群岛里的马金岛和马绍尔群岛南部的贾鲁特岛和米列岛，我指挥较多的兵力袭击马绍尔群岛北部的沃特杰岛和马洛拉普岛。但27日侦察潜艇报告说整个马绍尔群岛防守空虚，迈尔斯·布朗宁便敦促我大胆突击，同时攻击夸贾林。他说虽然企业号几乎将暴露在沃特杰岛的步枪射程之内，但在夸贾林会抓住很多日军飞机舰艇，所以值得冒这个险。这种孤注一掷的计划如果成功，指挥者会被称为天才；如果失败则他就是愚蠢的。我自己虽然不太情愿，但是被布朗宁说服了，发电通知弗

---

① 指弗莱彻少将。

兰克·杰克说我把夸贾林环礁加入了打击目标清单。

我把第 8 特遣舰队分成 3 个大队，雷·斯普鲁恩斯少将指挥第 1 大队，包括北安普敦号、盐湖城号和驱逐舰邓禄普号，去炮击沃特杰岛；托马斯·肖克上校指挥重巡洋舰切斯特号，和驱逐舰巴尔奇号、毛利号组成的第 2 大队炮击马洛拉普岛；我亲自指挥由企业号和驱逐舰拉尔夫·塔尔博特号、布卢号、麦考尔号组成的第 5 大队，同时轰炸沃特杰岛和马洛拉普岛，但以夸贾林环礁湖为打击重点。

预定的进攻时间定在 2 月 1 日。[注2]我在描述进攻之前先得说 3 件小事：第一，我军必须先给舰队加油。企业号直到晚上 8 点才轮靠上油轮加油，第二天凌晨 1 点半才加完油——这是大型军舰首次在开阔的海面上进行夜间加油。第二，我下令所有舰艇都准备好拖船和被拖曳的装具，一旦一艘舰艇失去航行能力，只需要扔过去一根缆绳就能被拖走，不耽误时间。第三，31 日下午我军雷达发现了一架日军侦察机。我们在雷达屏幕上看着它接近我军编队，等着它发出发现我军的警报。早晨的薄雾遮住了我们，它一直飞到离我们 34 海里的地方，又继续笔直地飞行。它飞走以后我叫来舰队的日语翻译，让他翻译这封短信：

发自指挥打击部队的美国将军，致马绍尔群岛的日军

将军：

很荣幸地感谢您的侦察机没能发现我们。

短信第二天早晨由我们的飞机投给日本人，我希望日本飞行员因此被枪毙或者切腹自杀。

31日傍晚18：30各特遣大队分散开来各自执行任务。那天夜里风平浪静，而我却平静不下来。作为一名指挥官，在发动第一次进攻前夕，我希望自己能以身作则镇定自若，可我太紧张了，根本做不到，于是钻进自己的临时住舱躲开了众人的视线。我难以成眠，在床上辗转反侧，喝咖啡、读侦探小说、抽烟。最后我不再勉强自己睡着，回到指挥室。凌晨3点，离发动炮击的时间不到两个小时的时候，我收到值班参谋埃弗里特·巴罗斯少校从舰桥发来的可怕报告："长官，有沙子被吹到了我脸上！"

我说过马绍尔群岛地区长期以来不准外国人进入。我们知道海图过时，担心它们不完全或者不准确。（当然了，就算最精确的导航图也标不出雷区。）如果沙子被吹到船上，那表示陆地近在咫尺，而我们航速25节，就是说我们很可能马上就会搁浅。

我无能为力，只能告诉"埃维"①走出舰桥查看一番。过了一会儿他笑着回来复命，精神突然变得很好，舔了舔手指，按在甲板上撒落的"沙子"上，再把"沙子"舔掉。"沙子"是甜的。他能依稀辨认出，舰桥前方测距仪平台上有个水手在搅动杯子。②

我们在凌晨4点43分的一轮满月之下放飞第一攻击波。9架鱼雷机，每架挂载一枚500磅炸弹飞向夸贾林环礁，31架俯冲轰炸机每架挂载一枚500磅炸弹和两枚100磅炸弹飞向夸贾林环礁当中最大的岛屿之一罗伊岛。同时还放飞了6架战斗机进行空中巡逻。来回的飞行轨迹不是直线而是环状，一路标定了几个地标参照物。这样做有两个好处：敌机会受到蒙蔽找不到我军特遣大队的确切位

---

① 埃弗里特的昵称。
② 意指前面的水手喝咖啡放糖，糖撒出来被风吹散，被误以为是沙子。

置，而我的企业号只需要监视某个特定的方向就能轻易辨认出返航的友机。

预定6点58分轰炸罗伊岛，即拂晓前15分钟。轰炸机在6点53分发现目标，但黎明前的黑暗和晨雾，还有不准确的导航图让他们直到7点零5分才确认目标，因此守军有13分钟的预警时间，足够让高射炮兵进入炮位并让战斗机起飞。哈尔斯蒂德·侯平少校刚投下轰炸日本领土的第一颗炸弹，就被高射炮击落，不过我军轰炸机还是炸毁了日军3架战斗机、7架轰炸机、1座军火库、2座飞机库、1个燃料库和无线电发射塔。

夸贾林环礁的目标更多，防御火力也弱。敌高射炮火力很密集但是没有战斗机拦截，而且港内停泊的日军舰船很多——1艘轻巡洋舰、2艘大型商船、5艘潜艇、3艘油轮和几十艘小型船舶，所以第一攻击波的指挥官要求再派轰炸机来夷平这些目标。7点零5分我从在40海里以外袭击罗伊岛的兵力中抽调出18架轰炸机，7点31分又从企业号上放飞了9架挂载鱼雷的鱼雷机执行后续轰炸任务。企业号现在离目标有180海里，这些TBD鱼雷机不但速度慢，难以操纵，而且要在周遭敌军已经充分警觉的情况下，不带护航战斗机出击，但他们的战斗热情非常高涨，我在耳机里都听得一清二楚："躲开那艘巡洋舰，杰克！那是我的！""中了！"还有"看哪，那个狗娘养的烧起来啦！"

后来我听说鱼雷机从桅顶高度进攻，让惊恐的日本鬼子向己方的舰船和岸炮开火，自相残杀。这样一来，精确估计战果就比较困难了，不过我们大致估计的数据是击沉2艘潜艇、1艘轻巡洋舰、1艘小型航母，4艘辅助舰船不是被击沉就是受了重伤，2架四引擎水上侦察机在水面上被炸毁,还有3枚炸弹直接命中了一处大型仓库。我军所有飞机都安全返航。①

对夸贾林环礁进行过3次打击之后我们在这一天暂时放过它,派出11架战斗机飞往马洛拉普岛的塔罗阿岛和沃特杰岛,这是为了掩护其他两个大队的炮击行动。我们完全掌握了沃特杰岛的制空权,雷·斯普鲁恩斯的大队只受到不准确的岸炮袭击。可是炮击塔罗阿岛的"汤米"·肖克被日军飞机轰炸了3次,一枚小型炸弹击中切斯特号的井围甲板,杀死了8名水兵。

飞机在水面舰艇炮击之后继之以俯冲轰炸。企业号那一天放飞和回收了21批次飞机,飞行员和机组成员起飞作战,飞回来喘口气,他们的战机重新加油装弹完毕,就再次起飞作战。第6轰炸机中队的队长威廉·霍林斯沃斯少校亲自驾机指挥了其中3次出击,下午1点左右他第三次出击回来以后,除了来舰桥做例行汇报以外,还问我:"将军,您觉得是不是该赶紧开溜了?"

我们的企业号在一片仅有5乘20海里见方的海域已经逡巡了5个小时,离沃特杰岛很近,我用肉眼就能分辨出岛上的防空火力,还有仓库燃烧冒出的浓烟——后者的景象当然比前者更令人赏心悦目。我们不能把好运气全都用完,现在已经躲过了一艘潜艇的潜望镜,很快敌机就能发现我们的舰队。

我对霍林斯沃斯说:"我正是这么想的!"大概就在那时我们组成了一个小集团,叫作"跟着哈尔西开溜",后来还有了点名气。

---

① 战后经确认的战果是击沉或摧毁运输船波尔多丸号和2艘潜艇、拖网渔船鹿岛丸号和炮艇丰津丸号,击伤布雷舰常磐号,运输船长田号、关东丸号,轻巡洋舰香取号,1艘军火船和1艘潜艇供应船。基地指挥官八代祐吉少将被打死,他是太平洋战争中阵亡的第一位日军将领,第6舰队司令清水光美中将受伤。

这次我们开溜得有点晚，13 点 40 分 5 架后来被我们称为贝蒂的日军双引擎轰炸机从云中向着我们的右舷舰艏俯冲下来。我们的高射炮跟水枪一样没用。我们眼看着日军飞机打开炸弹舱门，一颗颗炸弹摇摇晃晃地掉下来。迈尔斯·布朗宁高喊"卧倒"，我早就已经趴在甲板上了，"趴得最快躺得最平的那个"就是我。舰桥上其他人乱跑时甚至还踩在我的背上。15 枚炸弹掉进了大海，但最近的一枚近失弹炸死了左舷炮位后方的一名水兵，弹片在舰舷上打出很多洞，打断了一处汽油管道支架，引起一场小小的火灾。[注3]

这是我第一次遭遇敌军火力，所以我后来回顾了一下自己的反应。不错，我感觉到恐惧，可是更强烈的感觉是被怒火控制了全身。我没时间考虑自己的反应，因为紧接着有一架贝蒂轰炸机滑行退出日机编队，转头向我们扑来，这架飞机的两个发动机都着了火，飞行员却保持着笔直的航线直向企业号冲来，明显是想要撞击停放在飞行甲板前段末尾的机群。

接下来发生的一幕让我情不自禁地以身为美国人而感到自豪。一个名叫布鲁诺·彼得·盖达的年轻航空机械师跳进停放在甲板上的最后一架 SBD 无畏式俯冲轰炸机的后座，抓起机枪就向日机开火。我目击了这一幕还有后来发生的事情。这次我没有卧倒，轮到我踩着舰桥里已经卧倒的参谋们的后背，抢着过去抓住扶手稳定身体。那架贝蒂继续摇摇晃晃地直对着我们冲来，可是企业号舰长乔治·穆雷抓住适当时机猛打舵轮。日本飞行员没有时间调整航向，他的机翼被打掉了，切断了那架 SBD 无畏式轰炸机的机尾，离盖达蹲着的后座只有 3 英尺不到，然后贝蒂整个砸在飞行甲板的左舷边缘，翻了个身——这是战争中的第一架自杀飞机。

我长出了一口气,走进指挥室喝了杯咖啡缓和一下紧绷的神经。喝咖啡的时候我抬头一看,见到一名水兵正对我微笑。

我问道:"你笑什么?"

他有点不好意思,轻声回答:"没事,长官。"

我问迈尔斯:"他是谁?"

迈尔斯肯定以为我当时晕了,回答道:"你怎么了,将军,他是博曼,就在我们司令部当差啊。"

我说:"我不是指这个,我问他是什么军衔?"

"一等水兵,长官。"

我说:"这你就错了,他现在是下士了。无论是谁,要是在我双膝发抖的时候还能笑得出来,都值得被提升。"我在此很高兴地补充一句,伊拉·博曼现在已经是海军上尉了。[注4]

我们将特遣舰队重新编了组,以 30 节的速度开始撤退,15 点 55 分我们遭到另外两批贝蒂轰炸机的空袭。第一批 5 架日机滑降到 1500 英尺高度,第二批的 2 架在 14000 英尺高空,他们投下的炸弹落在离我们编队右侧很远的地方。我的战斗机中队长克拉伦斯·麦克拉斯基少校当时正在领飞战斗空中巡逻,他的点 50 口径机枪总是卡壳,野猫式战斗机的速度又追不上快速的贝蒂,他只好在空中引导高射炮射击。他干得不错,高射炮打下了一架轰炸机,其他几架躲进一块巨大的积云中寻求庇护。麦克拉斯基率领的战斗机紧追不舍,我们从海上看不到他们,但能听见他在耳机里大喊:"给我躲开,让我把那个狗娘养的打下来!"与此同时,贝蒂的碎片残骸从云朵中纷纷落下,掉在我们周围。

日军整个下午都在追逐我军,夜晚也没有停歇。这天夜里天空和前几天一样晴朗无云，一轮满月的亮光照在以 30 节高速撤退的舰队掀起的尾流上，直到天际。而且日本人知道我们必须要保持航向很长一段时间，才能越过外围岛屿的障碍到达开阔洋面，然后才有机动空间，取直线返回珍珠港。我们知道日军始终在追踪我们，他们可能会发动夜袭，我们又没有夜间战斗机，那么摆脱日军的唯一希望就是用智谋：我们到达一个航行转折点的时候，不采取 75 度的直接航向，而是航向 335 度方向，这个计策奏效了。我们的雷达探测到日机追踪我们直到转折点，然后看着他们往 75 度航向飞去。更巧的是，我们的掌旗官兼信号军官威廉·阿什福德上尉眼看着舰队奔向一处云层寻求庇护，而这片薄云慢慢变成了一大片让人放心的阴云，接着变成了天气锋面，一直护送我们回到珍珠港。日本鬼子没有放弃追踪。我军密切监视敌军动向，除了这一次和偶尔有潜艇威胁以外，回珍珠港一路顺风。

2 月 5 日特遣舰队高扬着巨幅军旗驶入港口，迎候的人群欢声雷动，连瓦胡岛北面的卡伊鲁阿镇可能都听见了。港内的舰船拉响汽笛，船员们大声喝彩，希卡姆机场的部队和海角医院的伤病员的欢呼声一路伴随舰队到达锚地。（用欢呼声迎接舰队归航是英国皇家海军的传统，我此前从没见到美国海军这么做过。）特遣舰队的官兵想要用欢呼声回应，但大家是都哽咽了。我自己禁不住流下了热泪，但一点也不以为耻。

切斯特·尼米兹在码头欢迎我们。他不等企业号放下舷梯，就坐着吊篮越过船舷上舰，抓住我的手使劲摇晃，告诉我："干得漂亮！"

太平洋舰队驱逐舰部队司令罗伯特·西奥博尔德海军少将跟着

尼米兹上舰，他在我面前摇晃着手指头喊道："你这家伙，你把仗都打完了，没给我们留下！仗都打完了！"

（我军在战争初期的袭击中全身而退的秘诀是，我们违反了海军作战的所有规则和传统，完全出敌不意。我们没有将航母置于战列舰的保护线之后，反而故意让其暴露在敌岸基航空兵威胁下。最重要的是，我们出兵神速。据说当时企业号上流行这样一个说法："将军把我们带进战场，舰长会把我们安全撤出。"）

弗兰克·杰克·弗莱彻的第17特遣舰队第二天进港，我们将各自的作战过程做了复盘。伴随我们一路到马绍尔群岛的坏运气在进攻开始的时候转到了他们身上。他们发现的目标很少，而且天气糟糕，不得不取消了很多次出击，还损失了7架飞机。但他们毕竟摧毁了3架四引擎水上飞机和2艘辅助舰船，击伤了另一艘辅助舰只，破坏了几处岸上的仓库。

两支舰队的战果汇总起来并不特别丰富，但大家在指责我浪费巨大篇幅来描写最多算是骚扰袭击的这次行动之前，一定要记住，这次作战虽然战果不大，但情报价值巨大——我们在罗伊岛、塔罗阿岛、沃特杰岛上发现了日军的野战机场，这对士气的鼓舞作用是不可低估的。我们在开战时被敌人狠狠地偷袭了一把，损失惨重，此后一直被迫采取守势。我军特遣舰队出发奔赴马绍尔群岛的时候，你几乎能闻得到珍珠港附近的失败主义的味道。现在海军重新被注入了进攻精神，指战员再次斗志昂扬，美国人民也是如此。我们终于能昂首挺胸地回答开战以后美国人民一直在问的问题："我们的海军在哪儿？"

让我再重申一遍以免大家误解。托马斯·哈特上将的亚洲舰队把主要基地设在菲律宾,一直在英勇地进行攻势作战。可是亚洲舰队只有1艘重巡洋舰、1艘轻巡洋舰和13艘驱逐舰,外加潜艇、鱼雷艇和一些水上巡逻机。只有大舰队,也就是在珍珠港被打残了的太平洋舰队,才能为珍珠港进行初步的复仇。

迈尔斯·布朗宁由于出色的战略谋划能力而被晋升为海军上校,他和我每人获得一枚优异服务十字勋章。[注5]

我获得勋章和嘉奖之后召集全体司令部幕僚,告诉他们:"这枚勋章既是颁发给我的也是给你们的。是你们使得这场进攻变得可能。"

几天以后我在企业号上看电影。电影开场前我对全舰官兵说道:"我想说几句话。我就是想说,我从没有像现在这样为你们感到自豪!"

当我们收到下一次作战行动的命令时被吓了一跳:我们的番号不仅被指定为第13特遣舰队,而且出航日期定在2月13日,还是个星期五!迈尔斯·布朗宁和我的情报官陆战队上校朱利安·布朗马上跑去太平洋舰队总部质问参谋长查尔斯·麦克莫里斯:"到底怎么回事?你们是故意跟我们过不去还是怎么的?"

"袜子"·莫里斯表示同意,他说:"任何一个脑子没有糊涂的水手都不敢带着这么多坏兆头出海的。"于是他把我们的番号改为第16特遣舰队,出航日期改为14号。

(有一件有意思的事:伍德罗·威尔逊总统把13作为自己的幸运数字。1918年我们护送他前往法国布雷斯特港的时候,原定进港日期是12月12日,他要乔治·华盛顿号放慢速度,推迟一天到达。我听说他的名字由13个字母组成,而美国最初由13个州组成,他认为这不是巧合而是某种天意使然。)

我所接受的任务和指挥的部队跟上次基本相同:第16特遣舰队就是第8特遣舰队,只是驱逐舰克莱文号替换了重巡洋舰切斯特号,我们这次还是去袭击一个日军占据的岛屿基地——这次是威克岛而不是马绍尔群岛——目的是拖延日军的进攻速度,分散敌人兵力,并搜集敌军部署的情报。

这次袭击前,我们第一次用上了空中侦察照片,也算是一个小小的里程碑。从中途岛起飞的一架陆战队飞机拍摄了威克岛的照片,然后胶卷被空运到珍珠港,由专业人员进行冲印和解读研判,再把情报发给在海上的我舰队。我们根据空中侦察机获得的情报制定了进攻计划。16·7特遣大队为炮击部队,由2艘重巡洋舰北安普敦号和盐湖城号,2艘驱逐舰毛利号和巴尔奇号组成,在西面接近威克岛。16·8特遣大队由企业号航空母舰和剩下的4艘驱逐舰邓禄普号、布卢号、拉尔夫·塔尔博特号、克莱文号组成,在威克岛以北100海里的地方轰炸机群起飞。

舰队气象官警告我们说,在预定的起飞海域附近,会有一个热带雷雨的锋面,不过我们对这个风暴的猛烈程度有所低估。第1架飞机预定于2月24日凌晨5点半起飞,和预定日出前10分钟,也就是7点零8分开始的炮击同步展开空袭。可是到了5点半风雨太猛了,起飞时间不得不推迟到5点44分,而且有一架SBD无畏式俯冲轰炸机坠海。机群在预定的集合点因为厚重的低云而找不到彼此,又进一步推迟了空袭时间。结果整个进攻时间表被完全打乱,快到早晨8点空袭才开始。

与此同时,16·7特遣大队在离威克岛只有15海里的海面等待着。我们不能用无线电通知他们我们遇到了困难，怕无线电暴露我们的位置。两艘巡洋舰没有发现我们的轰炸机群，也不敢起飞各自搭载的侦察机，怕在这么近的距离弹射起飞产生的火光被岛上的日军发现。其实岛上的日军已经发现了他们，威克岛日军只能起飞3架水上飞机，扔的炸弹离炮击编队很远，如果他们能起飞更多飞机的话，16·7特遣大队在我的舰载机能给他们提供空中掩护之前那半个小时内，会蒙受大得多的损失。

空袭和炮击还是顺利进行了。我军总共击毁3架四引擎水上飞机和2艘小型船只，破坏了机库、岸炮、弹药库和燃料库。我军损失3架飞机，其中1架被高射炮击落，2架因为恶劣天气坠毁。这次攻击真正的收获是长期的。总结这几次的作战经验，我们提议提高航空母舰上的战斗机大队的实力，还给飞机配发了燃烧弹，并且加紧给飞机装备了自封油箱。

我们向东北方向撤退，去和16·7特遣大队和油船萨宾号，以及给油船护航的麦考尔号驱逐舰会合，准备返回珍珠港。第二天晚上收到来自太平洋舰队总部的电文：如果可行，请顺道攻击马库斯岛（南鸟岛）。

我脑子里一直记着3组距离数字：新西兰惠灵顿离悉尼1234海里，圣埃斯皮里图离瓜达尔卡纳尔岛555海里，马库斯岛（南鸟岛）离东京999海里。我对马库斯岛（南鸟岛）的了解只有这么点，另外我知道从硫黄岛起飞的日军飞机可以很容易到达那里，那里的防守也很严密。这仍是一次鼓舞士气的袭击。我军如果能打到离日本本土这么近的地方，一定能让日本鬼子非常丧气，并前所未有地提振盟国士气。

第二天，26 日早晨，我们重新将舰队编了组，给驱逐舰加了油，向 275 度航向进发。我对这个航向记得特别清楚，因为我的参谋们时不时地瞟一眼罗盘，喃喃自语："275……275……为什么我们总是往西边撤退呢？"

我军原计划在 27 日完成加油，可是天气很糟糕，无法加油，这是我的作战日志里关于那天的记录：

> 密云、能见度很低、大风、高级海况。天气预报显示这片海域的这种天气状况将会持续下去，明天将改变航向向南行驶去，等待适合给大型舰艇加油的天气。

形势比纸面上描述的看起来更加危急，因为只有在我舰队 3 月 1 日之前开始向马库斯岛（南鸟岛）最终冲刺这个条件下，萨宾号才能给我们提供足以往返的油料。2 月 28 日的日志记载如下：

> 今晨天气和海况都不允许海上加油。

我舰队整夜都以经济速度巡航，我们焦急地观察着天象。拂晓前终于看到了星星，风力减弱了，当夜我的作战日志记载如下：

> 下午 5 时完成加油。企业号、北安普敦号、盐湖城号开始向进攻阵地出发。

在高级海况的海面上，轻型的驱逐舰无法达到重型军舰的速度，我担心会影响发动袭击和撤退的时机，所以让她们留下来和油船待在一起。

我军 3 月 4 日凌晨 4 点 47 分从目标东北 125 海里处发动空袭，

出动了32架轰炸机和6架战斗机,用雷达引导他们搜寻目标。日本鬼子睡得正香,他们的无线电刚开始报警就被一颗炸弹直接命中报销了。无线电信号突然中断迫使硫黄岛的日军派来一架飞机进行调查,我们撤退途中满意地听见敌军发出警报,要东京加强戒备,实施灯火管制。空袭飞机没有遭到日军飞机的抵抗,但是有一架轰炸机被高射炮击落。战果方面,我军烧毁了一座燃料仓库,炸毁了机场附近的几栋建筑。我们在其他方面一无所获是因为当地缺乏具有战略战术价值的目标。太平洋舰队司令部总结道:"对马库斯岛(南鸟岛)的空袭引起了日军对本土防御的担心,但目前尚难判断空袭在多大程度上分散了日军对西南方向的注意力。"

巴尔奇号驱逐舰停泊在珍珠港内以后,派陆战队员把4名战俘押解下舰,他们是从威克岛附近海面沉没的日本炮艇上被救起来的。我听说第一个俘虏刚从底舱走上甲板的时候,旁边一艘军舰上的高压气枪响了一声,舱底还没走出来的3名俘虏吓得尖叫起来,他们以为同伴被枪毙了。

几天以后迈尔斯·布朗宁和我奉召前往太平洋舰队总部会见唐纳德·邓肯海军少将,他从美国海军舰队总司令部过来(厄尼·金不喜欢美国舰队总司令的简称CINCUS,因为其发音和"击沉我们"相同,便把简称改为COMINCH,我不知道当时是不是已经改过来了)。"吴"·邓肯告诉我们一项正在筹划中的绝密行动:詹姆斯·杜利特尔中校在海军的协助下训练16个陆航飞行员机组在航母甲板上起飞B-25米切尔式轰炸机,而海军承诺把他们送到能够飞到东京的地方。吴说,他们可能对日本人造不成太大的损失,可是肯定能吓裕仁天皇一跳。

切斯特·尼米兹问我："比尔，你觉得能做到吗？"

我回答："他们得很走运才行。"

"你愿意把他们搭载到那儿吗？"

"我愿意。"

"好的，那这就是你的活儿了！"

我建议让我和迈尔斯见见杜利特尔，这样能让整个行动更顺畅，因为我们此前从未见过面。切斯特同意了，下令让我们飞去旧金山。3月31日我们和杜利特尔见面，谈话的要点如下：我们会尽量把吉米①偷运到离东京400海里以内的海面，如果在此之前被日本人发现，且飞机的航程足够飞到东京或者中途岛，那就不得不让飞机提前起飞。

吉米对此安排没有异议。我们握手道别，祝愿他好运。我下一次再见到他的时候，他已经是国会荣誉勋章获得者、陆军航空兵中将了。

16架B-25米切尔式轰炸机在4月4日降落在旧金山附近的阿拉梅达空军基地，自行滑跑到码头，然后被吊运上航母甲板，这是我军最新的航空母舰大黄蜂号，舰长是马克·米切尔上校。大黄蜂号自己的飞机得全被塞进机库，才能容纳这些陆航轰炸机。舰上的机务人员工作效率很高。第二天一早，大黄蜂号就在第18特遣舰队其余舰只的护送下驶出了旧金山港，他们奉命沿迂回航线在12日和我会合。特遣舰队除大黄蜂号以外，还有重巡洋舰文森斯号，轻巡洋舰纳什维尔号、驱逐舰格温号、格雷森号、梅雷迪斯号、蒙

---

① 杜利特尔的名詹姆斯的昵称。

森号和油船西马隆号。

我和迈尔斯本该在4月2号回到珍珠港，这样便有足够时间完善作战计划的细节。可是西风太强，所有往西飞的飞机都无法起飞。我们天天给阿拉梅达基地的作战参谋和泛美航空公司打电话，得到的回答都一样。4月5号我们不得不通知大黄蜂号把预定的会合时间延后24小时，4月6号情况雪上加霜，我感冒了，吃了大把的抗感冒猛药躺倒在床上。可巧那天下午风停了，我们的航班能飞了。我上飞机的时候因为药吃太多根本睡不着，后来总算睡着了，直到因为飞机着陆机舱压力增加，流了鼻血才醒过来，不过我在檀香山机场走出机舱的时候，感冒已经好了。

我的编队第二天，也就是4月8号出海。这次我的特遣舰队编队仍然基本不变——企业号、北安普敦号、盐湖城号，驱逐舰巴尔奇号、拜纳姆号、范宁号和埃列特号，油船萨宾号。这次编队番号还是第16特遣舰队，但我的头衔变成了太平洋舰队航空母舰部队司令，兼第2航母分队司令。我们在预定时间地点和第18特遣舰队顺利会合，这里正好是珍珠港和堪察加半岛的中点，我感觉现在即便舰只有故障也不可能返回珍珠港，因此不会有泄露消息的危险，于是向全舰队公布了我们的目的地：本舰队航向东京。

我从没有听到过任何欢呼声比这次在企业号上迸发出的更响亮！我猜其中部分原因是，菲律宾的巴坦在4天前刚刚陷落。

17号，我们在位于东京以东1000海里的洋面给重型舰艇加了油，下午2点开始以23节的速度向目标地域冲刺，和在马库斯岛（南鸟岛）那次一样，把驱逐舰和油船留在后面。起初一切顺利，但到了18号凌晨3点，屏幕上出现了雷达回波，我们认为那是日本负责外围警戒的船只。我们起初躲避了几艘，可是7点45分在左舷前方12000码距离处又发现一艘。我下令纳什维尔号击沉它，但在它被击沉之前，我们截听到了无线电波，从强度判断就是从船上发出的，据分析日军整个警戒线都已经收到了警报。当时我们离东京600海里，而不是事先计划的400海里，但舰队被发现的事实让我别无选择。上午8点我给皮特·米切尔发出信号："起飞。致杜利特尔中校和他英勇的部下：祝好运，上帝保佑你们。"

吉米原计划在18号下午2点单独起飞，带着燃烧弹先点燃目标区域，他的中队几小时以后跟随他的飞行轨迹飞。他认为这样做更容易突破日军的空防，因为就我们所知，日军高射炮没有雷达引导，所以在夜间精准度会打折扣。我不同意这个看法。吉米计划飞去的最近的友军机场在中国玉山，离东京大约1400海里，这种希望只能说很渺茫。我认为，虽说夜间飞越轰炸目标区会增加安全系数，可是夜间轰炸在当时却更危险，得不偿失。但整个争论当时已经没有意义了，因为我们必须提前起飞。

风力和海浪都很大，那天早晨绿色的海水冲刷着航母的飞行甲板，吉米带领他的中队起飞了。8点25分，当他的飞机嗡嗡作响从大黄蜂号的甲板上滑跑的时候，舰上所有目击这一幕的人员都为他捏了一把汗。有一名飞行员几乎用尽了跑道的长度，我们每个人用所有的意念力帮助他在最后一刻把飞机托举到空中。不过到9点24分，全部16架飞机总算是起飞完毕，1分钟以后执勤官在信号簿中记录道："改变舰队航向和轴线至90度，开始以25节航速撤退。"

之后的3个小时里，我军巡逻飞机攻击了16艘敌船，包括1艘潜艇。纳什维尔号再次协助击沉了1艘日本船只并救起4名船员，最小的那个船员虽然胸部受了伤，还是喋喋不休地交代了很多情况。他说自己在拂晓时把船长叫起来，给他指空中的飞机，船长不理他，待在船舱里。那名水手又去叫船长，报告说："长官，前方有两艘漂亮的我军航母！"

船长走上甲板用望远镜仔细观察了一番说道："是挺漂亮的，可不是我军的航母。"然后走下船舱用手枪自杀了。

与此同时我们监听着东京广播电台。他们最为巧舌如簧的一个骗人精开始用英语播音，描述着日本的美妙生活。他说，日本是全世界唯一不会遭受敌人轰炸的参战国，而且以后也一定会是这样，因为无敌的大日本帝国海军将会粉碎一切胆敢接近日本海岸的敌人。兴奋的人民怀着这样的信念，当天正在欢度樱花节，观看两场精彩的棒球赛。日本真是全世界最幸福的国度啊！——就在此时我们听到广播里响起了空袭警报。吉米的部下赶到了。

在这里我必须说，他们的飞行是军事历史上最勇敢的壮举之一，这些机组人员必须克服危险从航母甲板上起飞，驾驶陆航轰炸机在波涛汹涌的洋面飞行450海里，穿越敌方已经收到警报的地区，然后再继续飞行1400海里，飞向一个陌生国度的保障设施不足的机场——这一切都需要极大的勇气才能完成！我向吉米和他勇敢的中队脱帽致敬！[注6]

日军当然在我们撤退时紧追不舍。每次我们的雷达追踪到日军搜索飞机的时候，我都忍不住想要派出战斗机，但我知道隐蔽我们的位置比打下几架侦察机更重要。日军派出了一支特遣舰队追踪我们，还派出潜艇试图拦截我们。战后从日本军官的交代内容中了解到，当时日军甚至派出了航空母舰，可是在坏天气和迂回航线的帮助下，我们成功地躲过了追踪，在 4 月 25 日上午重新驶进珍珠港。

躲过我们自己岸上人员不懈的追问比躲过日军追踪要困难得多。每个人都在谈论这次袭击，可是没有人掌握多少真实情报。罗斯福总统宣称飞机是从"香格里拉"起飞的，让人们自己去猜测。我在檀香山的很多平民朋友认为我参与了这次袭击，因为他们都知道我当时正在海上。我答道："你说谁？是我吗？"参与行动的每个人都明白绝对保密的重要性，我们要让日本人误以为我们的 B-25 米切尔式轰炸机是某种超级飞机，能不停顿地飞行 3600 海里——从离东京最近的陆军机场中途岛起飞，飞行 2200 海里，然后再从东京飞到玉山。参与行动的人如此众多，但这个秘密保守得比我所知道的任何一个都更牢靠。很多个月以后真相大白的时候，许多高级军官和公众一样感到震惊。

我一回来马上就向切斯特·尼米兹报到。他告诉我南太平洋战场的战况愈发激烈了，小日本重新威胁新几内亚岛和所罗门群岛。莱克星敦号和约克城号两支特遣舰队已经在驶往那里的途中，我们也要马上出发驰援他们，同时顺便把一个中队的陆战队战斗机运到新赫布里底群岛的埃法特岛上。

4 月 30 日第 16 特遣舰队出海，包括企业号和大黄蜂号、4 艘重巡洋舰、8 艘驱逐舰和 2 艘油船。5 月 7 日珊瑚海海战爆发，莱克星敦号沉没，这样我军在太平洋的航母就只剩 4 艘了，其中萨拉托加号还在西海岸大修（黄蜂号和突击者号被部署在大西洋），当时我们离战场还有 1000 海里。5 月 11 日我们抵达埃法特岛附近以后派出两架飞机前去查看他们的机场是否准备好接收我们带来的陆战队飞机。他们无法接收。于是我们让这些飞机飞往努美阿，然后沿

170度经线北上，并在航线左右200海里范围内搜索。参加珊瑚海海战的日军在战斗结束后马上消失了，我想要确保他们不是去重整旗鼓，再次尝试突破新赫布里底群岛和斐济之间的地区。如果我是日本指挥官的话，就会这样做的。我5月14日晚8点的作战日志这样记载道：

> 收到太平洋舰队转发的来自美国海军舰队总司令的电报，第16特遣舰队将自己置于己方岸基空中掩护范围之外，同时进入敌岸基航空兵航程之内的做法似不可取。这个训令极大地限制了本部队的作战行动。

的确如此！我气得发疯！当时我舰队的位置离南方我军努美阿基地、东南方向斐济的南迪基地、西北方向日军在瓜达尔卡纳尔岛附近的图拉吉基地的距离几乎相等，都是600海里左右。我在当时的位置侦察不到任何情况，如果我北上去侦察个清楚的话，就离开了己方岸基飞机的保护，进入敌方岸基飞机航程范围了，那样就和总司令的建议相悖。我被牢牢地拴住动弹不得。

第一次世界大战期间的海军上将贝利爵士总是授予手下海上驱逐舰舰长们临机处置的全权，因为在现地的指挥官总是比待在司令部的长官更了解当地的局势。想到这个原则，我还是觉得冒险搜索日军可能进行重整的区域，比被日军打个措手不及丢失岛屿基地要强。于是我坚持向北航行。

第二天我的作战日志有这样一条重要的记录：

> 10时15分。从这个时候开始的整个上午和大半个下

午一直和西面来的敌机有雷达接触，这些敌机估计是从（西边450海里的）图拉吉日军基地起飞的侦察机。这些敌机只接近到离我舰队60海里的地方，每当我军战斗机起飞拦截它们时，它们就掉头逃走了。能见度良好，从70海里开外的空中就能看到我军编队，而且敌飞行员获取的报告甚为精确，每次都能成功规避我军战斗机，这显示敌侦察机极有可能装备了机载雷达。

这一天的事情有三重意义：1. 我们的侦察机没有发现任何敌舰，这说明几乎不存在迫在眉睫的日军再次尝试突破的危险；2. 敌机发现了我军编队，很可能迫使敌军永久放弃这一企图；3. 从此以后我们开展作战行动时不得不考虑敌人也装备上了雷达。

那天下午我军以20节速度向东航行，以拉开和图拉吉的距离，当晚折向东南方向，进入南迪基地的飞机掩护范围并占领萨摩亚—斐济—新喀里多尼亚一线。但是第二天下午我们收到太平洋舰队的又一封来电，命令我们向珍珠港返航。我们返航前先要和分散在整个海区的油轮和其他舰只会合，正当我们等待最后几艘舰只的当口，又收到第三封电报：速归。

这只能意味着一件事：太平洋的其他地区战云密布。油轮的航速拖累了整个特遣舰队归航的速度，等到5月26日终于回到珍珠港的时候，我却面临着整个军旅生涯最令人失望的时刻。一场大战，就是中途岛战役即将到来，而我作为海上最高级指挥官，却不能奔赴战场，而是被送进了医院。

医生诊断我患上了"一般性皮炎"。这个病的症状发作的时候会痒得让我失去理智。我知道不能挠，可是又没有足够的意志力忍住不挠，挠了以后更痒。这个病是从3月我飞去本土见詹姆斯·杜利特尔的时候开始患上的，我也不知道病因是什么，也许是神经紧张加上晒了太多热带的太阳吧——我已经连续6个月待在舰桥上了，其间只有很少几次在港内短暂停留。我试过各种药物和坊间传闻的各种偏方，包括用麦片泡水洗澡，可是都不管用。我瘦了20磅，当时要是每24小时里能睡上两个小时就已经谢天谢地了。

他们告诉我这次我只能待在医院的时候，我坚持要面见切斯特·尼米兹，并向他推荐雷·斯普鲁恩斯接掌舰队指挥权。威廉·阿什福德留下来陪我，其余司令部的参谋都跟随雷出海去了。用切斯特的话来说，我当时住在医院里"为战斗而心痒难耐"，却只能在5月28日目送他们出港，去赢得整个大战中最关键的一场航母对决。

[注1]莫顿海军上校按语：
我们站在舰桥上看军舰进港。将军沉默良久，然后喃喃说道："等到我们报仇的那天，只有在地狱里才有人说日语！"

[注2]这里用的是当地的东半球日期。海军的文件和官方记录一般都用华盛顿时间或者西经时间和日期。哈尔西将军的叙述中，所有的日期都是当时他所在地点的日期。

[注3]布朗宁上校按语：
将军当时戴着一顶白色的遮阳头盔。我们都敦促他换顶不那么显眼的头盔，他只是笑着回答道："给他们一个容易瞄准的目标嘛！"

[注4]哈尔西将军司令部人员都认为，他把自己当时和后来在敌火下的反应给漫画化了。他们说："每次作战行动开始之前我们都得看牢了他，

别让他操劳过度,我们得把他赶出海图室,让他睡一小会儿。可是只要枪炮声一响,他就会变得特别安静和镇定。"

[注5]哈尔西将军的嘉奖令全文如下:

获奖者在作为太平洋舰队马绍尔群岛袭击舰队指挥官期间承担了巨大的责任,并做出了优异的成绩,尤其是在(西经日期)1942年1月31日对马绍尔群岛和吉尔伯特群岛发动了大胆而成功的进攻。由于他的决心和高超的指挥艺术,这次进攻沉重打击了敌军的飞机和舰船。

[注6]阿什福德海军上校按语:

我们得到报告说杜利特尔将军有3名手下被日军逮捕并杀害,当时我正好和将军在一起。我那天第一次注意到他脖子上一块红色的胎记,因为它充血变成了紫色。他抬起像战舰冲角一样的方下巴,咬着牙。他的两道眉毛上下耸动着。我想他耳边也许正回响着《圣艾尔默之火》的旋律。他只从嘴里挤出一句话:"我们会让这些狗娘养的付出代价!我们会让他们付出代价!"

第七章

我的战争经历可以划分为三个阶段：从战争爆发到1942年5月28日病休是第一个阶段，我在海上指挥一支特遣舰队。从1942年10月18日到1944年6月15日是第二阶段，我负责指挥一个战区内的所有部队。此后直到战争结束是第三阶段，我担任舰队司令。

目前第一阶段结束了，第二阶段开始之前我被迫在珍珠港和弗吉尼亚州里士满的医院里住了两个月，不耐烦地等待皮炎症状缓解。最后大夫们总算根据我的健康状况给我开了适于服现役的绿灯，我在回珍珠港报到之前回威尔明顿的家里待了几天。某个星期天下午，我们一家和几位朋友在家开鸡尾酒派对，我的小外孙哈尔西·斯普鲁恩斯激动地瞪着大眼睛跑进客厅喊道："外公，看哪，你出名啦，那些好笑的报纸上有你！"

我带着这种"出名"的激动在9月初回到了珍珠港。因为军方对高级将领的调动情况严格保密，当时知道我回来的人只有我的参谋们和个别几个外人。切斯特·尼米兹在12日邀请我到萨拉托加号航母上参加授勋仪式。当与会的人们在飞行甲板上集合完毕,切斯特走到麦克风前,招手让我站到前方,说:"孩子们,我有个惊喜给你们。比尔·哈尔西回来了!"

在场所有人发出欢呼,我的眼眶湿润了。

我的新职务是指挥一个以我的老旗舰企业号为核心的航母特遣舰队,当时舰队编制还没有完全就绪,所以我想利用等待履新的这段时间,在预定要作战的南太平洋地区转一转。我想要尽可能地熟悉这个地区的我军基地,认识我将要指挥跟合作的指战员,跟新西兰的军政首脑们谈一谈,还要去面见西南太平洋战区总司令麦克阿瑟将军。

我在10月15日带着迈尔斯·布朗宁和朱利安·布朗乘坐科罗纳多式巡逻机从珍珠港出发,现在他们两位都已经获得少将军衔了。原定的行程是先到菲尼克斯群岛的广东岛,然后去埃利斯群岛①的富纳富提岛,从那里去瓜达尔卡纳尔岛,但我在广东岛收到南太平洋战区司令罗伯特·戈姆利的电报,鉴于当时瓜达尔卡纳尔岛上的形势,他建议我别去那儿。我回电说除非接到上级命令,否则我不打算改变行程,然后把两封电报都抄送给太平洋舰队总部。第二天凌晨2点太平洋舰队总司令的回电把我叫醒了,命令是:"去苏瓦和努美阿。"

我们一行人在18日下午2点到达努美阿。水上飞机的螺旋桨刚刚停转,就有一艘交通艇靠上来,我登了上去,戈姆利将军的上尉副官向我敬礼,然后递给我一个密封的信封,打开以后里面套着

---

① 今称图瓦卢。

另一个密封的标着"绝密"字样的信封。其实几分钟以后我就能登上戈姆利的旗舰了,有什么话本来可以那时候说,可是居然连几分钟都等不了,我意识到这事一定十万火急。这是太平洋舰队总司令的另一封电令:"你立即接手南太平洋战区和战区内所有部队的指挥权。"[注1]

我对这个变动的反应依次是震惊、担忧、遗憾。

我震惊是因为自己对这个任命事先一点预感也没有。在明眼人看来,切斯特命令我取消赴瓜达尔卡纳尔岛的行程也许是一个预兆,可我没那么理解他的命令,所以第二份命令让我猝不及防。[注2]

我的担忧出于两个原因。首先我没有和陆军协同作战的经验,尤其不熟悉澳大利亚、新西兰和自由法国的部队。其次我虽然对南太平洋战区的军事形势一知半解,可至少知道当时形势危急。南半球的10月还是春天,在那样一个奇怪的春天下午,战区的形势却如冬天冰封大地般看不到希望。日本人沿着岛链向南方步步紧逼。新西兰开始吵着要把在北非作战的陆军调回来搞本土防御。澳大利亚准备撤到澳洲大陆一半的地方建立所谓的"布里斯班防线"。太平洋舰队8月以来已经在这个地区的海战中损失了1艘航空母舰、3艘重巡洋舰、5艘驱逐舰和4艘运输舰①。瓜达尔卡纳尔岛上的我军为了保住立足点而陷入苦战。我们必须面对迫在眉睫的战局危机。[注3]

最后我为被我接替的"鲍勃"·戈姆利感到难过,他和我是40

---

① 分别是被潜艇击沉的黄蜂号航空母舰,在8月萨沃岛海战中沉没的阿斯托里亚号、昆西号、文森斯号重巡洋舰。另外盟军还在萨沃岛海战中损失了澳大利亚重巡洋舰堪培拉号。

年的老朋友了，我们在海军军官学校当学员的时候就是橄榄球队的队友。

南太平洋战区司令旗舰是阿尔戈号，这是一艘由商船改装而成的维修舰。交通艇载着我们靠上了旗舰，我登上旗舰甲板的时候受到"鲍勃"的欢迎，他和以往一样真诚而友善，可是我们俩都有点不自在。

"鲍伯"说："他们给了你一个棘手的活儿。"

我回答："见鬼，我知道！"

我们去他的住舱，他向我介绍了战区形势还有我军面临的问题，然后我们把舰上人员召集起来宣读命令，正式完成交接程序。

我战争生涯的第二阶段就这样开始了，它是突如其来的，我走马上任以后48小时内就必须做出两个重大决策，而当时我还没来得及熟悉本战区的地形呢。

在此先让我简述一下当时的战略形势。日军早在1月就占领了由澳大利亚托管的拉包尔和布干维尔岛，然后以此为跳板沿着所罗门群岛的岛链向南挺进，其目的明显是要进军新赫布里底和新喀里多尼亚，这样就可以切断我们通向新西兰和澳大利亚的岌岌可危的交通线。

敌人的进军没有遭遇抵抗，但是却进展缓慢。4月他们只占领了与瓜达尔卡纳尔岛隔锡拉克海峡相望的图拉吉。日军在图拉吉集结起一支入侵部队，但被约克城号的飞机发现，5月4日我们的舰载机驱散了这支部队，之后约克城号和莱克星敦号在7日和8日的珊瑚海海战中迫使日军撤退。日军损失了翔凤号航空母舰，我军损失了莱克星敦号，但我们赢得了喘息之机。这个喘息之机有两个月，然后日本人在 7 月 4 日占领瓜达尔卡纳尔岛，当时我军侦察机报告说日军开始在隆加岬修建飞机跑道，这条跑道就是后来著名的亨德森机场跑道。

我军在 3 月刚刚占据圣埃斯皮里图岛，在离它仅仅 555 海里的地点出现敌军的岸基航空兵基地，这是一个我们必须立即加以应对的威胁。三军参谋长联席会议预见到了日军的计划并在 4 月下令反击。这个反击令即便在我军内部，也并未得到一致认同。陆海军内部都有高级将领持不同意见，他们认为成功的希望渺茫，敌人占有的优势太大了——他们备战充分（我们战前卖给他们的燃料和废钢铁也帮了他们）；敌人只需要在一个大洋作战；战略主动权在敌军手中，而且敌军保持着攻势，又占有内线补给的优势；敌军的战舰多于我军；敌军有 3 个基地，拉包尔、特鲁克、夸贾林，都在距战区 1200 海里范围以内，而我军最近的主要基地珍珠港却远在 3000 海里之外。

以上种种状况都无可辩驳，而且令人灰心丧气，可是另外一个因素却令以上劣势都显得无足轻重了：我军必须不惜一切代价守住通向澳洲的生命线。美国舰队总司令金上将对这个主要矛盾心知肚明，从来没有犹豫过。他坚定不移地主张我们应在瓜达尔卡纳尔岛迎战敌军，他最终占了上风，并获准下达了战斗动员令——上帝为此保佑他！

瓜达尔卡纳尔岛的代号是仙人掌，上帝啊，这里真的是个鸟不拉屎的地方！我忘了当时作战行动的代号，应该把它叫作鞋带行动。指挥作战的陆海军将领不断请求增派部队和舰船，可是华盛顿的宠儿是欧洲，南太平洋战区是后娘养的。不过海军陆战队总算在

8月7日登上了瓜达尔卡纳尔岛和图拉吉。如果我军当时能有效地保护登陆部队、及时补给并增援，这可能成为一场干净利落的速胜战，可是我们没有做到，我军没有足够的舰船，作战舰艇和运输船都不够，而敌人却拥有相应的资源。

敌我力量的对比很快就变得更加悬殊。9日早晨日军5艘重巡洋舰、2艘轻巡洋舰、1艘驱逐舰沿"槽海"南下，前来进攻我军运输舰，"槽海"就是新乔治亚湾，而我军运输舰的卸载作业被7日和8日的日军空袭耽搁了①。我军有5艘重巡洋舰和6艘驱逐舰可以用于掩护登陆场，她们分别是重巡洋舰芝加哥号、昆西号、文森斯号、阿斯托里亚号和澳大利亚皇家海军的堪培拉号，驱逐舰巴格利号、帕特森号、赫尔姆号、威尔逊号、拉尔夫·塔尔博特号和布卢号。萨沃岛海战只打了8分钟，战斗结束的时候，我军损失了芝加哥号以外的所有重巡洋舰，芝加哥号和拉尔夫·塔尔博特号也受了伤。虽然日本人没有军舰沉没，不知道为什么他们没有乘胜挺进，攻击我军失去保护的运输舰，而是掉头向北撤退了，没有完成其作战任务。②

我没有亲临战场，所以在此不对萨沃岛海战还有其后的两场海战做自己的评价。

萨沃岛海战之后，出现了两周的相对平静期。在此期间敌人对我军阵地狂轰滥炸，同时补给和增援其登陆部队，并大大压缩了我军的补给能力，这一切都做得肆无忌惮，几乎没有遭遇任何抵抗。

---

① 日军重巡洋舰分别是鸟海号、青叶号、衣笠号、加古号、古鹰号，轻巡洋舰是夕张号和天龙号。

② 日军重巡洋舰加古号在萨沃岛海战后返航途中被美军潜艇击沉。

我军在本战区拥有企业号、黄蜂号、萨拉托加号3艘航空母舰，但是这3艘主力舰被严令远离战区敌方侦察机航程范围，只有在得知敌人大举出动，全力以赴要把我军赶下海的时候才能出击。

敌军在8月23日开始大举进攻，我军从瓜达尔卡纳尔岛起飞的远程侦察机报告，在250海里以北发现敌4艘驱逐舰护航4艘运输舰正在向南方行驶。这肯定是日军的登岛部队。稍后在他们东面约100海里处又发现了由5艘航空母舰（其中包括1艘水上飞机母舰）、8艘战列舰、6艘巡洋舰和22艘驱逐舰组成的打击舰队。因为24日爆发的海战主要是一场航母之间的决斗，我们可以在此省略参战的我方水面舰队的舰种和舰名，只需要指出参战的只有企业号和萨拉托加号两艘航母这一情况。因为燃料缺乏，还有情报失误导致黄蜂号向南方撤退，没有参战。如果不是缺了黄蜂号，我们有可能在东所罗门群岛海战中取得决定性的胜利，但现实却是，我军两艘航母搭载的航空战斗机群在从瓜达尔卡纳尔岛起飞的8架海军陆战队俯冲轰炸机（亨德森机场此时已经投入作战）和从圣埃斯皮里图起飞的8架陆军B-17空中堡垒轰炸机的支援下，击沉了日军龙骧号航空母舰、1艘驱逐舰和1艘运输舰，并击伤1艘战列舰和1艘巡洋舰。陆战队的战斗机击落了22架敌机，自己损失了3架F4F野猫式战斗机，海军的战斗机和高射炮打下了70架敌机，自身损失17架飞机。企业号挨了3颗炸弹，遭数枚近失弹攻击，舰上大约70名官兵阵亡，不得不返回珍珠港大修。可是我军毕竟击退了日军的进攻，赢得了喘息的时间。

企业号离开之后几天，大黄蜂号赶到，我军的航母数量仍旧维持在3艘，可是只维持了两天。8月31日萨拉托加号再次被一枚潜艇发射的鱼雷击中,还好没有水兵阵亡,所受损伤也不重,但她也不得不返回珍珠港大修。萨拉托加号的离去可能引发日军下一次大的攻势:我军一架侦察机在9月14日报告日军大部队再次航向瓜达尔卡纳尔岛。黄蜂号和大黄蜂号上的舰载机并没有和日军舰队接触,当时两艘航母正在撤退以便第二天下午去为一支我军北上的运输舰队护航,但这支日军部队一定得到了某种预警,因为就在此时3条鱼雷击中了黄蜂号,舰上将近200名官兵阵亡,燃起大火,官兵们只能弃舰让黄蜂号沉没。结果我们在整个南太平洋只剩下1艘航母了。

我军运载第7海军陆战团的运输舰群安全抵达瓜达尔卡纳尔岛,10月上旬,又有一支舰队搭载陆军"美国师"①从努美阿出发北上,在护航运输队左翼有一支小型特遣舰队作为掩护力量,任务是阻挡日军的"东京快车",那是敌人每天晚上从所罗门群岛北部出发前来炮击的舰艇。美军舰队包括重巡洋舰旧金山号和盐湖城号,轻巡洋舰博伊斯号和海伦娜号,还有驱逐舰邓肯号、麦克卡拉号、法伦霍尔特号、布坎南号和拉菲号。"东京快车"有3艘重巡洋舰和2艘驱逐舰②。双方在10月11日午夜在瓜达尔卡纳尔岛北端的埃斯佩兰海角外遭遇。这次海战几乎是萨沃岛海战的翻版:双方少量巡洋舰和驱逐舰对垒,实力旗鼓相当,近战夜战,战斗短促而凶悍——从"开火"到"停火"只持续了34分钟,而且两场战斗的战场相隔只有几海里远。但两场战斗的结果大相径庭:埃斯佩兰海战中

---

① 亚历山大·帕奇少将指挥的陆军第23步兵师。
② 日军重巡洋舰是青叶号、古鹰号、衣笠号,驱逐舰是初雪号和吹雪号。

我军奇袭了日军，击沉日军1艘重巡洋舰和1艘驱逐舰①，打瘫了另一艘重巡洋舰②，付出的代价是驱逐舰邓肯号沉没，轻巡洋舰博伊斯号受伤。

埃斯佩兰海战的结果是我方获胜，但如果考虑到敌我海军实力对比，对日本人而言也算不上是个灾难性的失败。我军把"美国师"送上了瓜达尔卡纳尔岛，而敌军在优势水面舰队和航程较短的陆基飞机的掩护下，也在岛上登陆了两个师团。③ 更糟糕的是，日军护航舰只是在撤退之前顺便炮击了岛上的我军阵地，却根本没有遭到任何抵抗，轻而易举得就像在侮辱我们。某些时刻整个亨德森机场只有1架俯冲轰炸机还能起飞。飞行员们不停地战斗，很多个夜晚睡不好觉，而且食不果腹，有时候他们筋疲力尽到崩溃的程度，执行完战斗任务刚一着陆就爬到自己飞机的机翼下面哭泣。瓜岛海军陆战队航空兵司令罗伊·盖格准将有时候不得不用脚踢的方式迫使他们爬回座舱重新上天参战。

士气低落，人员和物资不断消耗。久战兵疲，我军指战员在苦斗之中很清楚自己的状况岌岌可危，也清楚每天来自海上和空中的敌军炮击轰炸是为了给日军的总攻做铺垫，日军正在拉包尔、布干维尔和特鲁克为总攻集结兵力。珍珠港事件以后那几周美国公众反

---

① 古鹰号重巡洋舰和吹雪号驱逐舰。
② 青叶号。
③ 实际上此前登陆的一木支队和川口支队，都具有联队和旅团规模。日本陆军完整的师团级部队是丸山政男的第2师团，在这个时期的10月10日前后完成登陆。此外还有第38师团，当时只有一部完成登陆，百武晴吉中将的第17军军部也在岛上接受统一指挥。但是第38师团主力11月14日在航渡过程中折损大半，其陆续上岛的兵力在陆战最激烈的时候并未发生作用。

复质问的问题,现在瓜岛上的我军也在问:"海军在哪里?"

在10月18日,给他们一个明确的答案,成了摆在我面前最棘手的任务。[注4][注5]

我要防御的战区最关键的点就是瓜达尔卡纳尔岛,而我从没有看到过它,这是我上任伊始的一个致命疏漏。给我介绍情况的"鲍勃"·戈姆利和他的参谋长丹尼尔·卡拉汉少将也从没有机会实地踏勘瓜岛,所以我所知道的瓜岛情况连二手的都算不上。上任伊始我也不可能马上离开司令部上前线,所以我就让最了解当地形势的那些人飞过来,亲自向我描述情况。

10月20日夜间所有战地指挥官汇聚一堂,在阿尔戈号上我的住舱开会,与会者有第1海军陆战师师长阿奇·范德格里夫特少将、亚历山大·帕奇少将(他后来指挥所有接替陆战队的陆军部队)、南太平洋战区陆军司令米拉德·哈蒙少将、我参谋部精干的人员、戈姆利的下属指挥官。此外还有当时正巧在努美阿视察的海军陆战队总司令托马斯·霍尔科姆中将和刚刚抵达的陆战队第1两栖军军长巴尼·福格尔少将。

阿奇·范德格里夫特和米拉德·哈蒙叙述了他们苦战的经过,说完的时候已是深夜,我问他们:"我们是要撤退还是要坚守?"

阿奇回答:"我能守住,可我需要比之前更积极的支援。"

指挥太平洋战区两栖部队的凯利·特纳海军少将争辩说海军已经尽了最大努力。他正确地指出我们拥有的运输舰正与日俱减,又没有足够的战舰护航;瓜达尔卡纳尔岛没有可以庇护舰船的海军基地,也没有足以施展规避动作的开阔水面,敌潜艇活动频繁且积极。

凯利说完以后,阿奇转头看着我等我发话。凯利讲的当然都对。可瓜达尔卡纳尔岛必须守住,这也是不容置疑的。

我对阿奇说:"好吧,你放心大胆地干吧,我答应用手头一切力量支援你。"

前文中我写过,我走马上任以后48小时内就必须做出两个重大决策,而当时我还没来得及熟悉本战区的地形。支援瓜岛并不是我的决策之一,我只是执行参谋长联席会议的决策而已。我要决定的第一件事是是否要继续在圣克鲁斯群岛中最大的恩迪尼岛上修建机场。亨德森机场不仅是我军唯一的前线机场,而且它暴露在敌人的炮火下,又受到坏天气的限制,下一个小时的雨机场就变成泥潭了。恩迪尼岛离亨德森机场330海里,可毕竟比最近的埃斯皮里图机场要近205海里。修建恩迪尼机场的计划已经获批,一支陆军部队正在占领这个岛屿,就在这个当口,瓜岛争夺战到了紧要关头,我把这支陆军部队截下来,调他们去加强瓜岛防御。我这个决定遭到过很尖锐的批评,可是我从没有后悔过:很快恩迪尼的重要性就不复存在了。

但我军仍旧需要一个辅助机场,凯利·特纳建议把它设在亨德森机场以东大约30海里处的奥拉湾。这就是我面临的第二个问题。我自己不熟悉奥拉湾的地形,当时也没有时间咨询罗伊·盖格或者南太平洋航空兵司令奥伯里·菲奇海军少将,他们两个当时都在前线。我在阿尔戈号上开了个会提出这个问题,与会者投票同意将机场建在奥拉湾,于是我命令第14步兵团加上埃文斯·卡尔森中校的陆战队第2突击营掩护一个号称"海上蜜蜂"的海军工程营开始修建机场。

菲奇和盖格的反对意见来得迅速而猛烈：两个人都向我反映奥拉湾的地形完全不适合修建机场。我当然取消了前令，可是部队已经登陆，我接下来要解决的问题是怎么把他们撤下来。他们没法跟亨德森机场周围的我军会合，因为日寇刚刚在我们这两支部队所在地之间的科里海角登陆了 1500 人的部队；他们也无法撤下来，因为我军运输舰在敌军空袭之时撤退了。后来我们的运输舰回到了登陆点，把海军工程营和步兵团转运到了亨德森机场，可是突击营选择了一条更艰险的征途。他们穿越陆地进军，沿途与其他陆战队的散兵游勇会合，还与陆军的一个步兵团会合了，然后对科里海角的日军发动奇袭，几乎全歼了敌人，在日军防线后方奇迹般地长途行军 30 天，沿途杀敌 600 人，自身只损失 2 人。不过这种奇迹不是其他任何部队可以随便模仿得来的。从此以后我吸取了教训，一定要搜集所有的情报之后再开始执行一项作战计划。

当然，所谓"所有的情报"常常也只是一星半点而已，这场战役就是如此。我们对敌人的战略意图只有最粗略的估计。敌军对亨德森机场发动的进攻一次比一次猛烈，这揭示了他们的目的是想要把机场作为跳板，以便先用舰载机部队肃清（敌人以为）已经四分五裂的我陆上部队，然后把这里作为轰炸机基地，发动进攻粉碎我海军力量，而后切断美国和南太平洋盟国之间的联系，对澳洲形成战略包围态势。

因此瓜达尔卡纳尔岛就成了整个战局的关键点，因为它拥有潜在的硬件设施。敌人为了占领瓜岛，几乎无时无刻不在向这里派送人力物力，派遣潜艇、飞机、轻型水面部队骚扰我军的运输补给线，同时在北方集结了一支强大的舰队。这支舰队至少包括 4 艘航空母舰、4艘战列舰，也许有20多艘巡洋舰和驱逐舰，并且拥有大批运输舰和其他辅助舰船。而我用来对抗日军的第3舰队只有两支小规模的特遣舰队。其中一支由诺曼·斯科特少将指挥，由埃斯佩兰角海战的幸存军舰组成，包括1艘重巡洋舰、1艘轻巡洋舰和3艘驱逐舰，外加华盛顿号战列舰。另一支特遣舰队的指挥官是乔治·穆雷少将（企业号的老舰长），以大黄蜂号航空母舰为核心，包括重巡洋舰北安普敦号和彭萨科拉号，轻巡洋舰圣地亚哥号和朱诺号，还有驱逐舰莫里斯号、安德森号、休伊号、穆斯廷号、拉塞尔号和巴顿号。第三支特遣舰队还在从珍珠港赶来的路上，因为企业号在东所罗门群岛海战以后赴珍珠港大修，这支特遣舰队以企业号为核心，包括战列舰南达科他号，重巡洋舰波特兰号，轻巡洋舰圣胡安号和驱逐舰波特号、马汉号、肖号、库欣号、普雷斯顿号、史密斯号、毛利号和科宁汉姆号。我让这支特遣舰队的指挥官托马斯·金凯德少将兼程赶来，可是我知道他在10月23日之前赶不到，而23日正是情报机构预计的日军总攻日期。

不过23日过去了，日军仍未发动进攻，他们还在等候陆军部队把我陆战队赶出亨德森机场的消息，当时亨德森机场已经成了整个瓜岛作战的关键。陆战队付出血的代价为我军争取了时间，他们付出的代价非常值得：24日中午12点45分企业号特遣舰队和大黄蜂号特遣舰队在新赫布里底群岛东北海面会师。两艘航母协同作战的实力是一艘航母的数倍。在企业号抵达之前，我军几乎毫无希望，现在我们有了战的机会。

我把会合起来的两支特遣舰队派往北方圣克鲁斯群岛附近的某个地点，这里处于日军岸基航空兵航程之外，如果日军舰队逼近瓜达尔卡纳尔岛的话，我舰队就可以攻其侧背。同时我军潜艇在所罗门海巡逻，我军还在埃斯皮里图机场集中了 85 架侦察机和重型轰炸机，西南太平洋战区总司令部调集轰炸机连续 3 晚轰炸集结在拉包尔港的日军和位于新不列颠岛的日本空军基地，不过这些空袭的效果不佳。

岛上的战斗越发激烈，这预示着海战高潮即将来临。我认为 25 日发生的事件是大战的前奏。那天拂晓 1 艘日军重巡洋舰和 4 艘驱逐舰给瓜岛运去了援兵和补给，然后调转舰身加入对亨德森机场的炮击。大雨让亨德森机场变成一个泥潭，直到中午我军的俯冲轰炸机才能起飞应战，同时还有从埃斯皮里图机场飞来的 6 架 B-17 空中堡垒轰炸机与他们协同作战，总共有 2 颗炸弹命中 1 艘日军轻巡洋舰，另有 2 颗命中 1 艘驱逐舰①。与此同时我军侦察机报告，两支日军大型舰队正在南下。企业号放飞舰载机进行搜索攻击，可是没有找到敌舰队，敌人撤退了。我认为敌舰队有可能借助暗夜的掩护，仍逗留在附近，因此命令斯科特在萨沃岛附近海面进行夜间搜索，仍没有发现敌人。但很明显战斗一触即发，我给属下各部队指挥官发出最后电令"进攻，重复一遍，进攻"，剩下的都要靠他们了。

圣克鲁斯海战又是一场航母之战。斯科特的特遣舰队没有参战，双方水面舰艇的火力纯粹是防御性的，为了击退敌机空袭，唯一例外的是一艘日本潜艇发射过一枚鱼雷进攻。26 日上午 8 点零 4 分双方开始序战，敌人想要击落企业号的 4 架侦察机，当时侦察机

---

① 轻巡洋舰由良号被美军飞机击沉。

正在报告敌舰队的编成和动向，这支敌舰队包括2艘战列舰、1艘航空母舰、5艘巡洋舰、11艘驱逐舰组成的前卫①和3艘航空母舰、1艘重巡洋舰、7艘驱逐舰组成的航母打击力量②，另有2艘战列舰、3艘巡洋舰、8艘驱逐舰组成的战列舰打击力量③。

　　双方航空母舰主力相距250海里，几乎同时向对手发起了进攻。从大黄蜂号和企业号上起飞的74架战斗机、俯冲轰炸机和鱼雷机一路苦战，突破了敌机重重拦截还有密集的高射炮火，幸存的战机在10点40分打击了敌舰队。他们没能击沉敌军主力战舰，但是让2艘日军航母失去了战斗能力，并击伤1艘巡洋舰和2艘驱逐舰。同时，大黄蜂号在10点10分遭到日机猛烈空袭，5分钟之内被4颗炸弹2条鱼雷命中，又被2架自杀飞机撞中，再过5分钟大黄蜂号失去动力，全舰起火，弹药不断殉爆，最终停在海面动弹不得。11点零1分属于企业号航母战斗群的波特号驱逐舰中了一枚日军潜艇发射的鱼雷，最终不得不被放弃。波特号刚刚爆炸，就有24架日本俯冲轰炸机向企业号猛扑过来。有一颗炸弹击中飞行甲板前端，穿透前舱落入水中爆炸。另一颗炸弹把舰上的前升降机炸得变了形，数名水兵阵亡。第三颗炸弹是近失弹，冲击波把一架停在甲板上的飞机掀进海里，还把燃料舱炸开了一条裂缝，企业号漏的油在茫茫大洋中留下一道油迹。尽管伤痕累累，企业号还是回收了大

---

　　① 这支舰队由第2舰队司令近藤信竹中将指挥，战列舰是金刚号和榛名号，航空母舰是隼鹰号，巡洋舰是爱宕号、高雄号、妙高号、羽黑号、摩耶号。
　　② 这支舰队由第3舰队司令南云忠一指挥，航空母舰是翔鹤号、瑞鹤号、瑞凤号，重巡洋舰是熊野号。
　　③ 这是隶属于南云舰队的先头部队，由阿部弘毅少将指挥，战列舰是比睿号和雾岛号，巡洋舰是利根号、筑摩号、铃谷号。

黄蜂号的舰载机继续战斗。

之后2个小时内,企业号作战群又经受住3次空袭。1架鱼雷机撞在史密斯号驱逐舰的甲板上;1颗炸弹打掉了战列舰南达科他号的1号炮塔,舰长托马斯·凯奇上校受伤;圣胡安号被1颗炸弹直接命中,另遭5颗近失弹攻击;企业号本身遭1颗近失弹攻击受轻伤。日军集中力量在6小时内对大黄蜂号发动了5次空袭,其中一次是致命的,大黄蜂号右舷被1条鱼雷命中,侧倾度增加了20度,17点27分执行了弃舰自沉的命令。

水面舰艇方面,我军在圣克鲁斯海战中损失了1艘航空母舰和1艘驱逐舰,283人阵亡或失踪,而敌军舰只只是失去战斗力,没有沉没,伤亡人数未知。战术上我军遭受了失败,但战略上却赢得了胜利:我军由于各种原因总共损失了74架飞机,其中只有20架是战损,由于各种操作事故损失的可能更多,而敌人在战斗中至少损失了100架飞机。就算我们只计入这100架损失,也意味着敌人的4个航母大队被打得七零八落,再加上他们也有2艘航空母舰受了重伤,我军有效地削弱了敌军的实力,令敌方无法在16天以后的瓜达尔卡纳尔海战中提供有效的空中支援。

我方受伤的战舰向努美阿撤退。在到达目的地之前,我呼吁基地各军兵种的高级军官搜罗手下所有的机械维修人员组成联合抢险队。我们东拼西凑的力量在圣克鲁斯海战中奏效了,可是这支力量受到了重创,必须马上得到修复以便迎接未来更加严峻的考验。

我利用联合抢险队夜以继日抢修舰只的空闲时间去视察了瓜达尔卡纳尔岛,陪同我的有我手下的作战计划处处长、陆战队准将德怀特·派克,还有新的副官威廉·基彻尔上尉,他和我参谋部里的

其他人员一起乘坐企业号从珍珠港回来了。阿奇·范德格里夫特前来迎接并带我们参观了前线。[注6]

11月8号当晚阿奇招待我们住进他的小木屋。我们住下之后不久，萨沃岛附近海面上就有一艘敌人的驱逐舰开始炮击我们，我军炮兵也开始反击。炮声倒不是让我失眠的原因，真正的原因还是我害怕。我骂自己胆小，还有更糟糕的，我还给自己下令："快睡着，你这个胆小鬼！"可是完全没用，我没法服从命令。

第二天早晨我们飞往埃法特岛，我在那里视察了基地医院。其中一名伤员是名海军医生，头上缠着绷带。我问他："孩子，怎么了？"

他回答道："将军，我也不知道，我记得的最后一件事情，是昨天晚上和你在瓜岛上聊天。"

海军就是这样照顾受伤官兵的。一旦他们受伤，12小时之内就能躺在远离前线700海里的后方医院中。

[注1]布朗上校按语：

将军把电令读了两遍然后递给我。他的原话是："耶稣基督和杰克逊将军啊！他们递给我最烫手的一个山芋！"

[注2]布朗上校按语：

我起初也吃了一惊，不过后来回忆起9月上旬在旧金山发生过一件事情。将军、迈尔斯还有我某天下午去开会，尼米兹和金也在，还有海军人事局局长兰达尔·雅各布斯。雅各布斯指着将军问金："我们能告诉他吗？"

金回答："现在还不行。"

当时我和迈尔斯都以为他们指的是将军会获得第四颗将星,或者有可能出任太平洋舰队航母部队司令,可是此后我们在珍珠港待了一个月,无所事事,什么也没发生,于是就把这件事给忘了。我现在还不能肯定他们当时指的就是让将军担任南太平洋战区总司令,不过很有可能。

[注3]编者按:

在损失的重巡洋舰当中包括阿斯托里亚号,这艘军舰曾在1939年将病逝于任期内的日本驻美大使斋藤博的骨灰送回日本。当时裕仁天皇因罗斯福总统给予的礼遇曾亲自向时任舰长凯利·特纳致谢。

[注4]约翰·劳伦斯海军少校(当时是瓜岛上的航空作战情报官,后来在哈尔西将军的参谋部服务)按语:

我们每天吃的是缴获的大米,车用的是缴获的汽油。我军的运输舰满载着军队急需的物资,可是每次一有红色警报(敌机空袭),运输舰就被迫起锚撤离滩头阵地。先是日军飞机轰炸,随后是敌战列舰炮击。10月13日至14日晚12时的36小时之内,金刚和榛名两艘敌战列舰在我们头上倾泻了1000发14英寸炮弹。但这还不是最糟糕的,最糟的是看不到希望,那种没人在乎你的生死存亡的被遗弃感牢牢地抓住你,最后使你对自己的理智都不相信了。你给飞行员布置任务,他起飞以后你却开始怀疑自己是不是忘了告诉他某个细节,而他的生死就全赖这个细节,你不停地自我怀疑直到发疯……

[注5]罗杰·肯特海军少校(也是当时瓜岛上的航空作战情报官)按语:

后来我们听说那个老家伙接任了南太平洋战区司令。我永远忘不了听到消息的那一刻!我们前一分钟还被疟疾折磨得连爬出自己的掩体都困难,下一分钟竟然像孩子那样欢呼跳跃。我记得有两名陆战队员陷入争论,差点打一架。其中一个说那老头能抵得上两艘战列舰外加两艘航母,另一个赌咒发誓说老头儿抵得上两艘战列舰加三艘航母。如果单靠士气就能赢得战争的话，我们在那时就已经赢了。

[注6]基彻尔海军中校按语：

将军此行的目的是要熟悉战场形势，但参谋们还有一个目的，就是让前线官兵亲眼见到将军。这个目的没有达到，因为将军身穿非正式的军装，和普通士兵没有什么两样，我们请求他在吉普上站起身挥手，做出姿态好让士兵们认出他来。他拒绝了，他说："听起来像是作秀，算了吧！"

就在此行的一次记者招待会上，将军给出了所谓赢得战争的不二法门："杀死日本人，杀死日本人，不断地杀死日本人！"

第八章

我们一行人于 11 月 8 日下午回到努美阿，迈尔斯·布朗宁在等我，他带来消息说日军正在筹划另一次大规模进攻，将要动用的军舰飞机规模极大。预计日军的行动次序是，在 11 日空袭瓜达尔卡纳尔岛，12 日夜间派军舰炮击亨德森机场，13 日整天用航母舰载机轰炸瓜岛之后部队登陆。

这是日军的一次陆海军联合行动，我军第一批情报显示日军将要动用的舰只包括 2 艘航空母舰、4 艘战列舰、5 艘重巡洋舰，大约 30 艘驱逐舰，还可能有约 20 艘运输舰和货轮。就算我手边规模最大的两支特遣舰队没有瘫痪，能够用来截击日军的实力与敌人相比也相形见绌。何况我海军兵力现在不仅分散，而且正忙于给阿奇·范德格里夫特运送补给的船队护航。我军具体的形势如下：

海军少将斯科特指挥 1 艘轻巡洋舰和 4 艘驱逐舰，正在为 3 艘货轮护航，从埃斯皮里图机场出发前往瓜达尔卡纳尔岛，预计将于 11 日抵达。

特纳少将指挥 1 艘重巡洋舰、1 艘轻巡洋舰和 4 艘驱逐舰，护航 4 艘运输舰,正在从努美阿前往瓜达尔卡纳尔岛的途中,将于 12 日抵达。

卡拉汉少将指挥 2 艘重巡洋舰、1 艘轻巡洋舰和 6 艘驱逐舰将于 10 日从埃斯皮里图机场启航,预定 11 日与特纳在海上会合。

金凯德少将的特遣舰队,包括企业号航空母舰、南达科他号和华盛顿号战列舰、1 艘重巡洋舰、1 艘轻巡洋舰和 8 艘驱逐舰仍停留在努美阿,因为企业号和南达科他号还在修理圣克鲁斯海战中所受的损伤。

假设敌人按我预计的时间表展开进攻,那么我军补给船队就要被迫在 12 日夜晚来临之前分散转移,撤离这个海区,以便护航舰只腾出时间来参加海战,同时金凯德的特遣舰队一旦可以出发就必须立刻启航赶赴战场。南达科他号的 1 号炮塔完全失去作战能力,而企业号的损伤更重,她重新出海的时候舰上还搭载着 85 名维修工夜以继日地抢修,她的一个燃料舱还在漏油,据我所知她的前部升降机还被卡在飞行甲板上。之所以说据我所知,是因为我们不敢试着去动它,要是把它降下来以后再也升不上去,那企业号的飞行甲板就多了个大窟窿,整条军舰就完全不能作战了。现在起码还能填平飞行甲板,让企业号上的飞机慢速起降,在这个节骨眼儿上,就算半条军舰也弥足珍贵。

诺曼·斯科特在 11 日凌晨 5 点半抵达隆加岬外的锚地后立即开始卸船。敌军的俯冲轰炸机在 4 小时之后向他发动空袭,我军击落了所有来犯敌机,但也有 3 艘货轮受伤,其中 1 艘伤势严重,被迫在 1 艘驱逐舰的陪伴下驶回埃斯皮里图机场。另外两艘受伤的货轮坚持连夜卸货,斯科特则率领其余战舰驶进英迪斯彭瑟布尔海峡和卡拉汉将军的编队会合。卡拉汉指挥的编队是特纳的护航运输队的先头部队，兼程赶来。卡拉汉和斯科特会合以后，两支编队在萨沃岛以东以西搜索了两遍，没有发现敌舰，12日拂晓后撤，以便护卫在库库姆海滩卸货的特纳的4艘运输舰。

那天上午我军侦察机发现一支强大的敌舰队正向瓜达尔卡纳尔岛方向航渡，当晚就能抵达，在其中没有发现运输舰，那么这肯定是一支炮击编队。特纳下令以最快速度卸货，但中间不得不中断，花费2个小时击退日军鱼雷机发动的空袭，要不是耽搁了这2个小时，他到当天夜幕降临的时候就已经卸载完毕了。即便如此，经过运输舰的舰长和船员们超常的努力，货物已经卸载了90%，然后特纳下令运输舰在3艘驱逐舰和2艘快速扫雷舰的护航下撤退。

卡拉汉将军比斯科特资历深，由他统一指挥的两支编队合起来拥有重巡洋舰旧金山号和波特兰号，其中旧金山号为旗舰，轻巡洋舰有亚特兰大号、海伦娜号、朱诺号。斯科特的旗舰是亚特兰大号，还有驱逐舰艾伦·沃德号、巴顿号、蒙森号、弗莱彻号、库欣号、拉菲号、斯特莱特号、奥班农号。（另有4艘驱逐舰被调去为运输船只护航，还有1艘重巡洋舰和3艘驱逐舰被派去增援金凯德。）这点力量根本不足以对付日军的2艘战列舰、1艘轻巡洋舰[①]和15艘驱逐舰，我们只希望能够打一场阻滞战，缠住敌舰直到第二天早晨，让来不及撤退的敌舰队暴露在企业号的舰载机打击范围之内。顺便说一句，第二天是13日星期五。

卡拉汉的编队在午夜12点驶入兰戈海峡。1点24分海伦娜号

[①] 日军舰队包括战列舰雾岛号、比睿号，轻巡洋舰长良号。

上的雷达发现敌方3个舰群，最近的一个距离我们27100码。月亮很低，附近岛屿陆地的轮廓影响了雷达的侦测结果，舰间通信系统的清晰度很低。在卡拉汉几乎毫不知情的情况下，他的编队插入了日军两个舰群之间，突然间他的舰只被两面的探照灯照亮，在3000码的超近距离上遭到猛烈炮击。

战斗只持续了24分钟，金将军认为"这是历史上最为激烈的海战之一"。我们在努美阿的阿尔戈号旗舰上，只知道当时正在激战，我把卡拉汉和斯科特派上战场，现在除了坐等战报以外无计可施。等待总是煎熬的，我在甲板上不停地踱步，反复查看送来的报告和海图，跟参谋们商议。我喝了共有1加仑咖啡，抽了2包香烟。当我觉得紧张到无法自控的时候，就找一本最烂的通俗杂志随便浏览。

直到天大亮才有通信军官给我送来了第一份正式战报。和所有战报一样，一开始先是坏消息。以下是波特兰号发来的报告电文："舵舱进水右舷被鱼雷击中船舵卡在右满舵位置。无法以发动机控制方向。请求拖曳。"

半小时以后亚特兰大号报告："求救。"然后大约在9点钟海伦娜号来电报告："海伦娜号、旧金山号、朱诺号、奥班农号、弗莱彻号、斯特莱特号结伴航向175度（埃斯皮里图机场方向）。海伦娜号担任旗舰。各舰均负伤，因此请求最大限度空中掩护。"

波特兰号和亚特兰大号在哪里？其他5艘驱逐舰怎样了？既然丹·卡拉汉的旧金山号仍在，为什么由海伦娜号充当旗舰？结论很明显：丹要么阵亡要么受了重伤。

当天下午晚些时候，瓜达尔卡纳尔岛上陆续发来更全面的后续战报："萨沃岛以北5英里海面有5艘敌驱逐舰试图救助被7条鱼雷和1000磅炸弹击中的金刚号战列舰。该舰后部猛烈燃烧。据信是敌军驱逐舰的舰只在奥列弗加岛北海岸抢滩并燃烧。英迪斯彭瑟布尔海峡中有大型船只在燃烧。库欣号在萨沃岛东南5海里处燃烧,蒙森号瘫痪在海面,两舰均弃舰。亚特兰大号和波特兰号重伤。拉菲号沉没。救起700名幸存者,其中25%受伤。"

10分钟以后波特兰号报告:"亚特兰大号进水失控。弃舰自沉。本舰凌晨1点被拖曳驶向图拉吉岛。"

我们估计,亚特兰大号无法汇报本舰状况的原因和旧金山号一样,那就是诺曼·斯科特和丹·卡拉汉一样非死即伤。后来我们才知道,这两位英勇的战士都已经为国捐躯。敌战列舰比睿号的第三次侧舷齐射击中旧金山号的舰桥,丹阵亡。诺曼阵亡在此之后,但具体时间不详。我和诺曼·斯科特相识相知多年,他的死是我在整个战争期间最痛切的个人损失。

可是瓜达尔卡纳尔岛得救了。阿奇·范德格里夫特在一封电报中这么说:"我们向斯科特、卡拉汉及其麾下官兵致以崇高敬意。他们以惊人的勇气以寡击众,击退了敌军的第一波进攻,为未来的胜利铺平了道路。瓜达尔卡纳尔守军高举经过战火洗礼的钢盔向他们致以最崇高的敬礼。"

此战我军损失了亚特兰大号和巴顿号、库欣号、拉菲号、蒙森号(几个小时以后朱诺号也告沉没),敌军损失了比睿号战列舰和2艘驱逐舰。太平洋舰队司令部的官方战报中这样解释为什么这次海战的第一阶段是美国海军的一次胜利:

> 勇敢的官兵在一名无畏的将领指挥下与优势之敌浴血

奋战，此次作战成为所罗门群岛战役的转折点。若这支强大的敌舰队成功炮击了瓜达尔卡纳尔岛上的机场，我军以后就很难甚至不可能完成阻止敌军大部队登陆发动进攻的任务……卡拉汉和斯科特两位少将指挥作战的决心、组织有序的火力配备，还有我军官兵的大无畏勇气，都应该获得最高的奖赏。

瓜达尔卡纳尔海战可以划分为三个阶段。第一阶段结束于13日凌晨2点25分，此后几个小时里仍不断有小规模的交战，我军更是整天都在对已经瘫痪的比睿号战列舰发动空袭。其中企业号上的舰载机首次加入了对比睿号的轰炸，这就标志着战役第二阶段正式展开。

我方在11日派金凯德率舰队出海，就是希望他的部队能击退日军预计将在13日夜间发动的进攻。我们清楚他的航行速度取决于企业号所能达到的航速，而企业号的航速又跟风向有关。如果刮南风，企业号每次起降舰载机的时候都必须转向迎风方向；如果刮北风，那么企业号就能不停顿地行驶，保持航速航向。全舰队保持无线电沉默，因此我们无法知道情况。不过我对老天爷的帮忙很有信心，所以在13日下午给金凯德发电，命令他把手下的2艘战列舰和4艘驱逐舰抽出来交给海军少将威利斯·李，李的任务是在当夜于萨沃岛以东洋面设伏。

以上作战计划违反了海军战争学院最基本的信条。瓜岛以北狭窄而复杂的洋面完全不适合大型战舰机动，尤其是在夜间。马汉的灵魂那天一定气得脸色煞白。可是我最信奉的海军作战基本原则是，进攻是最好的防御，或者引用纳尔逊勋爵在特拉法尔加战前给手下舰长们写的备忘录:"逼近敌舰的舰长不可能犯错。"

我对这个决策的解释——也许历史学家们可以称之为借口——就是,我军面临着一个两难选择:当天上午收到的电文明确显示卡拉汉的残部已经不可能整兵再战,而我军如果不采取主动的话,放敌舰队大摇大摆地开进战区炮轰我军阵地机场并让敌陆军登岛,那将不仅使得岛上的敌我力量对比发生不利于我方的逆转,更会使我军士气遭到致命打击。我现在只剩下李的军舰了,所以我孤注一掷。[注1]

金凯德对我的电令感到震惊:"李从目前的位置无法在明早8点之前赶到萨沃岛。"所以风力没有帮到我军,结果瓜岛遭到了日军猛烈的夜间炮击。

我在第二天14日上午不出意外地收到阿奇·范德格里夫特的电文:"遭到猛烈炮击。"敌军的炮火集中于亨德森机场,持续了1小时20分钟,然后戛然而止。在努美阿总部里的我们都摸不着头脑。后来才知道,是图拉吉的一个中队鱼雷艇在休伊·罗宾逊海军上尉指挥下出击袭扰由6艘巡洋舰和5艘驱逐舰组成的敌舰队,迫使敌人中断炮击逃之夭夭。亨德森机场有3架飞机被炸毁,17架受伤。

亨德森机场在5个小时以后发动反击,出动了20架各式飞机,包括前一天空袭比睿号之后降落在岛上的3架企业号上的鱼雷机,找到正在后撤的日军炮击编队,击中了其中2艘巡洋舰。同时企业号上起飞的拂晓战斗巡逻飞机也找到了这支日军,增派16架SBD无畏式俯冲轰炸机发动了进一步空袭。

我在那天早些时候曾命令企业号北上迎战,因为得到情报说日军编队再次开始沿着"槽海"南下。其实这次日军有两支入侵编队，其中一支在前，有 3 艘重巡洋舰、1 艘轻巡洋舰、1 艘航空母舰和 1 艘驱逐舰；另一支尾随在后，有 11 艘运输舰和 13 艘驱逐舰。我军的部署是让企业号停留在所罗门群岛轴线以西 100 海里的位置，而"中国人"·李的编队在企业号和岛链之间沿着平行航向进击，这样企业号的舰载机就能越过我军战列舰的屏护打击敌人。我的命令是"攻击运输舰"。

后来缴获的日军文件证实，这支运输编队装载了多达 13500 名日本陆军。我们发动空袭的时候只知道猎物丰富，所以派出所有能够升空的飞机发动空袭，包括企业号的舰载机、亨德森机场的陆战队飞机、圣埃斯皮里图岛上的陆军 B-17 空中堡垒、战斗机、轰炸机、俯冲轰炸机和鱼雷机等等。空袭从上午 10 点开始一直持续到黄昏。飞行员们把这次任务叫作"秃鹫出击"，总共击沉日军 1 艘重巡洋舰和 6 艘运输舰，击伤 3 艘巡洋舰、4 艘运输舰和 2 艘驱逐舰①。当天一队陆战队的战斗机飞行员立了大功，当时他们发现一艘细长漂亮的日军快艇正急急忙忙驶离一艘正在下沉的日本船只，他们判断这是在挽救日本舰队的指挥部，所以向快艇俯冲下去，所有机枪同时开火，一通扫射，把快艇打成了两截。

日军 4 艘受伤的运输舰坚持冲向瓜岛，第二天上午在塔萨法隆加附近抢滩搁浅，再次受到我军炮轰、空袭和扫射，最后被我军驱逐舰米德号好整以暇地逐个击毁，米德号一直接近到日军机关炮的射程以内才开火。可能日本运输舰上的有些部队上了岸，可是既没

---

① 美军飞机炸沉了日军重巡洋舰衣笠号，炸伤鸟海号和摩耶号重巡洋舰、五十铃号轻巡洋舰，日本陆军第 17 军的第二个师、38 师团的主力被消灭大半。

有粮食也没有其他给养,除了给岛上已经缺医少药的日军部队添麻烦以外,百无一用。

　　战斗打响以后很长时间我们才收到战报,不过情况逐渐明确了,我军敲掉了裕仁天皇向南方伸出的大牙,随着日军损失加大,我军的士气也跟着上涨。大日本帝国的太阳西斜的时候,我们的太阳随之上升。此战的高潮就是空袭日军运兵编队。我把电文给参谋们看,说道:"我们狠狠揍了这些杂种一顿!"

　　可是小日本似乎没有意识到自己的惨败,尽管在14日的作战中他们的舰船和人员两方面都损失惨重,可是他们仍顽固地甚至是鲁莽地在当夜又派出了一支舰队。我们在当天下午发现了日军编队,当时它还在瓜岛以北150海里处,所以我有足够时间让"中国人"·李在萨沃岛附近海面就位,准备夜战。敌舰队拥有战列舰雾岛号,是业已沉没的比睿号的同级姐妹舰,还有2艘重巡洋舰、2艘轻巡洋舰、9艘驱逐舰①。李的力量包括华盛顿号和南达科他号战列舰,驱逐舰沃尔克号、拜纳姆号、格温号、普莱斯顿号。

　　战役的第三阶段开始于午夜0点16分,只持续了50分钟。我军损失了沃尔克号、拜纳姆号、普莱斯顿号驱逐舰,格温号受伤,南达科他号战列舰也受了伤,而敌人损失了雾岛号战列舰和1艘驱逐舰。虽然我自己出身于驱逐舰,可如果能用2艘驱逐舰交换1艘战列舰,这笔买卖任何时候都是划算的。(日本海军总共拥有的12艘战列舰当中有11艘被美军击沉,其中8艘得归功于由我指挥的

---

　　① 日军的重巡洋舰是高雄号和旗舰爱宕号,轻巡洋舰是川内号和长良号,由第2舰队司令官近藤信竹中将统一指挥。

部队。)

11月15日星期天的作战标志着历时5天的瓜达尔卡纳尔海战结束，敌我双方损失对比如下：

	日 军		美 军	
	沉 没	受 伤	沉 没	受 伤
战列舰	2	0	0	1
重巡洋舰	1	2	0	2
轻巡洋舰	0	1	3	0
驱逐舰	3	6	7	4
运输舰和货轮	10	0	0	0
总 计	16	9	10	7

无论以何种标准衡量，这次战役都是我军无可辩驳地获胜了。这也是整个太平洋战争第三个伟大的转折点。中途岛战役、珊瑚海海战、瓜达尔卡纳尔海战分别阻止了日军在中太平洋、西南太平洋和南太平洋地区的挺进。将近5年以后的今天，我可以坦率地面对可能出现的另一种结局。如果美军的战舰和飞机在这次战役中打败了，在瓜岛上的部队就会和在巴坦半岛上的部队一样走投无路。我军无法增援他们，也撤不下来。阿奇·范德格里夫特会成为另一个"瘦子"·温莱特，臭名昭著的巴坦死亡行军将会重演。(我们后来缴获的日军文件显示，他们甚至为接受阿奇投降的仪式选定了地点。)如果瓜岛没有挡住敌人，他们就会长驱南下切断美国通向澳大利亚和新西兰的补给线，对大洋洲形成战略包围。

可是我们没有输，我们打赢了，而且从敌人手中夺取了战略主动权。此前日寇随心所欲地进攻，此后他们在我军面前步步后退。[注2]

罗斯福总统、海军部长诺克斯、金上将、尼米兹上将和其他政要向我发来贺电，我很清楚谁是真正的功臣，于是给前线作战的部队转发了这些贺电，并加上我自己下达的嘉奖令：

发自：哈尔西

致：南太平洋战区所有将领和舰船

致所有在过去几天的战斗中在海面、水下、空中为美国做出杰出贡献的指战员：你们已经在史册上留下了浓墨重彩的篇章并且赢得了祖国人民永远的感激之情。对你们的功绩任何表彰都不为过。我因你们而产生的自豪之情无以言表。干得漂亮。同时向那些英勇牺牲的勇士致敬，愿他们安息。上帝保佑你们所有人。[注3]

瓜岛战役之后我有幸推荐很多人获得了勋章，但最让我高兴的还是企业号航空母舰获得总统集体嘉奖令。这是一年以内"大E"①第8次参加战斗，日本人太多次报告说他们击沉了企业号，结果她获得了另一个绰号"瓦胡岛海岸奔跑的幽灵"。她见证了开战也亲历了战争结束。现在她已经陈旧过时，但正如海军部长福雷斯特尔所说："她是这场战争中海军历史的最好的象征和见证。"感谢上帝，人们没有把她拿去比基尼岛做核试验！

---

① 企业号绰号"大E"。

在叙述瓜达尔卡纳尔海战的结尾处，我还必须承认自己犯下的一个严重错误。我已经向官方正式认了错，现在我还要公开认错。

11月13日清晨，在卡拉汉编队殿后的轻巡洋舰朱诺号遭到鱼雷攻击受了重伤。那天下午我从海伦娜号的电报里第一次知道这件事，当时电报上还把朱诺号列入因受伤而正在返航埃斯皮里图的名单中。可埃斯皮里图港汇报到达军舰的名录时居然没有她的名字。

我给迈尔斯·布朗宁打电话问："朱诺号去哪儿了？"

他回答："将军，我也不知道，我得查查看。"

后来才知道，朱诺号再次遭到鱼雷袭击，下沉得特别迅速，烟尘腾起很高，其他舰只起初以为她遭到了来自高空的水平轰炸。在场的高级指挥官、海伦娜号舰长吉尔伯特·胡佛上校必须做出一个艰难的决定。尽管他预计几乎不可能有多少人能从这么猛烈的爆炸中幸存下来，但人性要求他停下来搜寻幸存者。（朱诺号舰长黎曼·斯文森是他的好朋友）。另一方面，奥班农号驱逐舰已经被派去执行特殊任务，他手头只剩下弗莱彻号和已经受伤的斯特莱特号两艘驱逐舰为受伤的编队护航，而搜救行动肯定会再度招致鱼雷攻击。在战斗进行到关键阶段之时，如果再损失1艘甚至更多军舰会危及整个战局。胡佛决定继续向埃斯皮里图撤退。他通知1架巡逻机自己的行动方案，并转告给他所有有关信息，但巡逻机没有转达这些信息。后来我们才知道有120名官兵幸存下来却被遗弃在海里，只有10人回到了陆地。

海伦娜号最终回到努美阿的时候，胡佛向我的司令部报到。我的助手们——杰克·菲奇、凯利·特纳、比尔·卡尔霍恩经过对他的仔细讯问，一致认为他在遗弃朱诺号这件事上有罪，建议将他撤职。我虽然不情愿但批准了这个建议。胡佛的服役记录无可指摘，他曾3次获得海军十字勋章，但我认为长期战斗造成的紧张状态影响了他的判断力，是胆略支撑着他完成自己的职责，我认为他目前的状态对他自己和他所指挥的军舰都是危险的。出于上述考虑，我撤了他的职，让他向太平洋舰队总部报到。

很久以后，我的参谋长罗伯特·卡尼少将主持对此事的调查，我研读案卷的时候，得出了完全不同的结论，我认为自己冤枉了好人。我认识到胡佛的决定是为了战斗胜利这一更高利益。因此我向海军部要求恢复他的作战职务，还说我希望他在我麾下服役。撤职的耻辱不可能完全被遗忘，但我略微可以感到宽慰的是，胡佛的官方服役记录中这段记载被清除了，他是清白的。我对整件事深感自责。这件事完全没有影响我们的私人关系，这证明胡佛上校品格的高洁。

我们判断敌人意图的一个可靠的指标是肖特兰—南布干维尔海域船运的频繁程度。瓜达尔卡纳尔海战之后，这个区域的敌海运活动显著减少，直到11月24日以后再次繁忙起来。27日我军侦察员报告说日军在这个区域有25艘以上军舰，还不包括小型船只。这显示日军的下一次进攻或者登陆行动近在眼前。

我军的水面舰艇数量也在增长。企业号、华盛顿号、轻巡洋舰圣地亚哥号当时驻泊在努美阿，斐济群岛的南迪岛有萨拉托加号和战列舰北卡罗来纳号、科罗拉多号、马里兰号，轻巡洋舰圣胡安号。圣埃斯皮里图岛驻扎着重巡洋舰北安普敦号、彭萨科拉号、新奥尔良号、明尼苏达号，轻巡洋舰檀香山号，驱逐舰德雷顿号、弗莱彻号、毛利号、帕金斯号。29日夜间我军埃斯皮里图集群在卡尔顿·莱特海军少将指挥下驶向瓜达尔卡纳尔岛。战斗打响前不久，驱逐舰莱姆森号和拉德纳号加入编队。双方于30日凌晨前不久交火。

这次海战的战场仍旧在萨沃岛以南被称为"铁底湾"的水域。塔萨法隆加海战给"铁底湾"送去了更多的沉船。敌军1艘驱逐舰被炮火击沉，我军北安普敦号重巡洋舰被一条鱼雷击沉。我军其他3艘重巡洋舰也中了鱼雷，不过还能返回港口等待来日再战。据估计敌军只有8艘驱逐舰，但他们给远比自己强大的对手造成了如此惨重的损失，自己付出的代价又如此轻微，我军此战的指挥水平真的不敢恭维。但此战又是我军在战术上失利而在战略上胜利的一次战役。因为这是敌人对瓜岛发起的最后一次水面进攻。此后除了"东京快车"为岛上日军带来杯水车薪的援助以外，岛上敌军就这样被遗弃了，任其在美军的进攻、饥饿和病痛的折磨下逐渐灭亡。

［注1］编者按：

瓜达尔卡纳尔海战结束以后，尼米兹上将这样评价哈尔西："他是那种罕见的有勇有谋的人，能把作战的风险计算得分毫不差。"

［注2］编者按：

瓜达尔卡纳尔海战胜利的消息传回美国以后，哈尔西将军的家乡新泽西州伊丽莎白市市长宣布把11月20日指定为"哈尔西日"，下令所有公共建筑张灯结彩，学校提前放学，教堂鸣钟庆贺。

［注3］前南太平洋战区基地司令、海军中将卡尔霍恩按语：

罗斯福总统在 11 月 18 日提名比尔晋升为四颗星的海军上将。这个消息令人高兴但也令人震惊。不成文的法律禁止海军同时拥有 4 名以上现役上将，我军已经有了 4 名上将，分别是"贝蒂"·斯塔克、厄尼·金、切斯特·尼米兹和罗伊尔·英格索尔。可是国会无视这条法律，立即通过了晋升提案。

消息传到努美阿的时候，我们这里一切物资都匮乏，也找不到四颗将星的领章，于是我从一名陆战队少将那里要来四副领章上的两颗将星，把他们焊接成一对四星徽章，因为陆战队的将星比海军常规将星要大，所以我们让港内停泊的维修舰制作新的四星徽章。

我把临时焊接的四星徽章送给比尔的时候，他把自己旧的三星徽交给我："代我转交给斯科特夫人和卡拉汉夫人。转告她们，正是因为她们的丈夫，我才能获得新军衔。"

第九章

我接任南太平洋战区司令的头 6 周里，水面舰艇部队接连打了 3 场大战，同时瓜岛上的我军每天也在不停地奋战，其艰苦程度一点也不亚于海战。不过塔萨法隆加海战之后，出现了一段平静时期，我得以利用这段时间着手调整指挥结构，为长期作战做好准备。

前文说过，我来南太平洋的时候只带了迈尔斯·布朗宁和朱利安·布朗两名参谋军官，其他人还在企业号上。在圣克鲁斯海战前一天，10 月 25 日我乘坐军舰到达努美阿。我真正开始关注日常事务的时候，才意识到"鲍勃"·戈姆利承担的各种职责是个巨大的负担，我根本承担不起。我认识太多的指挥官，他们试图做得面面俱到，但我的信条是分派任务，大家各司其职。我集合全体参谋人员，告诉他们："有很多事情都得做，你们自己去找事做吧。"他们都很能干，可是战区总部的工作多得就连他们也受不了，于是我得给他们配备更多的辅助人员。在磨合期，仅仅作战计划一项工作就要由 25 名军官共同全力承担。

狭窄的阿尔戈号根本容纳不下纷至沓来的工作,旗舰上不仅拥挤不堪,而且没有空调,当时是热带的夏季。我一直争取为自己的参谋部提供舒适的工作和居住环境,大家的工作已经够繁重,而且不分昼夜地干,神经也够紧张了,我决心要让他们工作和休息的环境尽可能好一点。"鲍勃"·戈姆利曾告诉我,他也想过把指挥部搬到岸上,可是找不到合适的房子。我无论如何都要找到合适的地方。

我清楚法国官员将勋章看得很重,于是要朱利安·布朗戴上自己全套的勋章,尤其要把法国政府颁发的战斗十字勋章和与之相配的绶带佩戴在显眼的位置,然后派他去见新喀里多尼亚的总督蒙山普。见面稍事寒暄之后,朱利安提出了需要当地政府安排容身之所的要求。

蒙山普问他:"那我方能有什么好处呢?"

朱利安冷冷地答道:"我们会一如既往地保护你们。"

蒙山普不太情愿地答应尽力而为,把朱利安打发走了,之后就杳无音信。朱利安在第二天收到一些空洞的许诺,事情就这样又被拖延了一个月,最后朱利安告诉蒙山普:"我们在打仗,没工夫操心这些破事儿,不过我得提醒您阁下,要是我们美国人不能上岸来新喀里多尼亚,日本人会来的。"

蒙山普只是耸了耸肩,我听说这件事以后,就让整个司令部径直搬上岸。

我们"临时接管"了自由法国政府驻太平洋地区专员、海军少将达让利厄的总部,当时他本人正在前往旧金山途中。此公经历非凡,他在第一次世界大战期间在法国海军服役,战后当了加尔默罗会的修道士，二战期间重新入伍当海军，曾被俘然后逃脱，在1940年7月失败的达喀尔海军兵变中身受重伤，一年以后来到了努美阿。他坚持在当地伸张法国的统治权，引起新喀里多尼亚、英国、美国各方的愤恨，结果当地人在1942年5月发动起义把他关了起来。是指挥美国师的亚历山大·帕奇少将把他救了出来，而戴高乐任命他代理指挥所有自由法国的海军部队。后来他当上了法国海军助理参谋长。

我们的新办公地点还是很拥挤，不过比阿尔戈号上的已经好多了。然后我们开始找宿舍，最终在一系列杂七杂八的房子里安顿下来，这些房子是万国风格杂烩，有两座马口铁搭的简易活动房，我们叫作"摇摇居"；有一栋破败的法式住宅，我们叫它"破烂大厦"；最奇怪的一个住处是前日本领事馆。我们在这里住了19个月。

日本领事馆是整个努美阿屈指可数的几栋砖房之一，坐落在空气清新凉爽的山顶，放眼望去四周景色宜人。日本领事早在开战之初就被押往澳大利亚拘禁起来了，室内家具陈设还是照旧，有富士山水彩画、金鱼和艺妓的刺绣屏风、松树盆景等等这些日本住宅通常会有的装饰品。室内的椅子过于低矮，我们坐上去觉得就好像坐在甲板上一样，而桌子还不到我们的膝盖。我的菲律宾服务员如果打碎了一件领事的瓷器，我的反应通常是"无所谓啦，反正是小日本的！"餐厅的侍者们对我这种大度反而觉得无所适从。不过我最满意的还是每天早晨简单的升旗仪式，陆战队卫兵们在这一小片曾属于日本帝国代表的领土上升起美国国旗。

参谋长联席会议曾规定，以东经160度经线作为南太平洋和西南太平洋两个战区的分界线，可是这条经线穿过瓜达尔卡纳尔岛，会把作战职责一劈两半，所以后来被修正为159度经线。为了维持军种平衡，陆军的麦克阿瑟将军担任西南太平洋战区最高司令官，而由海军将领出任南太平洋战区最高司令官。

我在这里特别强调"最高司令官"这个头衔是为了突出这样一个事实：我和麦克阿瑟指挥各自战区范围内的所有军种部队，不管是陆军、海军、陆战队还是盟国的部队，还包括所有地面部队、舰船、飞机、补给。麦克阿瑟的唯一上司是马歇尔将军，而我的唯一上级是太平洋舰队司令，他上面是美国舰队总司令。这是我生平首次指挥联合兵种司令部，我决心不让军种间的成见和摩擦降低我们的工作效率。我根本不需要为此而担忧。阿奇·范德格里夫特和我始终同心同德，米夫·哈蒙和他的参谋长内森·特文宁准将也随时随地并全心全意地配合我的工作。

为了让最高层将领通力合作的精神被贯彻下去，我召集所有部下指挥官并对他们说："先生们，我们是南太平洋战区部队，我不要任何人从陆军、海军、陆战队的角度来思考问题。每个人都必须理解这一点，为了强调这一点，我甚至可以把任何一名军官的制服扒下来，给他发一件大披巾，在屁股部位印上'南太平洋战区部队'的字样。"

我曾下令本战区的海军和陆战队不打领带，这种天气打领带太难受了，结领带解领带又费时间。其实真正的原因是陆军不需要打领带，所以我希望着装上的一致会促进行动上的一致。

南太平洋战事结束以后我们回到珍珠港，发现太平洋舰队总部仍然坚持要求大家每日打领带。我们在外的军容要遵守风纪，但回到自己的住处以后又恢复了随便着装的习惯。拉尔夫·威尔逊上校

是我手下参谋里的打油诗人,他在横幅上写了首打油诗挂在宿舍门楣上:

> 黑色领带系整齐,
> 你的军容干净爽利。
> 回到家里取下来,
> 你又成了南太平洋的老伙计。[注1]

塔萨法隆加海战以后,战局出现了一段难得的平静期,让我们有机会把海军陆战队第 1 师(第 23 步兵师是第一个到达新喀里多尼亚的美军师,所以得此别名)从前线替换下来,这个师和陆战队 2 师一部、陆军美国师一部在瓜岛和日军、丛林、疟疾苦战了 4 个月之久。12 月 9 日阿奇·范德格里夫特把瓜岛指挥权移交给美国师的"桑迪"·帕奇,陆战队撤回澳大利亚进行急需的休整。

为了补充调走的兵力,麦克阿瑟将军把当时正从夏威夷瓦胡岛运往悉尼的劳顿·柯林斯少将指挥的陆军第 25 步兵师调给我。乔·柯林斯在檀香山当上校的时候就和我认识,他是个小个子,行动敏捷,思维更敏捷,我很高兴他来努美阿向我报到。他对部下深感骄傲,对我夸口说:"这是整个陆军最精锐的正规军师级部队,只要给我 3 个星期卸船,再整理成战备状态装上船,我就能奔赴任何战场……怎么啦,你笑什么?"

我告诉他:"你的师明天就奔赴瓜岛!"

乔毫不含糊地接受了。第 25 师在第 147 步兵团和没有战斗经验的陆战队第 2 师第 6 和第 8 团的支援下登上瓜岛,不仅在岛上战绩辉煌,而且在后来的新乔治亚岛战役、菲律宾战役中都打得极为出色。我对乔·柯林斯部下的评价和他自己的评价一样高。

接近年尾,我们的注意力更多地转向新乔治亚岛。11月底就有情报警告我们说日军在岛西南端的蒙达修建机场,12月9日航空侦察照片显示日军的机场接近完成。我们不可能无视一座离亨德森机场只有200海里的敌军机场。我军对蒙达机场反复轰炸,但它仍然可以用于作战,日军的零战开始从这里起飞(零战是日军主力战斗机,之前被称作零式)。12月24日早晨,我军把小规模的空中力量集结起来进攻蒙达机场。我在发给西南太平洋战区司令部、太平洋战区司令部、美国舰队总司令、下属各特遣舰队司令的电报里,通告了此次攻击的战果:"9架SBD无畏式俯冲轰炸机、9架P-39飞蛇式战斗机、4架F4F野猫式战斗机今晨攻击蒙达。击落4架截击的零战。约20架敌机在起飞时被摧毁。其中10架由F4F击落,其余10到12架在跑道尽头被俯冲轰炸机炸毁。另有2架敌机在掩体内被扫射摧毁。SBD无畏式俯冲轰炸机打哑了微弱的高射火力。我军所有战机安全返航。19点4架F4F、4架P-39掩护9架SBD在蒙达附近轰炸了运载日军部队和给养的驳船。4艘驳船抢滩靠岸但有极少日寇逃脱。我军飞机在50英尺高度掠过机场,未见敌军或高射火力。顺致圣诞祝福。"

的确,蒙达机场在1周之内就又能起降战斗机,甚至中型轰炸机了。不过那天我们还是很高兴创造了零伤亡的纪录,晚上兴高采烈地在圣诞树上挂起装圣诞礼物的袜子,我们的菲律宾籍食堂服务员们用萝卜和胡萝卜雕花装饰了仿造的圣诞树。

我想自己应该在这里解释一下接下来发生的一件事情。新年前夕,努美阿的战地记者们要我给他们发表讲话,预测一下1943年的战争走势。我同意了。我说我军已经夺取了战略主动权，小日本节节败退，我们到 1943 年底就能打到东京。我还顺便提到裕仁、东条和其他几个鬼子，用的言辞好像不太恭敬。

我"不够谨慎"的措辞遭到各方的批评，其实印在报纸上的我的话，已经比我当时实际说的话委婉多了：迈尔斯、朱利安还有南太平洋总部的首席新闻检察官对这些话进行过编辑和处理。国务院认为一名美国海军将领对日本的天皇和首相进行人身攻击是不合身份的行为，他们也许是对的，可是新闻媒体在问我的个人意见，没有问我国务院希望我应该有什么意见，我不能口不对心：日本人本来就都是混蛋。

有些批评意见针对的是我对战争进程的预测。我在努美阿也能听到国内产业界领袖们的反对声浪。他们害怕工人们过于相信我的话，无心从事战时生产。征兵处和其他很多政府部门也啧有烦言，说我口不择言到像是喝醉了说胡话，反正说什么的都有。上帝啊，我当然知道我们不可能那么快打到东京！我知道我们甚至到 1944 年底都未必能打到东京。也许我嘴边没把门的，可我不是傻瓜！

军界以外的大佬们没有考虑到的是，我军久战兵疲，士气低落，开始有人觉得有人乱指挥，有人把他们给忘了，还有人觉得仗打得太长、太多了。而且所谓日军不可战胜的新神话尚未完全破灭。在珍珠港事件之前，一般美国人认为日本不过是个三流国家，经过那一次偷袭事件，惊慌失措的美国人把日本猴子看成了猴神！我认为他们终归还是猴子，我要让部队知道我的观点。我坚持认为小日本都是混蛋，同时也坚持认为他们不是猴神。

其实两天以后我在新西兰不仅坚持了我自己的观点，而且重复并加强了我的观点。我到达南太平洋战区以后，新西兰政府就一直敦促我正式访问新西兰，可是战场上危机不断，我不可能冒险出访，然后在离司令部千里之外的后方被日本人打个措手不及。将近年底的时候，情报部门汇报说日军没有发动大规模作战行动的迹象，于是我接受了出访邀请，不但是去进行礼节性的拜访，也顺道视察一下那边美军基地的人员和装备。

1月2日我和朱利安·布朗、比尔·基彻尔乘坐科罗纳多式水上飞机从努美阿出发，当天下午抵达奥克兰。新西兰总理彼得·弗雷泽在机场迎接并送我到下榻的酒店。他在路上跟我说新西兰仍然担心日军突破我军防线，因此敦促政府从北非撤回在那里作战的新西兰军队，而丘吉尔首相和罗斯福总统则坚持请他把新西兰部队留在北非，警告说如果他把部队调回本土，蒙哥马利将军的部队会双拳难敌四手，无法生存下来，而且盟国没有足够的船只把新西兰部队运回国。弗雷泽先生表示自己不想损害盟国的战争努力，但恐怕不得不向国内压力低头，除非我作为前线将领，能用令人放心的言辞为他背书，让他在内阁会议上有底气坚持自己的主张。

我问他："你想让我说什么？在哪里说？什么时候说？"

他告诉我很多新闻记者和报纸编辑已经等候在我下榻的酒店，如果我能开场记者招待会，重复一下自己的新年致辞，他们就能让我的话传遍新西兰，这样他的地位就稳固了。我很高兴照办，条件是出于安全和保密考虑，只有在我回到努美阿以后，这些话才能公开发表。[注2]

第二天我视察了奥克兰的各个美军军事设施，包括海军医院，医院里住满了瓜岛战役的伤病员，然后我们一行飞往惠灵顿做类似的访问。我们于1月7日回到努美阿，几天以后我在奥克兰的答记者问内容传到了日本，东京玫瑰在广播里用恐怖的言辞描述小日本给我准备的各种酷刑。那天晚上我回到宿舍时，看见同住的两位客人杰克·菲奇和比尔·卡尔霍恩在演一出哑剧，剧情让人摸不着头脑。

我一头雾水地问他们究竟在搞什么鬼。

"我们在搅动油锅。"

"油锅？干吗呀？"

"油炸哈尔西！油炸哈尔西！"

我可没时间回应他们的玩笑。刚刚收到的电文说海军部长诺克斯、切斯特·尼米兹，海军少将约翰·西德尼·麦凯恩将莅临埃斯皮里图视察，因此我立刻前往迎接。我们在水上飞机供应舰柯蒂斯号上见面，刚刚在各自住舱睡下，日本人的炸弹就来了，虽然只是在沙滩上炸了几个坑而已，可这毕竟是好几周以来埃斯皮里图第一次遭遇空袭，我们不禁怀疑这究竟是巧合还是情报泄露。第二天夜里在瓜达尔卡纳尔岛我们再次遭遇空袭，从晚上8点半一直闹到天亮，猜测变成了强烈的怀疑。真相从来没有被找到过，不过后来我听说起疑心的不止我一个人。我们的飞机离开亨德森机场的时候，有一名通信参谋开始起草常规的起飞电报，他的助手被空袭吓到了，求他："做做好事，用日文写电报吧！让小日本知道那些大人物大目标已经走了！"

我不太受得了空袭。柯蒂斯号上没有防空洞，瓜岛上倒有不少，我听到第一声爆炸的时候就跑出舒适的卧室钻进了掩体。诺克斯部长和"斯鲁"·麦凯恩跟我一起，可切斯特偏不，他说自己前一天夜里整晚没睡，今天要补觉，而且他自称怕蚊子，于是切斯特那天夜里盖着床单，还睡在蚊帐里面，我们其他三人半裸着在户外待了一夜，结果呢，四个人里面唯一得了疟疾的反倒是切斯特！

可能我也给他添过堵，促使他的抵抗力进一步下降了吧。去年11月瓜达尔卡纳尔海军基地的指挥官病倒了，我需要马上找个替换他的人。我在海军军官名录里一眼看到奥利弗·欧文·凯兴海军中校的名字，他是我的老朋友，也是一名出色的军官，所以我要求海军人事局把他调来并授予他和这个职务相应的临时海军上校军衔。人事局冷冰冰地回电："很遗憾不可能。"我知道他们在胡说八道，没有任何理由阻止"杠精"·凯兴获得这个重要的职务，唯一的解释就是人事局的某人高高在上地打官腔。我回电："那就把不可能变成可能。"后来我跟人事局之间经过六七轮语气不善的电报往还，人事局总算通知我说"杠精"前来赴任，可是没提授予临时军衔的事，切斯特本人就是人事局的前任局长，他都已经亲口批准我的请求了。

我这次见到切斯特的时候告诉他，我受够了人事局这种推三阻四，如果我回努美阿的时候晋升还没被批准，我就直接给"杠精"发电并且抄送人事局："即日起晋升你为美国海军上校并穿戴相应制服。"

切斯特吓了一跳："看在上帝的分儿上，千万别这么干！你会把一切都搞砸的！"

我回答："你等着瞧。"不过我回到努美阿的时候"杠精"的晋升已经获得批准了。[注3]

12月中有些许迹象表明，战局正在朝有利于我方的方向慢慢转变。1月大家开始确信战局已经对我方有利了。部队源源不断地补充新的飞机军舰，老旧战损的装备得以撤下来进厂进行急需的大修。我军兵力还是捉襟见肘：总兵力不足导致我军要从3艘新的护航航空母舰上搜罗舰载机，派去加强瓜达尔卡纳尔岛上的岸基航空兵中队，不过我军现在第一次感觉到有足够实力来尝试发动有限的攻势了。

我军起初的行动主要是把港口和训练设施逐渐向前线移动，先转移到埃法特岛，然后前移到圣埃斯皮里图岛，最后迁到瓜达尔卡纳尔本岛附近的图拉吉—普尔维斯湾一带。这些基地一交付使用，我军马上就派驻各型军舰，从鱼雷艇到驱逐舰都有，甚至还有巡洋舰，这不仅是为了挡住"东京快车"，还为了阻止日军对我军在瓜达尔卡纳尔岛附近的船运发动空袭和潜艇战，更是为了偶尔沿着"槽海"北上出击，比如1月4—5日夜间海军少将沃尔德伦·安斯沃斯就指挥编队炮击了蒙达的机场。

1月底我手下可以调用的海军兵力增加到6支特遣编队。其中一支由罗伯特·吉芬少将指挥，1月29日在为去瓜岛的运输队护航途中，突然遭到一队敌机从黑暗中冲出来空袭，重巡洋舰芝加哥号中了1条鱼雷。芝加哥号被拖曳着向埃斯皮里图撤退，可是刚走出70海里就再次遭到12架敌鱼雷机空袭，最终沉没。驱逐舰拉瓦莱特号也被击中，不过成功带伤返回港口。

芝加哥号沉没本身已经是一个严重的损失，发生在那个节骨眼上就更加要命。一架从埃斯皮里图起飞的陆军B-17空中堡垒飞到800海里侦察半径的极限处，发现又一支强大的日军编队正从特鲁克南下，包括2艘航空母舰、4艘战列舰、6艘重巡洋舰、2艘轻巡洋舰、12 艘驱逐舰。我对战局的发展有所预料。因为敌人一直很顽固，还在瓜岛上垂死挣扎的敌军部队处于特别悲催的境地，而从日军上次进攻以来已经平静了太长时间，这段时间足够让日军为航母集群和特遣编队补充飞机军舰了，以上种种都让我预料日军会再尽全力进行最后一击。因此我做了相应部署，让各特遣舰队进入瓜岛以南水域待命，一声令下就能马上赶赴战场。我军为即将到来的海空大战做准备的当口，三批次"东京快车"悄悄撤走了岛上几乎所有日军，只留下零星散兵游勇。我们知道日军的行动，在"东京快车"的必经之路上也的确部署有久经沙场的巡洋舰驱逐舰编队，不过我们还是觉得最好保留力量迎接即将到来的大战。但日本海军主力这次只是虚晃一枪，一直没有真的逼近。

最后一趟"东京快车"出击是在 2 月 7 日，离美国海军陆战队登陆哈勒塔、加浮屠、图拉吉过去了整整 6 个月。第二天桑迪·帕奇电告："瓜达尔卡纳尔岛上有组织的抵抗已经结束。"迈尔斯·布朗宁以我的名义回电："当时我派个补锅匠上瓜岛充当裁缝，没想到他这么快就扒下敌人的裤子然后把它缝死了。感谢并致祝贺。"[1]

这次残酷血腥、代价高昂的战役终于落幕。在结束对瓜岛系列争夺战的叙述之前，我想在这里提一提两件发生在战役尾声的逸事。要想理解第一件事，你必须懂得海军电文的字母代码：比如 Able（能力）指代字母 A，Baker（面包师）指代字母 B，Chalie 指代字母 C，以此类推，其中字母 O 用 Option（选择），字母 S 用 Sail（乘船）代替。大概在 1 月中旬我们获悉将有一艘日军潜艇搭载一名高

---

[1] 帕奇的名字有补锅匠的意思。

级将领在某个特定的时间在埃斯佩兰海角登陆,于是把情报转发给我军水面舰队指挥官,附加了如下命令:"艇上有婊子养的大人物。击沉他。"后来前方回电也同样简短而搞笑:"潜艇被击沉。婊子养的大人物还在艇上。"①

另一则逸事是关于新西兰海军快艇基维鸟号的(新西兰海军的快艇和美军炮艇差不多)。基维鸟号的艇长、医生和轮机长三个人红遍从所罗门群岛直到奥克兰的整个南太平洋,人人一眼看上去就能认出来,那真是天下谁人不识君,因为他们仨加起来足有800磅重,是我这辈子见过的最魁伟的大胖子,而且这三座肉山每次来到努美阿,都会在城里走街串巷来一场街头音乐秀:第一个人吹长号,长号还被撞瘪了一块;第二个人拉手风琴;第三个人吹爵士口哨。

1月29日基维鸟号正在瓜岛海面巡逻,突然一艘巨大的日本潜艇在快艇附近浮出海面。艇长赶紧抓起钢盔扣在头顶上,一下子把操纵台上的航速打到全速,轮机长在底舱吓了一跳,通过舰内电话管道向艇长大吼:"你个混蛋怎么回事?疯了吗?"

艇长吼回去:"闭上你的鸟嘴!正前方出现一个奥克兰的周末假期!给我尽全力,否则我下来踢你的屁股!"

后来证实那是日本潜艇伊1号,比基维鸟号长一倍,火力也强一倍,可基维鸟号还是勇敢地冲了上去,艇上枪炮齐鸣,重重地撞

---

① 电文的笑点在于,"婊子养的"用的是 SOB 三个字母的缩写 son of bitch, 而在海军电文中 SOB 三个字母必须用 sail, option, baker 三个词代替,这三个词本身又有自己的意思,放在电文里居然也能读得通,于是电文的意思变成"一个重要的,也许可以不坐船的面包师在潜艇上,击沉潜艇",回电是"潜艇沉了,也许可以不坐船的面包师还坐在船上"。

上了伊1号艇身中部。

艇长再次大吼:"再来一下!这可是一周的长假!"

于是又撞了一次。

"再来一下,就有两周啦!"

基维鸟号撞到第三下时,伊1号就被撞沉了。①

他们非常英勇地赢得了这场遭遇战,当然值得表彰,所以我通知艇长和轮机长说我要为他们请功,争取授予他们海军内部最高军功章——海军十字勋章。他们来司令部接受勋章的时候兴高采烈,简直就像是在郊游。我给他们别上勋章的时候,得用一只手支撑着他们的身体,另一只手别勋章。他们向我致谢、敬礼,然后浑身肥肉一颤一颤地走了,后来我看见他们带上那位军医同伴,还有各自的乐器,又开始了一场街头音乐游行。

新西兰分配军力时需要优先满足北非战役的需要,所以调给我们的部队有限。新西兰和澳大利亚人共同完全包揽下来的一项艰巨危险,而且价值不可估量的任务,就是海岸观察。在各个兵种当中,空降兵、侦察兵、水下爆破手这三个兵种早已享有悍不畏死之名,而海岸瞭望也应该被列入最危险的任务之列。战前这些海岸瞭望哨大多是往来于太平洋各个岛屿间的商人或椰子种植园经理,所

---

① 基维鸟号的艇长名叫 Gordon Bridson,这条船排水量 300 吨,主炮口径 4 英寸。伊1号排水量 2000 吨,主炮口径 5 英寸。此战另有一艘同级的小炮艇恐鸟号助战,恐鸟号的艇长皮特·费普斯战后一路晋升为新西兰海军中将。其实基维鸟号是用声呐找到伊1号潜艇,用深水炸弹炸伤了它并迫使其上浮,然后才用3次冲撞击沉它的。此战日军艇长阵亡,潜艇搁浅在礁石上坐沉,幸存的 68 名艇员上岸逃到了瓜岛的日军阵地,后来大部分被撤回了拉包尔。但美军在潜艇的残骸里找到日军密码本、航海日志等重要文件,虽然最新的密码本被日军带到岸上掩埋,但旧版密码本对破译日军密码也很有帮助。

以他们对所罗门群岛的那些山间小路、海峡水道、当地部落和当地语言都很熟悉。我军在瓜岛开辟战场之后，急需他们所了解的情报，也需要利用他们的特长来为我军获取更多情报。于是他们背上发报机和有限的补给品跟武器，回到各自居住的岛屿，一头扎进丛林潜伏了下来，往往深入敌后好几百英里，有时候一潜伏就是半年之久。

他们除了亲自观察，还各自独立发展自己的情报网，为他们工作的那些当地侦察员可以在日本人社区和兵营自由出入，向他们汇报所见所闻，然后这些海岸观察员再用无线电将信息报告给我们，比如说维拉的机场跑道的工程进度情况；敌军的驳船夜间停泊在哪里；有多少架飞机经过他们头上飞去轰炸瓜岛，又回来了多少架；等等。此外海岸瞭望哨还组织营救落水的我军飞行员，把他们藏起来等待我军派飞机接他们回去。其中有一名瞭望哨给我看过他的"旅客签名簿"，其上有30多名我军飞行员和机组人员的签名和感谢的话，这些人都是他用自己的胆略和智谋营救回来的。

敌后观察哨的生活孤独而且极度危险，只有真的汉子才能忍受得了。小日本知道我军有观察哨，便用尽一切办法来清除他们。日寇对当地部落软硬兼施，派巡逻队在岛上来回梳篦，甚至用军犬进行追踪。布干维尔岛上有个观察哨发现了军犬基地的确切位置，给我们发报要求炸掉这个狗窝。我军派出轰炸机，一颗炸弹直接命中目标，不久他发回感谢电："谢谢。这个世界清静了。"

大多数原住民都忠于盟国，但小日本偶尔也能拉拢某个村庄。我军只要听到类似消息，就会轰炸这个村庄，并在附近村庄空投印有浅白英语和原住民文字对照的传单，警告附近村庄不要和日寇合作招致轰炸。我保留了一份1943年1月空投在布干维尔的传单，附在这里，如果有人对此感到好奇的话可以看一看：

> 来自白人大酋长的严重警告：
> 致布喀山口、布因和基亚塔的全体土著村民：
> 这是实话，你们必须听。
> 苏鲁姆村叛变，听日本人的命令，
> 所以被我们轰炸。
> 我们还轰炸了皮底亚村、波克波克村、托布罗伊村和西地村，因为他们帮助日本人。
> 所有帮助日本人的村子都会被我们轰炸，完全消灭。
> 我们有很多飞机，很多炸弹，很多士兵。
> 我们不会手软。
> 我们所有美国人很快会来赶跑日本人，杀了他们，惩罚帮助日本人的所有土人。
> 完了。
> 这是一个警告。

每一名飞行员都随时携带一份原住民语言和英语对照的传单，一旦在敌后迫降可以拿出来读给当地人听。传单全文如下：

1. 持有这份文件的白人是政府的朋友。
2. 他的飞机坠毁了，你们必须照顾他，让他返回安全地带。
3. 他不懂土著语，不会用你们的话来问你们要东西，所以你们要猜出他需要什么。

4. 给他提供饮水或者能喝的椰子。

5. 给他提供食物，比如雉鸡、鸡蛋、香蕉、粑粑或者其他合适的食物。

6. 如果日本人来了，把白人藏起来，把日本人骗走。

7. 如果有蚊帐，把蚊帐给白人。

8. 要是村里没有客房，就让他睡在新盖的房子里，给他搭一张茅草床。

9. 要是他不能走路，给他做一副担架抬着他。

10. 村里的巫医要给他治伤。

11. 找些当地人陪他并给他指路，去找政府官员或者我军战线，或者找到其他白人，还要替他背东西。

12. 日后你会为你的行为得到报酬。

13. 从当地的牧师那儿要纸笔，白人会写张条子留给你，以后政府官员来看你的时候，给他看这个条子，政府官员会给你报酬。如果日本人来村里，别让他们看到这个条子。

这是政府的命令，你必须照办。

传单最后那句一度在我军飞行员当中非常流行，任何人抱怨任务艰巨的时候，别人肯定会回他一句土著语："这是政府的命令，你必须照办！"

[注1]哈罗德·斯塔森海军上校（他接替莫顿上校出任将军的秘书）

按语：

我记得好像是1943年，海军部给军官和士官长配发了灰色制服，反正南太平洋战区领到灰色制服是在那年。我们大多数人一看就不喜欢。将军本人总是把它叫作"公共汽车司机制服"。我们战区的人都不爱穿它，结果华盛顿发布了一条特别通告，有针对性地指出，灰色制服是经过批准的海军常服的一种，适用于整个海军，包括各个战区。

将军看到这条通告以后，亲自拉上卡其裤子，把卡其衬衫卷起的袖子放下来扣好袖扣，不点名地对大家说："海军部绝对是正确的。任何海军制服都应该在整个海军里统一，在我指挥下任何一名军官，如果他无礼和弱智到不愿意和战区司令的着装保持一致的话，他当然有穿新发的灰军装的自由。"

于是我们大家照旧穿卡其军服。

[注2] 编者按：

(1) 以下是1943年1月7日《新西兰先驱报》报道记者招待会的片段：

南太平洋战区总司令威廉·哈尔西上将在访问新西兰期间于奥克兰接受了记者采访，他信心十足地重申了自己此前被广泛报道的盟国将在1943年胜利的预言，他说道："没错，我们还剩下363天来实现我的预言，我们一定会实现。"

……有记者问他对目前对日作战的进展是否感到满意，将军回答说："我们清楚敌人在空中、水面、水下和地面作战的能力。刚开战的时候我认为我军1个人能顶3个日本人。现在我把这个比例增加到1比20。敌人想让我们以为他们是超人，其实他们根本不是。"

有记者问，日本海军的战术是不是很难对付，哈尔西将军回答说："这就跟日本鬼子的任何伎俩一样，虽然他们很狡猾，但并非深不可测。他们的战术并不可怕，任何一个普通的海军军官都能打败他们。"

有记者问哈尔西将军:"您预料日寇的下一步行动将指向何方?"

他回答:"日寇的下一步行动方向只能是退却,他们已经开始后退,今后就再也无法停止。"

有记者问哈尔西将军麾下的部队现在是否充满必胜的信念,将军的回答个性鲜明:"他们不是现在充满必胜信念,他们一直就充满必胜的信念。"

……将军在答记者提问的全程中绝未声嘶力竭。就算有些话在日本人听来是对日本民族性格和未来命运的最慷慨激昂的论断,他的语调也始终是正常和坚定的。

他明显是充满了信心,但是却表述得有条不紊,他的论断卓绝而雄辩,而且绝不言过其实,因此就具有更强的感染力。听将军的每一句话,你都会明白为什么威廉·"胖子"·哈尔西将军麾下的官兵甘愿追随他赴汤蹈火。此人单凭信心就能打胜仗。

(2) 以下是同一份报纸在同一天刊发的编者按:

哈尔西将军属于极少数盛名之下还能名副其实的人。吉尔伯特群岛、马绍尔群岛、所罗门群岛等地的勇敢战斗都已经证明了他是一个智勇兼备、勇于冒险的传奇人物。他最近访问奥克兰,那些有幸见到哈尔西将军的人得以亲眼见证这位当代传奇人物。他态度朴实谦逊,言辞低调,但人人都能一眼看出这是一位天生的领袖、勇于行动的斗士。只可惜没有更多的人能有机会亲眼见到他,亲耳聆听他的话语。见到他的每一个人都被他自由的精神所鼓舞。不过有幸见到哈尔西将军的人们会向大众传达他给人们所留下的鲜明印象,比如本报今天上午刊登的访问就是一例。将军给人最鲜明的印象是他强大的信心——不是那种空洞的自信,那种自信只能导致自满和怠惰,而是扎根于实干的脚踏实地的信仰。他麾下的官兵有幸追随这样一位领袖,新西兰也应该努力奋进,以配得上这样一位受命为其抵御并击退强敌的保卫者。哈尔西将军坚信自己今年之内全面胜利的预言,就像他对自己做的任何事一样坚信不移。诚哉斯言,因为我们只有自信可以在1943年获得胜利,并为之计划和奋斗,才能将美好的愿景化为现实。先有意愿才能指导行动,而信心又能加强实干的干劲……

(3)1945年2月20日斯塔森上校在某次记者招待会的开头这样讲:"将军不喜欢使用借口,不过我要尽力在此解释一下他当年为何做出那样离谱的预言。"以下是《纽约时报》对那场记者招待会的报道片段:

他是在太平洋战争最艰难的时刻做出的预言。我军缺乏舰只,澳大利亚非常焦虑。日本海军仍然强大。当时形势不容乐观。哈尔西清楚,如果日本海军再次发动进攻的话,就算我军舰队再英勇,也未必能守得住防线。所以他做出了那样大胆而坚定的声明,不仅为了给麾下部队打气,也是为了迷惑敌人。日军此后半年没有进攻,而是小心翼翼地试图找出哈尔西将军手中究竟握有什么王牌能让他说出如此有底气的话来。

[注3]编者按:

诺克斯部长结束此次视察回到华盛顿以后曾给很多老朋友讲过这样一个故事:

两名水兵在哈尔西将军的旗舰过道上闲扯,一个说:"哈尔西吗?我愿意跟着那个狗娘养的老头赴汤蹈火!"

然后他就觉得有一根手指戳上了他的脊梁骨。那是哈尔西本人,他说道:"小伙子,我还没那么老!"

第十章

  1943年2月8日，随着瓜达尔卡纳尔岛光复，所罗门群岛作战的第一阶段胜利结束。从地理上说，这只是南方阶段；从军事上说，这是防御阶段。下一阶段从2月21日开始，我军将要移师所罗门群岛，并发动进攻。我军在21日没有遇到敌人抵抗就在亨德森机场西北55海里的拉塞尔群岛成功登陆。这次行动的目的是在更接近新乔治亚岛上敌军蒙达空军基地的地方建造机场。蒙达封锁了我军通向布干维尔的征途，而布干维尔又是进军拉包尔路上的绊脚石，拉包尔则是日军整个南太平洋防御体系的基石。

  拉包尔是一座位于所罗门海入口处的天然良港，这一和平时期得天独厚的自然条件在战时就成了它的诅咒。日寇在珍珠港事件以后7个星期就赶跑了岛上的小规模澳大利亚驻军，然后立即着手把这个城镇建设成一座大型军事基地。他们建起5座机场，在附近的山上修筑防御工事，调来不计其数的军队和物资。到1942年底拉包尔已经变成了日军的重要基地，在重要性和防御力量上仅次于北面700海里的特鲁克，对我和麦克阿瑟将军指挥的两大战区而言，都是如鲠在喉,如芒在背,只有占领它或者让它失去作用,才能顺利开展下一阶段作战。

但问题在于,拉包尔离麦克阿瑟在新几内亚岛上的莫尔斯比港有436海里,离拉塞尔群岛有515英里,距离太远,我军战斗机无法为重型轰炸机提供足够的保护。蒙达离拉包尔比拉塞尔群岛离拉包尔近125海里。所以我军必须先攻占蒙达,这里是整个所罗门群岛屈指可数的几处有条件修建轰炸机机场的地方,不过日军在这里壁垒森严,进攻不可能一蹴而就,而我军又急于尽快开始进攻拉包尔。所幸,在南所罗门海正中间有一座伍德拉克岛,处于莫尔斯比港和蒙达之间,离布干维尔200多海里,如果战斗机从那里起飞,就能任意打击拉包尔、布干维尔和蒙达。

但有一个因素妨碍我占领伍德拉克岛:它坐落于东经153度,属于麦克阿瑟将军的战区,出于指挥结构上的惯例,我不能和他直接协调,而必须把计划通过太平洋舰队司令部上报给美国海军总司令,请求转呈参谋长联席会议,经批准,再经过麦克阿瑟的同意,我才能采取行动。我的行动包括给麦克阿瑟调拨第112骑兵团作为登岛部队,一些海军战斗工兵作为机场建设部队,一些海军岸基单位来组织和管理港口设施,外加一些战斗机。

同时我们在拉塞尔群岛开始修建两处机场,为即将到来的新乔治亚进攻战储备燃料和弹药,并训练部队。新乔治亚岛也属于西南太平洋战区,南太平洋战区的西部边界位于拉塞尔群岛,不过参谋长联席会议任命我在战术指挥上统管整个所罗门群岛,而在整个海区的整体战略上,我听命于麦克阿瑟。这种安排虽然合理而且令人满意,不过这样一来我就戴上了两顶帽子。我的第一个身份是尼米兹的下属，他控制我的部队、舰船和补给；现在我第二个身份是麦克阿瑟的下属，他控制我的战略。

我请求去他设在澳大利亚布里斯班的总部会谈，商议新乔治亚作战计划，我在4月初从努美阿飞过去。此前我和麦克阿瑟将军从未谋面，不过有个遥远的联系：我父亲四十多年前在菲律宾服役的时候，和他的父亲是好朋友。我向麦克阿瑟报到后的5分钟内，就油然生出一见如故之感。我很少见到谁能如此迅速地给人留下深刻的好印象。他当时已经63岁，可是看上去像50来岁。他的头发漆黑，眼神锐利，身板笔挺。就算他穿上便装我也能一眼认出来他是个军人。

那天下午我对他产生的景仰之情在整个战争期间，和战后我观察他管理投降的日本期间，都在与日俱增。我们之间不存在任何芥蒂。我们有过争论，但总是能友好地解决分歧。他作为我的上级，从没有把自己的意志强加于我。曾有几次我和他有不同意见，我开诚布公地和他谈，我们交换意见直至一方改变看法。这类争论的背景画面一直印在我的脑海里：他在办公室里来回踱步，在他那宽大整洁的写字台和写字台对面乔治·华盛顿画像之间几乎踏出了一条鸿沟，手里拿着玉米轴烟斗（我很少见到他真的抽这个烟斗），他滔滔不绝地用最雄辩的方式阐述他的论点。

他批准了我的新乔治亚作战计划，登陆日定在5月15日，以便和他自己指挥的新几内亚进攻和登陆伍德拉克岛、特罗布里恩群岛的日期相匹配。这次两线同时进攻的行动代号叫作埃尔克顿作战。

我及时赶回努美阿，见证了一场规模较小但是特别令人满意的作战行动。海军的密码专家们撞了大运：他们发现联合舰队司令长官山本五十六海军大将要来视察所罗门群岛。他将于4月18日上午9点45分莅临布干维尔以南的巴拉勒岛。山本提议并具体策划了偷袭珍珠港行动，很多媒体曾引述他的话"期待在华盛顿的白宫缔造和平"。我记得这段话后来被证明是谣传，不过当时我们对这个谣言信以为真，于是他成了仅次于裕仁、东条的，美国人民的第三号公敌。

驻扎在亨德森机场的陆军航空兵第339战斗机中队的18架P-38闪电式战斗机接受了赶赴巴拉勒岛附近35海里的布因上空截击山本的任务。6架零战护送山本的座机和另一架贝蒂式轰炸机准时出现，小托马斯·兰菲尔少校冲向山本的座机，把它打得在一团大火中坠毁。另一架贝蒂轰炸机和一架零战也被击落。

第二天早晨我在例行晨会上听到这个消息的时候，凯利·特纳欢呼鼓掌，我说："等等，凯利，这有什么可高兴的？我希望拿锁链牵着这个流氓在宾夕法尼亚大道上游街，让你们一路跟在后面踢他的屁股！"

我们当然要对这场胜利严格保密。一个显而易见的理由是不想让小日本猜到我军破译了密码。还有一个理由是为兰菲尔个人考虑。他弟弟被日军俘虏了，如果小日本知道是谁击落了山本，会怎么对付他弟弟，我都不敢想象。我想到了那些被瓜岛上的日军抓住，强奸48小时以后被割喉的修女；想到被日军大卸八块的两名陆战队员；想到新几内亚岛上被日军抓住的年轻姑娘，日军强迫她亲眼看着父母被砍头，然后再砍下她的头颅；想到被处决的杜利特尔将军麾下空袭东京的飞行员；还有跳伞的陆战队飞行员，双脚被零战式飞机螺旋桨在空中切断。

不幸的是，有人在澳大利亚把击落山本的事情泄露给了报纸，毫无疑问日本人后来也知道了。（日本人一般是通过收听南美国家的广播知道消息的。）不过小日本明显没有意识到这件事背后的意义，我们后来一直在读他们的密码，兰菲尔的弟弟也只是受到和其他战俘一样的虐待。

麦克阿瑟在和我就埃尔克顿行动会晤之后两个星期，通知我说他那边无法在预定的登陆日发动进攻，先把日期推迟到6月1日，后来再推迟到6月30日。这对我们战区的行动没有影响，我们自去年12月开始轰炸新发现的蒙达机场以来，就已经在进行计划和前期的进攻了。1月4—5日夜间"普格"·安斯沃斯少将指挥的轻巡洋舰和驱逐舰编队首次炮击蒙达机场，3月5—6日夜间罗伯特·布里斯科上校、5月12—13日夜间科林·坎贝尔上校分别指挥编队又对其进行了炮击。隔着库拉湾和蒙达相对的科隆班加拉岛上，有维拉—斯坦摩尔地区，是日军的机场支援地域，也经常遭受我军炮击。炮击行动1月23—24日夜间由安斯沃斯指挥，3月5—6日夜间由艾伦·梅里尔少将指挥，他那次还在前往炮击阵地的途中击沉了2艘日军驱逐舰。3月15—16日夜间由弗朗西斯·麦金勒内中校指挥，5月12—13日夜间再次由安斯沃斯指挥。我军轰炸机在炮击间隙也经常光顾这两个地区，登陆日前4天对蒙达机场进行了特别猛烈的空袭。其实就算是最猛烈的空袭，也只不过能让一座用珊瑚礁铺成跑道的机场停止使用几个小时而已，但空袭和炮击能够摧毁敌机、物资，打死打伤或者震慑敌军官兵。而且这些行动向敌人宣告，我军已经强大到转守为攻了。

日本人意识到我军准备大举进攻，于是试图用巡洋舰、驱逐舰、潜艇、飞机等一切可用的力量和我们对攻。他们在 6 月 16 日再次向瓜达尔卡纳尔岛派出 120 多架飞机发动空袭，其中战斗机轰炸机各半。我军起飞 100 架左右的战斗机应战，陆军、海军、陆战队的飞机都来参战，空战结束的时候，敌机被击落 107 架，我军只损失 6 架。107 比 6！

我 5 个月以前曾在奥克兰对新闻记者说："以前刚开战的时候我认为我军 1 个人能顶 3 个日本人。现在我把这个比例增加到 1 比 20。"

这个估算有点夸张。实际的比率是略低于 1 比 18。太平洋上唯一能和这次空战相媲美的战斗是菲律宾海战前的"马里亚纳火鸡射猎"，当时皮特·米切尔的舰载战斗机打下 402 架敌机，代价是 27 架，略低于 1 比 15。

为了准备埃尔克顿行动，我们还派出训练有素的侦察兵进行了抵近侦察。我们在瓜岛战役期间了解到，尽管海岸瞭望哨和原住民都很勇敢而且积极，但他们没有提供情报所必需的军事素养：比如如何了解防御工事的类型、大炮的口径、敌军部队的装备等等。因此我们在瓜岛上开设了战斗侦察学校，让有经验的陆战队和陆军人员充任教官。大约有 100 名侦察兵经过学校训练，然后我们从中精挑细选组成侦察队，自从埃尔克顿作战开始以后，我军每次进攻行动之前都有他们的身影。

埃尔克顿行动的序幕，是我军 6 月 21 日在新乔治亚岛另一端离开蒙达 40 英里的塞吉海角登陆。第 4 陆战队突击营的两个连兵不血刃就占领了目标，第二天陆军上岸增援，30 日开始在这里构筑战斗机跑道，7月11日飞机就从这里起飞了，而仅仅11天以前这里还是原始的热带丛林。主管机场修筑的是海军中校威廉·派因特尔，绰号"所罗门群岛的亨利王"，我们只需要划给他一块平地、一处珊瑚采石场、一台推土机，他就一定能给你变出一座机场来。

6月29日夜间梅里尔海军少将指挥一支轻巡洋舰、驱逐舰、布雷舰组成的编队沿"槽海"北上，路过新乔治亚岛，驶进200海里外的布因—肖特兰海域。其中2艘驱逐舰脱离编队转向库拉湾，炮击维拉—斯坦摩尔地区，布雷舰在布干维尔海峡南入口处布设了雷场，以防日军舰艇出击我们在蒙达的部队，其他军舰炮击了敌人设在肖特兰岛、法伊西岛、波波兰岛、巴拉勒岛的锚地和军事设施。

麦克阿瑟麾下陆军第5航空队司令乔治·肯尼中将曾答应轰炸拉包尔和布因—肖特兰地区，以此掩护"小尖"·梅里尔撤退。（因为日寇在法伊西岛有水上飞机基地，在巴拉勒和卡希利各有机场。）可是当天夜里天气不好，他的轰炸机无法起飞，幸好天气状况也使得日军无法起飞，所以"小尖"没有遭到轰炸，不过如果肯尼如约进行空袭的话，很可能会让我们在登陆日那天下午少受很多损失。

登陆日那天拂晓有分散的低云，不过在日出之后就很快消散了。海岸瞭望哨和空中侦察都警告我们说，蒙达地区周围有无法通行的珊瑚礁障碍，所以我们选择离岸7海里的兰多瓦岛作为部队登上登陆艇和设立炮兵阵地的基地。我军6艘运输舰在这里卸载，过了2个小时105毫米榴弹炮已经就位，并和敌炮兵展开了对射。登陆进行得很顺利，从瓜岛和拉塞尔群岛起飞的32架战斗机进行掩护，那天上午击退了两次日机空袭。运输舰在下午3点完成卸载，沿着布兰奇水道向瓜达尔卡纳尔岛返航，此时日军第三波空袭的飞机赶到,大约有24—28架鱼雷机。舰上防空火力和战斗空中巡逻机击落了所有敌机,不过还是有1条鱼雷击中凯利·特纳的旗舰麦考利号,这艘运输舰战前曾是圣塔芭芭拉号豪华邮轮。

麦考利号被拖曳着航行,1小时之后又熬过一次空袭,但她的船艉持续下沉,于是下令弃舰。突然之间又有3条鱼雷击中麦考利号,她在30秒钟以后就翻沉了。预定几天以后将要接替凯利的西奥多·威尔金森少将还在船上。"平"·威尔金森以为有敌潜艇悄悄溜进了反潜屏障,其实是一名美军鱼雷艇艇长错把可怜的麦考利号当成敌舰了。[注1]

我军主力在兰多瓦登陆,包括陆军第43加强步兵师和1个陆战队防空营。同时我军还进行了两次较小规模的登陆:第169步兵团一部占领了蒙达以东6英里近岸的萨萨维勒岛和巴拉乌鲁岛;第4陆战队突击营的两个连占领了万古努岛外维卡姆锚地的周边地区,以便在这里为往返于瓜岛和蒙达的小型舰艇提供一个集结地。第二天上午,我军还在里塞吉海岸8英里外的维鲁地区进行了第四次登陆。

登陆以后第二天我军准备就绪,将向内陆推进。侦察兵在新乔治亚本岛上的扎纳那地区发现一处优良海滩,这里正对着萨萨维勒和巴拉乌鲁,于是登陆艇开始把登陆兵从兰多瓦岛摆渡上新乔治亚本岛。我军沿巴里克河建起一道战线,登陆日之后第9天,第43步兵师开始在停泊于布兰奇海峡的4艘驱逐舰炮火掩护下,沿着1300码宽的战线推进。我军第一天推进了1英里多,可是打到敌军主防线以后就变得举步维艰了,敌人的防线由一系列强固而且隐蔽得很好的地堡构成。

岛上丛林茂密，士兵们只能各自为战。大雨下个不停，此外第43师不仅缺乏战斗经验，某些部队的领导力还不足。其中两个团都是由来自美国同一个地方的士兵组成，两位团长都是正规军的上校。其中一位上校的弟弟就在他眼前阵亡了，上校自己也两次负伤。可是他只简单处理了一下伤口，就带着手下坚定的士兵们继续冲锋。另一个团只经过1天的战斗，就把360名士兵作为"精神崩溃"病例送到瓜达尔卡纳尔岛。哈蒙将军在瓜岛截住他们，当场就把其中的300人派回了战场，同时把上校团长就地解职。从此以后这个团仗打得很漂亮。

地面部队真正的弱点在指挥者，不在基层官兵。每天，我军的推进只能以码，而不是以里计算，领导力的不足暴露得越发彻底。我军掌握了制空权和制海权，对敌军有着4比1或5比1的兵力优势，每天炮击敌军阵地，舰炮火力支援随叫随到。就算热带丛林作战不易，到这个时候我军也应该早已抵达了主要目标机场了吧。肯定有哪个环节出了问题。我派米夫·哈蒙上前线，授权他可以采取任何必要的措施。他在15日用第14军军长奥斯卡·格里斯沃德少将替换了陆上部队的总指挥，我军前进的步伐马上就加快了。（战斗打响之前我就建议过，想要撤换陆战队第1两栖军的少将军长。我们起初的作战计划是用15000人的部队消灭新乔治亚岛上的9000名日军，结果战役结束的时候，投入的兵力超过5万。今天回头来看埃尔克顿行动，它毁掉的高级将领的军事声誉让我至今还觉得肺管子很呛。）

与此同时，7月5日，第37步兵师的两个营和第1陆战队突击营在新乔治亚岛北海岸的莱斯锚地登陆，他们奉命攻占拜罗克—恩诺盖地区，以防驻科隆班加拉岛的日军前来增援蒙达。"普格"·安斯沃斯指挥一支炮击编队对库拉湾两岸进行炮击，为登陆铺平道路，这支编队包括轻巡洋舰檀香山号、海伦娜号和圣路易斯号，驱逐舰尼古拉斯号、奥班农号、斯特朗号、卡瓦利埃尔号。日军岸炮回击打得很准，但没有对军舰造成多少伤害，"普格"唯一损失的斯特朗号驱逐舰是中了一条不知道从哪里冒出来的鱼雷，整个特遣编队都搞不清是什么舰只发射的这条鱼雷。

"普格"手下的驱逐舰卡瓦利埃尔号在和下沉的斯特朗号并肩航行的时候，舰艏被撞掉了，因此返航。第二天下午剩下的驱逐舰和"普格"的所有巡洋舰在返航途中，接到全速返回新乔治亚岛海面截击"东京快车"的电令。他在途中与驱逐舰詹金斯号和拉德福德号会合，午夜稍后在库拉湾的入口截住了"东京快车"。暗夜当中判断不准敌编队的确切实力，大致应该有9艘驱逐舰，也许其中有1到2艘轻巡洋舰①。库拉湾海战持续了4个小时，我军海伦娜号中雷沉没，敌军损失了2艘驱逐舰，另有4艘军舰受伤②。

1周以后"普格"再次截击"东京快车"，时间地点几乎完全相同。这一次他多了6艘驱逐舰：泰勒号、拉尔夫·塔尔博特号、布坎南号、格温号、毛利号、伍德沃斯号，澳大利亚轻巡洋舰利安德号③代替了沉没的海伦娜号。这次我军还是辨不清敌舰队的具体实力，大多数亲历者认为日军舰队由1艘轻巡洋舰和5艘驱逐舰组成。科隆班加拉海战相对短促，但格温号驱逐舰沉没，我军另有3

---

① 日军编队有第3水雷战队司令秋山辉男少将指挥的10艘驱逐舰，没有巡洋舰。
② 日军指挥官秋山辉男阵亡。
③ 原文有误，应为新西兰巡洋舰。

艘巡洋舰受伤，都是中了鱼雷，敌军只损失了那艘巡洋舰。①

这两次海战的代价高昂，但却保护了我军位于新乔治亚北海岸的登陆场，而且掐断了日军通过库拉湾向岛上驻军输送补给的途径。

现在让我再回头来说说斯特朗号的后续故事。卡瓦利埃尔号救起了斯特朗号上大约3/4的舰员，剩下几乎所有人都阵亡了，有些人死于鱼雷和岸炮的袭击，还有些是在军舰沉没以后深水炸弹殉爆时被炸死的，也有人淹死。但有6名官兵在4天以后坐着救生艇漂到新乔治亚岛和科隆班加拉之间的一座小岛上，其中两名分别在第10天和第13天伤重不治。6个人当中唯一幸存的军官是小休伊·巴尔·米勒上尉，他曾是出身阿拉巴马大学队的美国全明星橄榄球队队员，舰上深水炸弹殉爆时被震伤，一直内出血，极为虚弱，到了第15天，他觉得自己快不行了，把自己的衣服和装备送给身边3名水兵难友，让他们自己去找路返回我军前线。

就这样他孤身深陷险恶的热带丛林，受了重伤，身上只有一件外套，武器只有一柄折断的小刀，很难想象一个人身处这样的绝境还能生存下来，可是米勒真的活下来了，而且还不只活下来而已。第17天下了一场大雨，雨水让他恢复了一点体力，两天以后他打开一颗椰子，吃了点椰肉，这是他在斯特朗号沉没以来吃到的唯一的固体食品。然后他碰到一具日本兵的尸体，拿走了日本兵身上的军装、粮食和手榴弹。死尸被扒光这件事让日本巡逻队觉察到有敌

---

① 美军原有3艘轻巡洋舰，海伦娜号沉没以后，从新西兰海军借调来利安德号轻巡洋舰，所以仍有3艘轻巡洋舰。日军兵力包括第2水雷战队司令伊崎峻二少将指挥的旗舰神通号轻巡洋舰和5艘驱逐舰，战斗中神通号沉没，日军主将阵亡。

情，可是他在 8 月 5 日用一颗手榴弹炸死了闻讯赶来搜索的日军巡逻队全部 5 名士兵。失事之后第 43 天他终于被一架水上飞机救起，在这段时间里，他孤身一个人杀死了至少 25 名日本鬼子，还搜集了大量珍贵的情报。

以上只是对米勒英雄事迹的简单概述，我是在努美阿的医院病床边亲耳听他讲的，我当即为他请功，要求授予他海军十字勋章。只要美国一直涌现这样的英雄人物，就永远不会被打败。

我军从登陆日到 7 月 31 日之间仅通过兰多瓦岛就向新乔治亚岛上派去了 28748 名官兵，包括陆军 3 个师——第 43 师、第 37 师、第 25 师，外加海军和陆战队。8 月 5 日格里斯沃德将军终于给我发来了我等待已久的报捷电："我军地面部队从日寇手中夺取了蒙达机场并献给您。在我指挥跨军种全明星部队的经历当中蒙达作战是最漂亮的一仗。"

我回电："很高兴接受机场和日军的亡灵作为礼物。跨军种协作和不懈的进攻精神确保我军未来从一个胜利走向另一个胜利，无论在何处遭遇敌人都毫不留情地彻底消灭。不停杀死小日本。"

我一直在努美阿关注战事进程。占领蒙达之后两天，我又收到另一个好消息，是关于我儿子小比尔的。萨拉托加号航空母舰停泊在埃法特岛的哈瓦那港，比尔是萨拉托加号的航空补给军官，奉派来努美阿取一些飞机配件，他陪我待了一晚，然后第二天 8 月 8 日下午，搭乘萨拉托加号的 3 架鱼雷机中的一架回部队。

比尔刚走我就得了感冒，卧床不起。我当时的病情一定比我自己感觉的要重得多，直到 10 号我的作战参谋雷蒙特·塞贝尔上校才获准告诉我："将军，我们有 3 架鱼雷机已经失踪了两天。"

我马上就意识到了:"我儿子?"

"没错,将军。"

雷讲述了搜索工作,然后问我要不要追加搜索措施。

我说:"在战区,我儿子和其他任何人的儿子一样,和搜索其他任何人一样组织搜索吧。"

又一天、两天过去了,还是没有失踪飞机的消息。我一般遇事都和参谋们商量,可这是私人事务,我没开口。我没有放弃希望,可我明白希望是一柄双刃剑。任何时候失踪人员家属哀求我对当事人的回归保持希望的时候,我都会拒绝。我觉得保持虚无缥缈的希望是一件残酷的事情,我会坦率地告诉他们:"只有奇迹才能让他回家。"

他失踪以后第 4 天,12 日下午,我对小比尔的态度就是这样的。但那天晚上一架搜索飞机报告说在埃罗曼加岛的海岸发现了几艘橡皮救生艇,这个岛位于新喀里多尼亚和埃法特之间。第二天所有 10 名失踪人员都被找到了,只是被跳蚤、痢疾和酸痛的双脚折磨了几天而已。原来他们的飞机偏离航线在海面迫降了。

他们得救的那天是 8 月 13 日星期五。自从 39 年前密苏里号战列舰炮塔爆炸事故以来,我一直害怕每个月的 13 号。但从此以后,至少好一段时间里我都对 13 号星期五的坏运气这个迷信嗤之以鼻。

1 周之内我再次焦虑起来,我接到通知说第一夫人要飞来南太平洋和西南太平洋地区巡视,将于 25 日抵达努美阿。战区司令官最头疼的事情就是去接待军政大员、"特派员"、"亲善大使"这类不速之客,这些人总是声称此行的目的是"鼓舞士气",或者有权"深入现地调查"。罗斯福夫人算是亲善大使,我对她的造访颇感头疼。

但这是我作为南太平洋战区司令的立场,不是比尔·哈尔西的个人意见。我和罗斯福夫人相识多年,一直对她充满了喜爱和仰慕,但这不是她来我的战区,占用军事上急需的飞机、燃料、人员的借口。其次,澳大利亚政府和麦克阿瑟将军都要派出大型代表团来我这里正式恭迎第一夫人,而努美阿根本没有地方给他们住。再次,我的司令部收到一堆互相矛盾的电报,宣布、取消、变更她接下来的行程,只有行程定下来我才可能替她安排交通工具。最后,我不得不把注意力从新乔治亚战场上转移回来,打上领带,扮演一个热情好客的主人形象。我没时间这么干,可我必须挤出时间。

罗斯福夫人走出座机机舱的时候穿着一身红十字会制服,我马上问她能不能告诉我接下来的行程。

她问我:"你认为我下一步应该去哪儿呢?"

我回答说:"罗斯福夫人,我结婚32年了,婚姻至少教会我一件事情,就是千万不要替女人做决定。"

我们商定她在努美阿待两天,然后飞往澳大利亚,回国路上再在我这待两天。我刚松了口气,她马上递给我一封总统的亲笔信,替她请求我在我认为可能的前提下,批准她去瓜达尔卡纳尔岛。这让我的汗毛又一下子竖立起来。我相当无礼地直言相告:"瓜达尔卡纳尔不是您能去的地方,夫人!"

她说:"我愿意冒险,我对可能发生的一切情况负全责。"

我回答:"我不是怕担责任,也不担心您遭遇不测。我知道您甘愿冒任何风险。我担心的是现在新乔治亚在打仗,我需要手头的每一架战斗机都投入战斗,如果您飞往瓜岛,我就得给您调派战斗机护航,而我抽不出来。"

她一下子变得垂头丧气,结果我又加了一句:"不过您回程的时候我们再考虑吧,那时候形势可能会明朗化。"

这句话让她好受了点,然后我们坐车进城。

我安排她下榻"摇摇居",那里比较舒适,而且比附近其他几栋宿舍有更多的私密性。当然在她逗留期间我们在房子周围布置了一队宪兵加强警戒。那天晚上我主持了一个小型欢迎仪式和晚宴(我打了领带),第二天清早她开始四处参观访问。12个小时之内,她做的事情包括视察了两座海军医院,坐船前往一处军官疗养院并在那里吃午饭,回来以后又视察了一所陆军医院,检阅了陆战队第2突击营(她儿子吉米·罗斯福是这个营的副营长),在军人俱乐部做了一次讲演,出席欢迎仪式,并作为主要嘉宾出席哈蒙将军举办的晚宴。

她在医院的视察,可绝不是那种跟院长握握手,看一眼阳光疗养房就走的视察。我的意思是她真的走进每一间病房,在病床边停留,问每一位伤病员:你叫什么名字?感觉怎么样?你还需要什么?她能不能替他给在美国的家人捎个口信?我佩服她体力和精神上的坚强:她要步行好几英里,探视的伤病员伤势有的惨不忍睹。我最欣赏的是她弯下身和伤病员亲切交谈的样子,我永远也不会忘记当时的场景。(在其中一所医院里,我安排她给那位斯特朗号上幸存的孤胆英雄米勒上尉授予海军十字勋章和两枚紫心勋章。)

罗斯福夫人从澳大利亚回国的时候,新乔治亚战役已经结束,所以我同意让她访问瓜达尔卡纳尔岛,虽然我还是不太情愿。我向她告别的时候对她说,自己对她为将士们所做的一切以及正在做的一切,表示无比的感激。我对先前的无礼态度感到羞愧。她做的比任何一位途经我的战区的平民或者公民团体都更多。此后9个月里我继续担任南太平洋战区司令,这个论断始终有效。

不过我对第一夫人瓜岛之行的不祥预感的确不是空穴来风。她的座机抵达的前一天夜里,敌军两个月以来头一次派飞机空袭瓜岛,她离开之后又派来一拨轰炸机。当时我在视察北部前线各地,正在岛上,再次怀疑敌人是不是也在破译我军的密码。

罗斯福夫人的公务行程途经我的战区,我当时并不高兴她来占用航空燃料和护航战斗机,这件事让我想起了自己和新闻界曾经闹过的纠纷。新闻记者的职责当然是看到战区并为读者进行描述。我承认这一点,可我也有自己的工作要做,那就是打仗,而我的工作职责和他们的职责起冲突的时候,我的工作优先。双方冲突的焦点经常是争夺去前线的飞机。瓜岛战役最激烈的时候,我军在岛上一度只剩下3500加仑航空汽油,只够十机编队出击两次。当时弹药也不足,炸弹、鱼雷、食品、药品全都匮乏。形势紧张到涓滴补给品都弥足珍贵的时候,我们垄断了所有运输机,不允许搭载乘客,飞机被装满各种补给品直到它们压弯了机轮,然后飞往前线。(战机飞行员固然英勇,但我们也应该为那些驾驶毫无自卫能力的运输机,没有护航,飞往前线运送燃料和弹药的飞行员喝彩。)

很自然,战局最紧张的那几个星期也正是战地记者最想要报道的时期。通常总是迈尔斯·布朗宁扮演拒绝记者登机去前线的黑脸角色,不过有时候偶尔有记者绕过迈尔斯直接找到我。我通常会问他:"你多重?"他告诉我以后,我会说:"我倒是想让你上前线,可是跟你体重相等的汽油、炸弹、信件此刻比你更重要。你要是愿意坐船前往，我可以替你安排，可是飞机不行。"

大多数战地记者都欣然接受，也很宽容，不会因此怨恨我，在以后的报道中蓄意报复。这些好记者里包括《消息报》的弗兰克·莫里斯、美联社的弗兰克·特莱梅因、《纽约先驱论坛报》的乔·德雷斯科、《纽约时报》的鲍勃·特朗布尔，此外还有其他很多人。但有一个人是个显眼的例外。我第一次认识到此人的两面三刀，是在接到海军部长发来的一份电报时，部长代替这名记者请求我允许他引用我对此人采访某次瓜岛海面夜战报道的称赞之词，（据说）这名记者在海滩的掩体里目睹了海战的全过程，而我呢，据说称赞他的报道"不仅精彩，而且扣人心弦，无比精准"——反正是诸如此类的肉麻吹捧。

我大吃一惊。我不但没说过这些话，连他的文章都没看过。我让人把他的文章找来读了，然后给部长回电："收到来电之前从未读过此文。刚才拜读后发现文章根本不符合事实。我不会赞扬它。"

这次这个流氓还只是有点虚荣而已。后来在新乔治亚战役期间，他就变得恶毒了。他写的报道充满无耻谰言，其中之一是宣称我军不仔细检查伤亡人员的死活就把他们埋了！朱利安·布朗马上把他叫来，质问他这么说有什么根据。他根本没有根据，却尽胡扯些什么"有责任告诉美国公众丛林战的心理"之类模棱两可的话来打掩护。

朱利安打断了他的话，言辞可能相当不雅，然后揭露他写出这篇文章的动机根本就是胆小如鼠的感伤主义，而不是其他。

此人大喊："我憎恨你的话！"

朱利安回答说:"对,你应该憎恨,看着办吧。"然后摆出一副打架的姿态。两人没打起来。这个记者的怯懦已经深入到了他的脊梁骨。

如此恶意的凭空编造,和其他记者写出来的真实报道相比是如此罕见、如此无耻、如此危险,我们请求太平洋舰队总部的公关处彻查此人的记者资格,并把他押往后方。此人在被押往后方途中,有人发现他的随身行李里有一台相机和几张照片,所有战地记者在进入战区的时候,都已经同意不带相机胶卷。于是我们对此人的恶意再无任何怀疑。他的记者资格被立刻吊销,此后再也没有给我们找过麻烦。

我们周围不可避免地会有不少胆小鬼和骗子,我记得有个陆战队中校,好像曾是某个国会议员的秘书,在努美阿的街上大摇大摆地走着,胸前佩戴着两排一模一样的勋章,当时努美阿没人会戴勋章。我不知道他怎么得的勋章,甚至勋章也不一定是真的,可是要说这种人能代表最优秀的陆战队军官,朱利安·布朗会暴跳如雷的。

还有多诺万将军的战略情报局给我派来的一名海军少校,此人是个大眼睛的年轻教授,是研究西藏的权威,有人因此觉得他应该对南太平洋战局特别有用。他特别沉醉于自己那套"斗篷与短剑"的间谍把戏,就算在我办公室里说话也故意压低声音,结果我根本听不清他为什么要来找我。我后来才搞明白,他来推销一种可折叠的单人橡皮潜艇。我让他描述一下自己的发明,他悄声回答:"我不能说。这是绝密的。"

我向他保证可以信任我的谨慎,最后他承认说:"其实,我们还没造出来，不过我会让华盛顿把它造出来的。"

我告诉他："给我滚！"

生命中的1个小时就这么浪费了。

（我不是想给战略情报局抹黑。它在欧洲和世界其他地区做出过不少杰出的成就，可是在我们这一亩三分地，的确没有它的位置。）

新乔治亚岛上的零星抵抗持续到8月25日，此后我军彻底占领了这个岛。我们不等消灭最后一批小日本就已经攀上了所罗门群岛的下一级阶梯。离新乔治亚北边最近的是科隆班加拉岛，岛上的维拉—斯坦摩尔地区有一座战斗机简易机场，还有1万名日军掘壕据守，严密程度和蒙达不相上下。蒙达战役拖的时间太长，伤亡太大，我不愿意再打一场旷日持久的消耗战，可是又不知道怎么避免。拿不下拉包尔就不能胜利，拿不下科隆班加拉就无法夺取拉包尔。而且埃尔克顿作战计划中明确要求占领科隆班加拉、肖特兰两个岛，还有布干维尔岛上的卡希利机场。

就在这个节骨眼上，我的参谋们首次提出了跳岛战略——越过日军强固防御的岛屿，把它封锁起来，任其自生自灭。我们研究了海图，科隆班加拉以北下一个岛是维拉拉维拉，离肖特兰和卡希利机场仅35海里。海岸观察哨报告说这里守军不超过250人，而且这个岛的海岸线至少有一处适于建立机场。这就能满足需要。我在7月12日从埃尔克顿作战计划中取掉了科隆班加拉，代之以维拉拉维拉岛的名字。

10天以后一艘鱼雷艇把6名陆海军和陆战队军官组成的侦察队送上维拉拉维拉的东南海岸。1周以后把侦察队接了回来，他们汇报说在巴拉科马附近海滩找到一处适合修建机场的平地，还在附近找到一片适合作为鱼雷艇基地的海滩，而且日本守军集中在岛的西北边，所以登陆不会遭遇强烈抵抗。

8月6日夜间，我军6艘驱逐舰（邓禄普号、克雷文号、毛利号、朗号、斯特莱特号、斯塔克号）在弗雷德里克·穆斯布鲁格尔中校指挥下拦截了4艘日军驱逐舰组成的编队，日军编队正在运载物资和950名陆军增援维拉—斯坦摩尔地区的途中。在一场短暂漂亮的夜战中，我军击沉其中3艘驱逐舰，击伤了第四艘，自身毫发无伤。这次维拉湾海战的少数日军幸存者逃上了维拉拉维拉岛，还有一些来自科隆班加拉的逃兵也上了岛。所以到8月15号登陆日那天，岛上日军增加到700人。不过只有日军飞机曾经抗击我军登陆，而且空袭火力也不强。从卡希利机场起飞的日机给我军造成的伤亡人数还不如他们自己损失的飞行员和轰炸机组人员多。

登陆日那天黄昏时分，我的新任两栖部队指挥官"平"·威尔金森已经成功地把陆军准将罗伯特·麦克卢尔指挥的4600名登陆兵送上了岛。海军战斗工兵立即着手修建机场，9月3日完成土地平整，27日战斗机就可以从这里起降了。同时在18日维拉拉维拉岛的陆军部队被巴罗克劳少将的第3新西兰师替换下来，巴罗克劳将军随后统一指挥岛上所有部队，这是本战区第一次由一名非美军将领指挥美国部队。我军持续扩大占领区，最后维拉岛上只剩下西北海岸还有日军。"尖面包"①着手消除这最后的抵抗，10月6日晚间他把日寇围困在一窄条海滩上，第二天拂晓新西兰部队冲上去的时

---

① 巴罗克劳的谐音绰号。

候，那里只剩下尸体了。

在此必须解释一下前一天夜里发生了什么。敌人在7月和8月主要致力于增援科隆班加拉岛上的守军并提供补给，而9月敌人就想要把那里的守军撤出来了。几乎每天夜里日军都会派出驳船50人、100人地零星偷运守军，而我军的驱逐舰和鱼雷艇也每天前来进攻并击沉了很多驳船。没有被我军水面舰队消灭的驳船，挨到早晨也往往逃不过我军飞机的轰炸。9月9日光是海盗式攻击机就击沉了9艘驳船。14日鱼雷艇击沉了5艘。月底月初的时候，猎杀的规模变本加厉：28日我军驱逐舰击沉4艘驳船，29日击沉3艘，30日击沉6艘。10月1日和2日夜间没有月亮，敌军偷运的规模加倍。1日我军击沉20艘驳船，2日又是20艘，4日击沉16艘。这样一来，我军3个月以来总共击沉日军驳船598艘，另外估计重伤670艘。我们不知道小日本被打死淹死了多少，估计在3000—4000人。

我军得到情报警告说"东京快车"有可能在10月6—7日夜间做出最后一次努力，撤出被围在维拉拉维拉岛上的部队，或者把科隆班加拉岛撤空。弗兰克·沃克尔上校立即指挥塞尔弗里奇号、卡瓦利埃尔号、奥班农号3艘驱逐舰北上截击敌编队，于是爆发了维拉拉维拉海战。刚开火的时候，卡瓦利埃尔号就被鱼雷击中受了致命伤，失去控制，再被奥班农号撞击。5分钟之后塞尔弗里奇号被另一条鱼雷击中，被打掉了舰艏。虽然敌军也有1艘驱逐舰沉没，可是双方剩下的兵力悬殊，敌人却没有把瘫痪的我军舰艇轰成碎片，反而脱离战斗向着拉包尔方向逃之夭夭了。第二天早晨新西兰部队发现了其中原委：驳船在夜战的掩护下悄悄靠上岛，撤走了维拉拉维拉岛剩余的守军。

我军完全占领了这处重要的进攻基地。中所罗门群岛战役胜利结束。占领维拉拉维拉的代价是不到150人阵亡，无可辩驳地证明跳岛战略的正确性。在下一场北所罗门群岛战役中，我军将凭借跳岛战略赢得南太平洋战场的全面胜利。

［注1］编者按：

以下是东京广播电台关于这次登陆战的叙述：

帝国航空部队发现了敌人，敌军试图在兰多瓦岛北海岸强行登陆……我航空部队立即行动，组成强大的编队撕开敌人的防线，轰炸敌运输和护航舰只。帝国司令部发布的战果是，我军击沉或者重伤6艘敌运输舰、3艘巡洋舰和1艘驱逐舰……

第十一章

布干维尔岛现在是进军拉包尔道路上的最后一块绊脚石。它是整个所罗门群岛中最大的岛屿，150英里长，小提琴形状，中央有皇太子山脉纵贯，山脉中包括两座火山。日军占据布干维尔岛的21个月期间把它建设成了一座令人生畏的要塞。他们在岛上建造了1座水上飞机基地、4座机场，南边不远处的巴拉勒岛上还有5座机场，并且正在建造第6座机场。守岛的地面部队大约有35000之众，其中包括1937年12月制造南京大屠杀的臭名昭著的第6师团。

最初的布干维尔登陆计划中，我军要正面强攻整个南部海岸，包括附近的巴拉勒岛和肖特兰岛。但有情报显示日军加强了这些地区的防御，我们刚刚成功地跳过了科隆班加拉岛，所以决定这次故技重施，挑一处抵抗微弱，日军又不容易增援的地方建立滩头阵地，并建立自己的机场。

战斗侦察小队乘坐潜艇、水上飞机和鱼雷艇对几处可行的地点进行了侦察，他们汇报说从布干维尔岛南海岸往北，半中间的奥古斯塔皇后湾有处托罗基纳海角地形最为有利。从战略上说，这里离布干维尔各个机场都在 65 英里之内，离拉包尔 215 海里，我军战斗机可以轻易到达，我们还能跳过南边敌军的 3 处主要机场。从战术上说，托罗基纳周围方圆 7 英里易守难攻，这里只有 1000 名守军，只要我们从海上封锁住守军，他们就无法通过狭窄山路获得补给，于是就会弹尽粮绝。（我们估计小日本要花费 4 个月时间才能从最近的前进基地把重型武器运到这里，事后证明我们估计得一周都不差。）

托罗基纳湾也有不利条件。这里向所罗门海敞开，会受到大潮的冲击，我们对地形的了解完全来源于传教士和行商，但这些人不是专业的地理测量人士。在这里建设机场，战斗机和轰炸机的跑道可能因土质松软变成泥沼。我们日复一日反复论证在这里登陆的利弊，讨论太多，行动太少。南太平洋战区有了故步自封的惰性，很多人自然而然地想要在维拉拉维拉岛停下前进的步伐，稍事喘息，而不是一往无前地迅速挺进。麦克阿瑟想要在 12 月底之前占领布干维尔，以便让他从左翼进攻的时候，右翼有个安全的依托。可是我们还在争论，是应该在托罗基纳还是在东岸的基耶塔，还是在别的地方登陆。

最后我不耐烦了。某天早晨在努美阿开会的时候我一锤定音："就定托罗基纳了，开始行动吧！"

这次行动代号为"樱花行动"，登陆日定在 11 月 1 日。樱花行动的某些阶段和埃尔克顿行动的开始阶段一样厄运连连。坏运气先是在 10 月 20 日降临在陆战队的查理·巴雷特少将身上，他被内定将指挥登陆行动的所有部队，可是却从努美阿他的宿舍窗户摔了下来，当场死亡。更糟糕的是我们没有合适的人选接替他。南太平洋战区唯一一名适合接替他的陆战队将领是阿奇·范德格里夫特，可他刚启程前往华盛顿就任海军陆战队总司令。我发急电召他回来，同时和手下的作战计划处长、陆战队准将威廉·莱利商讨其他替代人选。莱利说他要回房间静静地想一想。我说我也一样。几分钟之内我就想到了理想的人选，马上去敲莱利的房门。他也刚走出房间，我们两个人在过道里撞了个满怀。

他开口就说："我想到合适人选了！"

我尽量装作漫不经心地回答："你想的肯定是罗伊·盖格。"

莱利大惊失色："对啊，你怎么知道？"

罗伊在瓜岛争夺战中表现出色，此后回华盛顿出任陆战队航空兵司令。我们马上要求把他调过来，华盛顿很快批准了我们的要求。由阿奇指挥部队登陆，此后第8天罗伊赶到，从阿奇手中接过了指挥权。

登陆部队包括艾伦·哈尔·图尔纳格少将的陆战队3师和罗伯特·拜特勒少将的陆军第37师。第37师是经历过新乔治亚战役的老部队，陆战队3师还没有经受过战火考验，在滩头阵地巩固之后，将由另一个陆军师接替陆战队3师，因此也将由一名陆军将领接替罗伊指挥岛上所有部队。陆战队接受的是夺取阵地的训练，但装备不如陆军那么适合守住阵地。（不过感谢上帝，瓜岛的陆战队可是守住了阵地，一点都不含糊，太平洋战争很多其他关键战役中，陆战队也同样坚守了阵地。）

樱花行动还要求在登陆前5天的10月27日占领附近的珍宝岛，这个岛坐落在托罗基纳和我军在维拉拉维拉岛的巴拉科马机场之间。将由乔治·福特海军少将指挥护航船队，把罗准将的新西兰第8加强旅送上珍宝岛。这支新西兰部队是北非、希腊、克里特岛诸战役中久经考验的精锐。事先占领珍宝岛既可以保护我军侧翼，也可以在这里建设1个战斗机简易机场、1座雷达站，还有小型舰船的基地。

另一场序战是由维克托·克鲁拉克中校指挥的陆战队第2伞兵营占领乔叟岛。（克鲁拉克个子矮小轻盈，曾是海军学院代表队的赛艇选手，可他的外号叫作"野人"，这并非反讽，此人的胆量和肌肉能敌得过6个人。）用罗伊·盖格的话来说，以上两次序战"就像用一系列右刺拳先让对手失去平衡，掩盖真正的重击敌人的奥古斯塔皇后湾下腹部的左勾拳"。我们希望以上作战能够引诱敌军匆忙调遣部队增援一个地区，然后等他们一到达，我们就放弃并封锁这个区域。

我军在肖特兰岛设计了更加精巧的骗局。我军战斗巡逻部队故意留下足迹，我军侦察机几乎每天都懒洋洋地从低空掠过这里进行照相，侦察之前或者之后就是轰炸机空袭。小日本信以为真了。他们开始从布干维尔岛向肖特兰运送部队、大炮和其他重型装备，战后我们从日军军官口中得知，日军果真以为我军将在肖特兰岛登陆。

同时我军从10月5日开始削弱敌军各个机场。肯尼将军的第5航空队经常袭击拉包尔，南太平洋部队的飞机虽然有时候也参加空袭拉包尔的行动，但主要精力还是放在对付布干维尔岛上的机场上。基耶塔水上飞机基地不足为虑，那里的战斗机跑道尚未完工。我军打击的重点是布喀、博尼斯、卡希利、卡拉、巴拉勒这5座机场。

布喀和博尼斯机场靠近岛北端，就像孪生兄弟，相距只有 1 英里，中间隔着布喀海峡，其他 3 座机场在岛南部：最强大的卡希利机场靠近海岸，卡拉机场在内陆 7 英里处，巴拉勒机场离岸 13 海里。它们都在巴拉科马和托罗基纳之间，因此遭到我军最频繁最猛烈的打击。登陆之前的两周时间里，我们平均每天空袭这些机场 4 次，登陆前一天光在卡拉机场就投下了 148 吨炸弹。

我在登陆前 8 天飞到埃斯皮里图，在运输部队指挥官劳伦斯·雷夫斯耐德海军准将的旗舰上过夜。我曾提到过，我军北所罗门群岛的海图非常粗略，很不可靠，好几百平方海里的内陆海处仅仅标注着"未经测量"几个字。可是我对此事的担心还不及雷夫的万一，他肩上承担着为确保登陆成功而进行精确导航的重任。海图上托罗基纳周围的大段海岸线标的是虚线，说明这是对陆地轮廓的大致猜想，而在布干维尔南部海岸则标注着"据报当地磁场异常"，还有侦察照片显示，某一座小岛的实际位置在海图标注位置的东北 8—10 海里之遥。而且潜艇鹤鱼号在登陆前最后侦察时发回来的报告称，在雷夫航向登陆场航线很近的地方，有海图上未事先标明的，不到 4 英寻深的两片珊瑚礁，他担心附近可能存在其他未知的甚至更浅的珊瑚礁。（后来证实真的存在。）

平日里雷夫一贯镇定，可他承认，一想到要率领登陆部队在漆黑的夜里驶过这片海域，驶向一片可能偏离海图 10 海里远的海滩，他的胃里就翻江倒海。

我大笑着跟他讲："雷夫，你不会遇到任何麻烦的。而且你是个太出色的海员，这是个轻而易举的活儿！"

他对我的鬼话一个字也不信，我自己都不信。很幸运，在启航之前我们给他送去了精确的空中侦察图。

我军珍宝岛登陆行动尽管遭到来自滩头和空中的抵抗，还是没受太大损失就成功了。那天夜里克鲁拉克麾下800名陆战队员在沃扎地区冲上乔叟岛，开始为期12天的突袭，整个过程损失了12名陆战队员，打死143名日军，还成功地将日军的注意力从托罗基纳引开。陆战队不仅一路设置各种杀敌陷阱，而且每次他们经过一棵特别高的树，觉得日军狙击手可能利用它来骚扰部队撤退时，就在树干上密密地栽上旧刀片。我军后卫告诉克鲁拉克这个诡计相当奏效，一路经常听见日军狙击手的号哭和叫骂声。

登陆日来临那天，我军在5条战线上同时和日军交战，包括珍宝岛、乔叟岛、托罗基纳、布喀—博尼斯，还有肖特兰岛。战场之间最远相隔达200海里。10月31日午夜刚过就对布喀—博尼斯机场发动了第一次打击，"小尖"·梅里尔指挥4艘轻巡洋舰、8艘驱逐舰抵近岸边，向两座机场倾泻了300发6英寸炮弹和2400发5英寸炮弹。只有一枚日军炮弹的弹片擦伤了他的旗舰蒙彼利埃号，打烂了"小尖"的打字机。然后他率部以30节航速向东南疾驶，对敌军阵地进行白昼炮击，这是南太平洋战区首次有舰队进行白昼炮击。那天早晨太阳6点14分升起，6点31分"小尖"向肖特兰和巴拉勒岛开炮。日军回击火力很猛，但他仍然很幸运，只有5名水兵受伤，1艘驱逐舰受轻伤。

7小时之内进行两轮炮击会让精力充沛的炮组筋疲力尽的，所以"小尖"南下返航普尔维斯湾基地。本来当天夜里就能到达，实际上他们2天以后才抵达，因为其间梅里尔编队要打一场残酷的水面战斗，还要击退一次空袭。

梅里尔炮击肖特兰的时候，从萨拉托加号和轻巡洋舰普林斯顿号上起飞的飞机正在重复轰炸留在布喀—博尼斯机场的废墟。这是萨拉托加号一年多以来首次作战，也是她整个战争期间打的第3仗。这艘船的时运不济。开战的时候她在圣地亚哥，当她赶往珍珠港，然后继续赶往威克岛时，却被中途召回，一枪未放。1周以后中了一枚日本潜艇发射的鱼雷，结果错过了中途岛战役。她在那年夏天开赴南太平洋，又中了一条鱼雷，虽说11月终于重返战场，但仅限于参加一些小型战斗。舰队里已经给她起了好几个绰号，有"厌战的龙""萨拉丸""池塘睡莲"等等。最近一年到处乱闯却捞不到仗打，于是又得了一个"模范住宅项目"的绰号。

这次她得到了证明自己的机会。弗雷德里克·谢尔曼少将指挥萨拉托加号航母特遣大队抵近布干维尔东北海岸，在登陆日那天和第二天各自空袭布喀—博尼斯机场两次，击毁21架敌机，击伤日军舰船和岸上设施。敌人清楚特德大队的位置和编成，因为东京广播电台后来报道说他们击沉1艘大型航母和1艘中型航母，可是不知为什么她没有遭到空袭。我们让特德后撤到瓜达尔卡纳尔岛以南约100海里的伦内尔岛附近加油，这个位置远离日军空袭打击半径，可是又足够近，一旦需要，她可以紧急赶赴前线。这一处置后来救了我们的命。

托罗基纳登陆行动按时开始，扫雷艇开路，驶向锚地，运输舰和护航的驱逐舰炮击滩头之后，31架TBF复仇者式轰炸机从蒙达机场飞来进行了5分钟轰炸和扫射。空中攻击结束于7点26分，第一波满载陆战队员的登陆艇抢滩。附近的日本守军大约有300人，半数已经被炸死，其余人逃向内陆。我军只损失了70人，但这不能反映整个战局。这里的滩头和地形比我们之前见过的任何岛屿更糟糕。大风吹向陆地，海浪汹涌，86艘登陆艇不是搁浅就是被冲走，船上装载的货物大多数都被泡坏了，这又给运输船团其他的船只增添了负担，于是运送增援部队的步伐也被迫放慢。而且很长一段滩头和一片大沼泽地紧邻，滩头又太窄，沙滩上堆满了成吨的设备、车辆、机械，这些装备本来早就该分散到内陆开始发挥作用了。

日军的两次空袭突破了我军的战斗机屏护，进一步延误了装卸作业的速度，再加上有一艘运输舰在一片地图上未标明的珊瑚礁搁浅了。结果这艘和另外3艘运输舰未能卸载，当夜跟随返航的运输船队往回开，天亮了又奉命开回布干维尔去继续卸货，而我军又要抽调海军兵力保护这几艘运输舰不受集结在拉包尔的日本军舰的攻击。"小尖"·梅里尔的编队是我军在附近唯一可用的兵力，包括轻巡洋舰蒙彼利埃号、克利夫兰号、哥伦比亚号、丹佛号，驱逐舰查尔斯·奥斯伯恩号、戴森号、克拉斯顿号、斯潘塞号、撒切尔号、康威号、富特号、斯坦利号。我们不顾海上编队的疲惫，还是派他们北上执行任务，开进了奥古斯塔皇后湾的战斗喧嚣中。

敌舰队分3个大队扑来，总共有3艘重巡洋舰、1艘轻巡洋舰、6艘驱逐舰。11月2日凌晨2点45分，"小尖"的编队在我军滩头西北方向大约50海里处与敌舰队遭遇，展开了一场激烈的鱼雷舰炮对攻，一直打到5点36分。双方都有3艘军舰负伤，敌军损失了1艘轻巡洋舰和1艘驱逐舰，"小尖"的编队没有一艘沉没①。那天

---

① 日军指挥官是巡洋舰第5战队司令官大森仙太郎少将，编队包括重巡洋舰妙高号和羽黑号，轻巡洋舰川内号和阿贺野号，6艘驱逐舰。其中川内号轻巡洋舰和初风号驱逐舰沉没。

上午晚些时候正当他放慢航速陪伴受伤军舰返航时，又遭到拉包尔飞来的65架日军轰炸机空袭，他们击落了17架敌机，只有蒙彼利埃号的飞机弹射器中了2颗炸弹。第二天下午回到普尔维斯湾基地的时候，基地使用了通常的问候旗语："你们有什么需要？"

丹佛号舰长回答说："睡眠。"[注1]

11月4日我军侦察机报告说又有一支敌舰队正从特鲁克驶向拉包尔，包括8艘重巡洋舰，2艘轻巡洋舰和8艘驱逐舰。我们预料敌人会先加油，然后在第二天夜间冲向托罗基纳，击沉我军运输舰并炮击陆上岌岌可危的阵地。这是我在南太平洋战区总司令任上最焦心的时刻。就算梅里尔的编队就在左近，也不疲惫，他也不可能打退这样一支大舰队，可是我们必须打退他们，樱花行动才有可能成功，也许整个南太平洋战争的胜负就在此一举。[注2]

我满心以为两艘航母上的航空大队会被打得七零八落，舰上什么武器也没剩下（我竭力不去想我儿子小比尔也在其中一艘军舰上），可是我们绝不能让托罗基纳的部队被消灭，自己却作壁上观，无能为力。[注3]

谢尔曼发动的空袭规模庞大，总共派出了97架飞机，之所以能做到，是因为他自己不需要保留战斗机自卫：他从布干维尔西南方向出击，我们可以用巴拉科马起飞的陆基海军战斗机掩护他的航母。那天天气很糟糕，拉包尔的高射炮炮火猛烈，日军战斗机的截击也很坚决。（日寇的海军飞行员相当出色，比他们的陆军飞行员强太多了。）可是我军航母舰载机仍然突破空防，以损失5架的代价击落25架敌战斗机，炸伤了6艘巡洋舰和2艘驱逐舰。

这次空袭打乱了敌人的计划。"东京快车"那天晚上被取消了，第二天早晨拉包尔的辛普森港内只剩下 1 艘巡洋舰和几艘驱逐舰，其余舰只都逃回了特鲁克或者日本本土。我长出了一口气，托罗基纳的登陆部队和特德·谢尔曼也长出了一口气。

当时肯尼将军答应我出动他的重型轰炸机和我同时全力轰炸拉包尔，向我保证他们能炸平拉包尔。我的飞行员们钻进云层返航之前——正是这同一片云层也保护了他们的母舰——才看见肯尼的轰炸机，只有 8 架。我对他在这种关键时刻支援不力一直耿耿于怀，下一次见到麦克阿瑟将军的时候跟他抱怨了好一通。[注4]

现在可以放松心情了。太平洋舰队司令部借调给我们 3 艘新的轻巡洋舰补充梅里尔的编队，我们还借来了以埃塞克斯号、邦克山号航空母舰，轻型航空母舰独立号为核心的一个航母特遣大队，指挥官是阿尔弗雷德·蒙哥马利少将，这个航母特遣大队将在本战区接受战火洗礼，然后在 11 月 21 日奔赴塔拉瓦作战。

我们算计着，集中 5 艘航母的飞行大队，应该可以把拉包尔的名字改写成瓦砾堆。我下令他们在 11 月 11 日出击，纪念一下第一次世界大战停战日——谢尔曼大队从布干维尔东北方向，蒙哥马利大队从西北方向发动空袭。虽然这次天气依然不佳，云层覆盖了目标区域，我军不能发动协调一致的打击，但他们击沉了 1 艘驱逐舰，击伤其他舰只，摧毁了 24 架敌机，自身只损失了 7 架飞机。谢尔曼大队再次没有被日军发现，但有 60—70 架日军飞机跟踪蒙哥马利的返航机群找到了我军航母，不过我军从巴拉科马机场派出的空中掩护就和 5 号时一样，协助蒙哥马利总共打下 50 多架敌机，自己只损失 3 架，航母则毫发未伤。

第二天上午辛普森港内空空如也。那些被炸伤的舰只都去哪儿了？我们猜测是和以前一样，在恶劣天气的掩护下驶回了特鲁克港。特鲁克在北面 700 海里处，对我军航母编队来说根本不算远。如果我的 5 个飞行大队能在特鲁克抓住那些已经受伤的日本军舰，很有可能击沉其中的大部分，让帝国舰队捉襟见肘，大大缩短战争的进程。这似乎是个天赐良机，可是上级没有授权我们这么做。

我们当时就知道这两次航母进击解决了当时我军的燃眉之急，可是直到日本投降以后，我读到美国战略轰炸调查委员会对日本海军参谋部大前研一海军大佐的讯问记录时，才意识到这两次作战的全部意义：

> 我军抗击美军入侵吉尔伯特群岛的具体计划如下：……俾斯麦群岛起飞的飞机将进攻入侵舰队，然后降落在马绍尔—吉尔伯特群岛地区的各个机场……特鲁克的战舰将挺进吉尔伯特群岛……但是有两个因素突然改变了这个作战方案。其一是第 2 舰队的好几艘巡洋舰在 1943 年 11 月 5 日在拉包尔被敌航母舰队炸成重伤……其二是所罗门群岛发生了激烈空战……这些空战牵制了我军业已部署在西所罗门群岛的航空力量，并需要调用原本为马绍尔—吉尔伯特群岛防御战而在特鲁克集结的短程飞机。
>
> 结果，原先这些群岛的防御方案在美军 11 月发动入侵的时候无法执行，因为可以用于实施有效防御的海空力量不足。

我在 11 月 3 日从瓜达尔卡纳尔岛飞去普尔维斯湾，以便从"小尖"·梅里尔那里听取对奥古斯塔皇后湾海战的第一手叙述，同时

也听听我的新任秘书哈罗德·斯塔森少校的亲身经历,他在"小尖"的旗舰上亲历了海战。[注5]

我从普尔维斯湾北上飞往布干维尔。当时是11月10日,我军占领的地盘足够建设简易机场了,于是就开始施工,而日军狙击手和炮兵火力时强时弱,有时候是零星的冷枪冷炮,有时候是连续火力。我们的居住条件还很原始,不过排干了沼泽并搭建起小木屋以后,布干维尔岛是个非常舒适的地方(当然战斗的前线除外)。我觉得这里拥有整个所罗门群岛最凉爽的气候。土地是火山灰砂,就算下暴雨也能把雨水很快吸收掉,而不是像新乔治亚岛上的地面那样马上变成深可及膝的泥潭。灌木丛被铲除干净了,但是留下大树好乘凉,任何时候都有凉爽的海风拂来。最好的一点是,经过我军疟疾控制防疫队的高效工作,这里很少有人得疟疾。

有人告诉我某天夜里他们对看电影的士兵进行突击检查,看他们是不是都按照条令要求穿了鞋袜。其中有名士兵没有穿。他们就把他拉到灯光底下,发觉居然是个日本兵。他自称开了小差,一直躲在无人区的掩体里。天黑以后他就偷越我军防线,从军官食堂偷吃的,然后混进去看电影。他居然一个星期没有落下任何一场电影!

11月底发生了一场驱逐舰对战,就是圣乔治海角战斗,过程很像穆斯布鲁格尔打的维拉湾海战,结果也一样精彩:阿利·伯克上校指挥的著名的第23驱逐舰大队有5艘久经沙场的驱逐舰——查尔斯·奥斯伯恩号、克拉斯顿号、戴森号、康威号、斯潘塞号,日军也有5艘驱逐舰。双方还是在夜间遭遇,这次是11月24—25日夜间。小日本还是在撤出部队,这次是从布喀向拉包尔运输700名陆军。美军还是无人伤亡，舰只也没有损伤，击沉了 3 艘敌驱逐舰，击伤 1 艘。而且"31 节"·伯克紧紧追赶剩下的两艘日军驱逐舰直到辛普森港入口处。

当然我要指出的以下事实也无损伯克的勇气：那就是驻扎在新乔治亚和维拉拉维拉机场的我军飞机让拉包尔的日寇失去了平衡而且一直很虚弱。几周以后珍宝岛和奥古斯塔皇后湾的我军机场交付使用，又使我军空中力量倍增，完全压倒了拉包尔的日军。指挥压制拉包尔作战行动的是陆战队的拉尔夫·米切尔少将，他接替内特·特文宁出任南太平洋航空部队司令。（我让内特回国休假，本来指望他回来的，可是哈普·阿诺德把他截走去意大利指挥第 15 航空队了。）每次我听到那些关于军种间纠纷摩擦的胡说八道，就会回想起所罗门群岛的我军陆海军和陆战队航空兵，他们无论是起初在海军少将，还是后来在陆军少将，最后又在陆战队少将指挥下，一直都以同等的战斗热忱和高效率投入打击日寇的大业当中。

我在 12 月奉命前往珍珠港和尼米兹开会，然后再飞往洛杉矶和企业家开会，之后再去华盛顿面见厄尼·金。我启程前先去了趟布里斯班和麦克阿瑟将军告个别。我们闲聊的时候他突然说："我要告诉你一件事，你可能还不知道：他们要给我调派一支大舰队——完全由我指挥。而且英国人也要这么做。"

他故意停顿了一下。"我的海军行动肯定要由一名美军将领指挥。不管是谁，此人的军衔必须高于英国人，或者至少和他平级。"

他又停顿了一下，然后直接把问题抛向我："你来干，怎么样，比尔？你来我手下的话，我会让你变成连纳尔逊都望尘莫及的伟大人物！"

我回答说自己受宠若惊，可我们不能私相授受，这事由不得我，不过我肯定会把他的提议转告金和尼米兹。我后来的确转达了，之后就再也没听到过有关这件事的任何后续消息。

威廉·莱利、道格·莫顿、比尔·基彻尔三个人陪我踏上路途。12月26日我们到达珍珠港，我跟尼米兹谈了4天，检讨南太平洋战争的全过程，展望未来的作战行动。之后我在旧金山见识了两件稀奇的事物——看了一场东西部橄榄球冠军赛，还见到一名女陆战队员。另外还见到了两个我睽违已久的人——我妻子范和儿子小比尔。范从威尔明顿飞来旧金山迎接我，小比尔的军舰当时正好停在旧金山港。我和范有16个月没见面了，而小比尔，我上次见到他是在他失踪前。

第二天上午我的几个参谋来我的酒店房间。范正和他们说什么故事，我进来插话，她干脆利落地让我"闭嘴"。

威廉·莱利笑出了眼泪："我简直不敢相信，还真有人敢当面让你闭嘴！"（他懂什么呀！）

我在洛杉矶开完会以后就赶往华盛顿报到，准备接受下一步任命。[注6]

我和厄尼·金长谈了几次。我军已经准备要结束南太平洋的战事，接下来的问题在于，在哪里打这个战场的收官之战。我认为没有必要强攻拉包尔、次要的卡文基地，或者新爱尔兰岛的西北端。12月到1月上旬我军已经反复轰炸了以上所有日军基地（我们用轰炸卡文的方式庆祝圣诞和新年），这些地方早已失去作为下一步进攻跳板的价值，但敌守军却还能打一场顽强的防御战。而且这个地区的地理形势非常适合再来一次跳岛作战。拉包尔以东120海里的绿岛、卡文以北 90 海里的埃米劳岛分别从两个方向控制着两处日军基地附近的海上交通要道，而距卡文 220 海里的马努斯岛则同时控制着两处基地向西的通道。以上三个岛屿可以轻易被攻占，一旦占领，我们就拿下了整个南太平洋。

我在将近 1 月底离开华盛顿的时候，大概已经说服厄尼同意我的主张，接下来我得说服麦克阿瑟和尼米兹。我们预定在珍珠港开会，麦克阿瑟来不了，不过他派来了参谋长理查德·萨瑟兰中将作为全权代表，可以以他的名义做决定。其他与会者包括肯尼将军、尼米兹和主要参谋人员、我、米克·卡尼。

我的航班在沃斯堡和旧金山被耽搁了两次，等我赶到珍珠港的时候会议已经结束，不过米克能告诉我会议的过程。麦克阿瑟接受了我们关于登陆绿岛和马努斯岛的方案，把登陆日分别定在 2 月 15 日和 29 日。另一方面他不同意打埃米劳岛，还是坚持要强攻卡文，不过将攻岛日从原定的 5 月 1 日提前到 4 月 1 日。

米克已经向各部发出电令准备战斗，备战工作在我们 2 月初回到努美阿以后加快了进度。绿岛行动一切顺利，只遭到日军轻微抵抗。马努斯行动也很容易。威廉·切斯准将指挥的第 1 骑兵师一部很快占领了几乎整个岛屿，但故意留下一个角，据说陆军留着它作为某种狩猎场，拿它训练新部队的侦察和巡逻能力。我军故意把食物放在日军能找到的地方，让日军保持良好的体力，规定每支巡逻队不得打死 2 名以上日军。我不知道后来日军支撑了多久，我猜想猎场管理员们大概对那些过于热心的猎手睁一只眼闭一只眼吧。

我们在马努斯岛和绿岛都修建了战斗机简易机场，并着手把马努斯修建成海军前进基地，将拥有能够供应和维修一支舰队的所有设施。所有这些工作刚刚开始时，我突然收到我派驻麦克阿瑟将军总部的联络官菲利克斯·约翰逊上校的急电，要我马上赴布里斯班。米克、威廉·莱利、道格·莫顿、哈姆·道陪同我飞往布里斯班。我们一下飞机就赶往麦克阿瑟的办公室，菲利克斯在那里迎候我们。麦克阿瑟和手下主要参谋人员，还有第7舰队司令汤姆·金凯德中将已经在等我们了。（有意思的是，我和麦克阿瑟的指挥部之间有一重非同寻常的私人关系：我的参谋长的儿子小罗伯特·卡尼上校，娶了麦克阿瑟的参谋长的女儿娜塔莉·萨瑟兰小姐。）

双方还没有开口寒暄，我就发现麦克阿瑟在努力地压抑自己的愤怒。原来让他大为光火的是，尼米兹知道我不但计划建设马努斯海军基地，而且实际调派了海军部队上岛施工，于是给美国舰队总司令发电并抄送麦克阿瑟，提议扩大我的战区边界，包括马努斯岛。我自己没有主动要求，甚至在这份电报发出以后才知道这件事，可是麦克阿瑟把我、尼米兹、金和整个海军，都当成破坏他的权威，挖他墙脚的阴谋集团了。

麦克阿瑟跟我不一样，即便生气的时候也从不说脏话骂人。他根本不需要说脏话骂人，那样有损他的雄辩才能。他说了15分钟，主要有两层意思：他绝不会对如此粗暴干涉他的权威的行径轻易让步；他命令在马努斯岛的指挥权归属问题解决之前，那里只能修建直接为他指挥下的第7舰队和英国海军部队的舰只服务的设施。

他说完以后用玉米轴烟斗指着我问道："比尔，我说得对吗？"

汤姆·金凯德、米克、菲利克斯和我异口同声地回答："不对，阁下！"

麦克阿瑟笑了，轻松地说道："啊，既然这么多优秀人物反对我，看来有必要再逐条审视一下我的论点哪。比尔，你有什么看法？"

我说："将军，我完全不同意您的观点。而且不仅如此，我还要说，如果您坚持发布您所说的命令，将会对整个战争大局产生不利的影响！"

他的参谋们倒吸一口凉气。我想他们大概做梦也想不到，在那个时期，在凡尘俗世间居然还有人会这么对他说话。我告诉他自己完全不在乎马努斯岛的指挥权归属，尽快把岛上的基地建起来是最重要的。我根本不在乎让肯尼或者一名澳大利亚将军甚至一名普通骑兵指挥这个岛，只要在我军沿新几内亚岛北上，进军菲律宾的过程中，这里能为舰队提供支援就行。

我们下午5点开的会，6点钟散会的时候我以为自己已经说服了麦克阿瑟，可第二天上午10点他要我们返回他的办公室（他的工作时间有点非同寻常——上午10点到下午2点，然后是下午4点到9点或者更晚。）他在前一天晚上好像又生气了，又下定决心要限制岛上的施工。我们把昨天下午的争论又重复了一遍，几乎每一字每一句都一样，1小时以后再次达成一致：继续施工。我刚要向他告别飞回努美阿，他突然问我们能否在下午5点再来一趟。要是把相同的争论再来第三遍，那才真是见了鬼了！不过这次真的是最后一遍，他露出了标志性的具有魅力的微笑对我说："你赢了，比尔！"回头告诉萨瑟兰将军："迪克，继续施工吧。"

我们3月11日回到努美阿，14日突然又被另一个消息搞得措手不及：参谋长联席会议电令我和麦克阿瑟不再占领卡文岛，代之以埃米劳岛。麦克阿瑟和我一样震惊。我们在布里斯班告别的时候都默认下一步行动就是登陆卡文岛。新命令没有具体规定登陆日，只说越快越好，这就要求我们取出尘封的旧作战计划，挑选登陆部队，让"平"·威尔金森和罗伊·盖格把他们装上船。马上可以动用的部队里面，最合适的是驻瓜达尔卡纳尔岛的陆战队3师4团。尽管我的老朋友、舰队两栖部队司令官霍兰·史密斯中将怒气冲冲地反对，我还是下令让陆战队4团马上登船。"号叫的疯子"当时正忙于拟定7月关岛登陆的作战计划，需要这个团参加他的作战。我等他咆哮够了以后，解释说：1. 我手边没有别的部队；2. 这次事出紧急，没有时间等其他部队抵达；3. 情报显示埃米劳岛防守薄弱；4. 打完仗我会马上把他的宝贝团还给他。"号叫的疯子"渐渐从号叫变成了嘟囔，战斗准备工作继续进行。

登陆部队3月18日在阿尔弗雷德·诺贝尔准将指挥下从瓜岛出发，20日占领埃米劳，从"准备出发"到"干得漂亮"只花了创纪录的6天时间。尽管护航舰队要驶过800多海里洋面，而最近这片海域还被敌军海空部队所控制，可是没有一架敌机从拉包尔、卡文或者特鲁克起飞截击他们，也没有出现一艘敌舰或者潜艇。而且整个占领行动的伤亡代价是1人：一名海军战斗工兵从推土机上摔下来，摔断了腿。与此同时麦克阿瑟指挥陆战队1师和陆军第6集团军一部在新不列颠岛登陆，切断了拉包尔日军仅有的陆上退路。拉包尔被彻底包围了，大约5万日军被封锁在新不列颠岛和新爱尔兰岛，另有大约3万日军被封锁在布干维尔和乔叟岛。我军拥有绝对制空权、制海权和陆地优势。南太平洋的战斗胜利结束。

更正，其实还没有完全结束。本章开头我提到过我军预计日寇可能要用4个月才能为被我军在11月1日从托罗基纳赶跑的守军部队提供给养和增援。3月7日日本人发动了预料之中的反攻。他们用拖拉机和人力把重炮拖到前线，只靠人力搬运炮弹。后来战俘交代说要用两个人花 4 天时间才能搬来一枚 100 磅重的炮弹。

我当时飞去瓜达尔卡纳尔跟"平"和罗伊商讨埃米劳登陆计划，所以顺便继续北上飞去布干维尔观战。我特别想亲眼看看我军防御阵地的西段，就在我抵达之前不久，守在这里的陆军第 37 师刚刚打退日军一次特别凶猛的进攻，另外还想看看美国师刚刚收复的俯瞰皮瓦机场的一处高地。我在前线大步流星，和以往一样没有留意脚底下，结果绊了一跤。我以为绊倒我的是树根，结果是一只脚，还穿着分趾的鞋，从地底下直挺挺地戳出来。这个日本死鬼，不管他是叫作渡边列兵还是大和下士，他还真干了一件史无前例的事情：他是唯一一个能让我栽跟头的小日本。

那天下午比尔·基彻尔陪我去托罗基纳河游泳，河里有不少士兵，玩水的玩水，搓背的搓背。有个黑人士兵眼尖，第一个认出了我，大喊一声："我的天，四星上将！"他从河里站直身子，敬了个特别帅的军礼，忘了自己没穿裤子，浑身上下一丝不挂。

日军的反攻持续了 18 天，10000 人阵亡，我军阵亡不到 1000 人。3 月 25 日整个所罗门群岛有组织的抵抗被我们一劳永逸地终结了。

4 月平静地过去了，5 月我奉命前往旧金山面见金和尼米兹，尼米兹告诉我 6 月我兼任的两个职位将被分开：南太平洋战区司令的职务将交卸给别人，我专任第 3 舰队司令率领舰队出海作战。我回努美阿向南太平洋的各部道别，第一站是新西兰。在总理彼得·弗雷泽为我举行的午餐会上，我收到新西兰总督西里尔·纽沃尔爵士写来的条子，通知我英国国王册封我为英帝国骑士团荣誉骑士级司令官。我不太清楚这是个什么头衔，简直不敢相信因为这个头衔，我手下那些参谋管我叫作"屠夫爵士"。

我从新西兰飞往埃斯皮里图，然后沿岛链飞往埃米劳，一路在我军各个基地向朋友们告别。以前的战场已经被丛林掩盖，或者盖起整洁的新房舍，有些地方几个月前还有 500 人在夜战中丧生，今天有 18 个人在打橄榄球。以前日军站岗的哨位现在已经架起了电影放映机。以前被手榴弹爆炸消灭的掩体，今天有军人服务社在卖可乐。唯一留下不变的痕迹是墓地。

我回到努美阿以后，从米夫·哈蒙那里接受了陆军慷慨地颁发给我的优异服务十字勋章。[注7]

我在 6 月 15 日把南太平洋战区司令职务移交给约翰·亨利·牛顿中将，他已经当了 8 个月我的副司令。第二天我前往珍珠港，通向码头的道路两边挤满了送行的部队，他们向我欢呼，旗帜飘扬，军乐高奏，我的眼睛湿润了。此后我再也没有回到过努美阿。

[注 1] 编者按：

以下是东京广播电台对这次海战的报道：

我海军水面舰队于 11 月 1 日夜间在布干维尔岛的羚羊湾外遭遇敌巡洋舰驱逐舰编队并与之交战。美军损失如下：1 艘大型巡洋舰和 2 艘大型驱逐舰当场沉没，2 艘大型巡洋舰和 1 艘大型巡洋舰或驱逐舰后来沉没，另有 1 艘或 2 艘大型巡洋舰和 2 艘驱逐舰重伤。此外还有 1 艘驱逐舰被敌军自己的火力误伤起火。我军损失包括 1 艘驱逐舰沉没，1 艘巡洋舰轻伤。

[注 2] 塞尔贝海军上校按语：

作战部门在 10 月下旬飞抵瓜达尔卡纳尔岛，以便就近指挥樱花行动。当发现日军大舰队的消息传来的时候，我们都在瓜岛的鳄鱼营地。我和道格·莫顿反复研究作战形势图，发现萨拉托加号和普林斯顿号组成的航母大队可以高速向北航行，首先发动打击。我们起草了电令，规定了打击目标的优先顺序——巡洋舰第一，驱逐舰其次，交给米克·卡尼过目，然后送到简易活动房将军的宿舍让他签发。

他读令电文之前先问我们："你们不是要把梅里尔派去拉包尔吧？"

我们回答："不是，这回派特德·谢尔曼再次出马。"

［注3］罗伯特·卡尼中将按语（他在1943年7月接替布朗宁上校担任参谋长）：

我们每个人对将军的思绪都心知肚明。他脸上已经流露出来了，瞬间好像有150岁。他仔细看了几秒钟电文，然后递给我，只说了一句："把他们派上去！"

［注4］编者按：

以下是东京广播电台对这次空袭的报道：

被大肆吹嘘的敌航空兵力在针对拉包尔的空袭中，总共230架飞机被击落了200架……90%的敌机被击落，这是一个新的世界纪录……一支日军鱼雷机编队在11月5日夜间从基地起飞，对敌人在布干维尔岛东南方向的航空母舰打击力量发动了正面强攻（注意我军其实是在西南），击沉2艘航空母舰和4艘巡洋舰。

［注5］莫顿上校的按语：

司令部的工作人员看到斯塔森跟上层关系很熟，于是大家拿他开起了玩笑。

我们说："你要是将来当选总统，可得给我们每个人在白宫安排个美差啊。"

斯塔森回答说："我根本就没机会给你们安排。我要是当选总统，肯定是历史上任期最短的总统。第一天我宣誓就职，第二天宣布内阁名单，第三天给南太平洋的老伙计们开个派对，第四天就会因为这场派对遭到弹劾下台。"

［注6］编者按：

海军部长诺克斯在1月12日授予哈尔西上将代表第二枚优异服务十字勋章的金星，嘉奖令如下：

哈尔西将军在1942年10月19日到1943年12月7日担任南太平洋战区部队司令期间，在这个肩负重大使命的职务上，为美利坚合众国政府做出了特别突出和极为优异的贡献。在这段关键时期里，哈尔西将军指挥着海军部队和陆军地面及航空兵部队，组织起计划缜密持续不断的攻势，将敌人不断向北驱逐，占领了所罗门群岛中一系列至关重要的阵地，为反法西斯盟国赢得了南太平洋地区。哈尔西将军是一位强有力的领导者，善于鼓舞士气，用自己的战斗精神和不可战胜的坚定决心团结整个战区的官兵消灭敌人。他大胆主动的精神和娴熟的战术技巧是南太平洋战局胜利的决定性因素，因而也为打败日本的抵抗做出了重要贡献。

［注7］编者按：

哈蒙将军在授勋仪式开始的时候说："无论是言语还是嘉奖令的措辞，此时此刻都难以尽数陆军，尤其是南太平洋战区陆军对哈尔西的崇敬……"

嘉奖令全文如下：

表彰获得者在1943年12月8日到1944年5月1日期间在重要的岗位上所做出的杰出贡献。哈尔西海军上将以其卓越的领导艺术、个人管理才能和对军令统一原则的严格遵守，缔造整合出一支团结一致的战斗部队，并以充沛的精力和坚强的决心来运用这支强大的打击力量，在南太平洋的一些群岛粉碎了日本守军，并在另一些岛屿上把敌军孤立起来。由于哈尔西海军上将的卓越指挥，南太平洋战区的陆军部队得到了精心的照料，得以最高效地完成各种战斗和后勤任务。

第十二章

我在自己战时经历的第一阶段和第二阶段之间住过两个月医院，还有 1 个月休息时间。第二阶段和第三阶段之间可没有类似的间隙可以休整，我在 1944 年的战争日志连续不断，证明了这一点。

东经时间 6 月 15 日。威廉·哈尔西海军上将于今天在新喀里多尼亚的努美阿司令部里卸任南太平洋战区司令之职，职位被移交给约翰·亨利·牛顿海军中将。

东经时间 6 月 16 日。哈尔西上将由高级幕僚陪同，与南太平洋的将士告别，在大家的祝福声中于上午 9 点离开努美阿。

西经时间 6 月 17 日。哈尔西上将和卡尼少将于上午 8 时到达珍珠港，入驻中太平洋海区联合情报中心大厦的新办公室。

西经时间 6 月 18 日。第 3 舰队司令和参谋部正在为占领西加罗林群岛制订初步的作战计划，接到参谋长联席会议发给太平洋战区总部（尼米兹）和西南太平洋总部（麦克阿瑟)的电报,咨询对跳过目前选定的作战目标,提前进攻日本或中国台湾岛的意见和建议。哈尔西上将表示西加罗林群岛的部分甚至全部原定近期作战目标都可以跳过,可以加速展开进攻菲律宾的作战行动。

所谓"近期作战目标"包括帕劳群岛中的佩利琉岛、安加乌尔岛、巴贝尔图阿普岛,还有位于东北方向大约 280 海里处的雅浦岛,位于 120 海里处的尤里蒂环礁。5 月初我在旧金山和金、尼米兹会晤时,获悉这个作战计划,从那时起就开始权衡修改它的必要,越想越觉得必须修改。尤里蒂的确是个有用的锚地,但占领其他岛似无必要。雅浦岛可以当作飞机的中途停靠站,但并非不可替代,价值有限。帕劳群岛威胁着菲律宾和新几内亚之间的航线,有地方建造几座机场,而且其中的科索尔洛德岛还可以作为舰队的锚地,但我预料登陆作战的代价太大。总之我担心在这里的登陆战会打成另一个塔拉瓦岛式的血战——而我的担心是正确的。

切斯特·尼米兹和米克·卡尼都不同意我对西加罗林群岛作战计划的批评意见,不过我们对长期战略的看法高度一致。切斯特和我两个人大概是海军里仅有的两名主张在菲律宾中部登陆的将领,我们认为可以在菲律宾中部建设一座主要基地,从那里经硫黄岛和冲绳,直接跳岛登陆日本本土。但厄尼·金强烈推荐跳过菲律宾占领中国台湾,我认为这个主意不好,甚至比帕劳计划更加无益。米克·卡尼争辩说菲律宾对我军不可或缺的时候,厄尼问他:"你是想把马尼拉当成伦敦吗?"

米克回答:"不是,长官,我是想把吕宋岛当成英格兰!"

雷·斯普鲁恩斯赞成在上海以南的中国杭州湾占领进攻日本的

出发基地，或者攻占朝鲜海峡南端的济州岛，甚至直接攻击朝鲜半岛。他们直到1945年春季还在竭力争取让这个战略被采纳，最后接到命令要他们准备入侵九州岛才作罢。（九州岛登陆日定于1945年11月1日，之后的1946年2月登陆日本列岛的主岛本州岛。）我们各方的争论有时候相当激烈，我还记得有一次我反对雷·斯普鲁恩斯的计划，他说："那我想我只能单干了！"

我回嘴说："随你的便，别扯上我！"

后来我们决定取消巴贝尔图阿普登陆战，这样稍微简化了西加罗林群岛的整体作战计划，但它还是太复杂，我自己加上"平"·威尔金森、罗伊·盖格整整研究了6个星期，最后确定的方案是分两步走：第一阶段攻占安加乌尔岛和佩利琉岛，第二阶段占领雅浦岛和尤里蒂环礁，发起进攻的日期分别定在9月15日和10月5日。第3舰队司令将指挥整个作战，第3两栖部队司令（"平"·威尔金森）指挥联合军种登陆部队，陆战队的朱利安·史密斯少将指挥所有登陆兵。第一阶段作战由陆战队第3两栖军军长罗伊·盖格指挥，第二阶段作战由陆军第24军军长约翰·霍奇指挥。尽管我是整个行动的总指挥，但舰队需要部署在西边很远的地方，封锁菲律宾中部各处敌机场，所以我不会亲自监督登陆行动。

我的旗舰是战列舰新泽西号，8月24日由3艘驱逐舰护航从珍珠港出发。早在南太平洋的时候，我们就花了几个月的时间来为第3舰队选定一艘合适的旗舰。最初我想挑选一艘航空母舰。我在航母上服役多年，除了驱逐舰以外，航母是我最熟悉和亲近的舰种，而驱逐舰对我这把老骨头来说，颠得太厉害了，可航空母舰的防护能力太弱，一旦受伤就会妨碍其履行旗舰的指挥职责。所以剩下唯一的选择就是新建的4.5万吨级的衣阿华级战列舰，只有她们的航速能跟得上32节的快速航空母舰，于是我要求调给我一艘衣阿华级战列舰，并得到了新泽西号。同时我的司令部还在马里亚纳战役期间向斯普鲁恩斯的第5舰队派了几位观察员，去验证不同类型军舰作为旗舰的利弊，有的观察员和斯普鲁恩斯一起待在他的重巡洋舰旗舰上，米切尔的快速航空母舰和两艘战列舰上也有我的观察员。根据他们的汇报，我们对新泽西号上的将官生活工作区进行了改造，她投入使用的时候成了舰队里最棒的旗舰，后来还作为同级的密苏里号旗舰改装的模板。

我带着1艘战列舰和3艘驱逐舰出海，这个"第3舰队司令"的头衔显得太大了。当然了，第3舰队的实力其实就是强大的第5舰队，拥有500多艘战舰。雷·斯普鲁恩斯指挥这支舰队的时候番号是第5舰队，我指挥的时候番号变为第3舰队。过去的公共马车交通系统通常的做法是换马不换驭手，我们正好反过来，换驭手不换马。虽说马会非常疲惫，可是系统效率提高了。而且这样做可以欺骗日本人，让他们误以为我军的海上力量比实际的多出1倍。

我在珍珠港研究作战计划的时候，雷在西太平洋纵横驰骋。他掩护了4次登陆战，在6月19日打了决定性的菲律宾海战，还袭击了关岛、塞班岛、小笠原群岛、火山列岛和琉球列岛。现在轮到他休息了。我们于8月26日在太平洋上交接了指挥权。第5舰队消失了，取而代之的是第3舰队，交接的地点在远离我旗舰3000海里之外的硫黄岛外海，所以在这里有必要记录一下这次非同寻常的交接仪式本身。当时我根本没见到雷，直到两周以后我才亲眼见到整个舰队的主力，皮特·米切尔的第38快速航母特遣舰队。但从8

月26日开始我已经接手全部战略指挥权。

皮特并没有坐等我们的到来。他刚结束针对硫黄岛的空袭就挥师南下，在9月6、7、8日3天使用手中3个航母特遣大队打击帕劳群岛，第4个大队空袭雅浦岛。9月9日和10日又对菲律宾群岛最南端的棉兰老岛发动了两次大规模空袭。原计划他还将继续空袭棉兰老，但报告说陆军第5航空队已经炸平了当地的日军设施，只有寥寥几架敌机升空抵抗他的空袭，于是我决定转而打击菲律宾群岛中部，那里是日军最后剩下的能够危及我军帕劳登陆作战的航空基地了。

我和皮特在11日会师。一般情况下他应该登上新泽西号来拜访我，我让他待着别动，我过去拜访他。我有两年多没在海上指挥舰队了，想要亲眼看看新的航空母舰和飞机。海上军舰之间通常使用空中吊索来实现人员交流，我发现现在已经用上了漂亮的吊椅。各舰之间还比着看谁装饰的吊椅更舒适，竞争相当激烈。如果我记得没错的话，把我送上皮特旗舰莱克星敦号的吊椅配有烟灰缸和伞盖。("斯鲁"·麦凯恩后来接替皮特，他嫌新泽西号的吊椅速度太慢，我们送了他一把马鞭，让他坐在吊椅上的时候用鞭子抽打空气。)

我军在9月12日从能看见萨马岛山脉的地方出击，开始空袭菲律宾中部，那天出动了1200架次飞机，13号再次出动1200架次。14日空袭结束的时候，我的航空战斗情报参谋给我看战果统计表，我吹起了口哨：我军击落敌机173架，在地面击毁敌机305架，确定击沉59艘各型舰船，另外疑似击沉58艘，还捣毁了大量岸上设施。我军只付出了战损8架飞机，事故损失1架飞机，伤亡

10 人的轻微代价!

以上对比如此强烈,我给航母部队各舰发出通电:"此战你们的出色表现就像冉冉升起的明星,我要带你们去全亚洲战区最显眼的舞台演出。"

这个舞台就在马尼拉,整个菲律宾群岛敌人航空兵力最集中的地方。我决定要捅这个马蜂窝绝不是因为一时头脑发热。南太平洋的作战教会我们要随时捕捉敌军虚弱的迹象,随机应变乘虚而入——如果一扇门在你全力撞上去之前就出乎意料地轻易打开了,你会因为用力过猛而摔个嘴啃泥的。我计划要像步兵巡逻队那样试探敌军的弱点——寻找敌人的薄弱环节,乘虚而入直至遭遇无法克服的阻碍为止。(我们在珍珠港制订战争计划的时候,就秉持着这种精神:随时准备好万一局势突变,我军有可能顺势把作战范围扩大到中国台湾、中国大陆、琉球群岛,甚至日本本土。珍珠港总部觉得这些想法太过异想天开,根本不愿意给我们准备这些地方的情报。他们嘲笑我们是在痴人说梦。)

但这次就是证实我们正确性的一个机会。我军刚刚给了日寇空中力量致命的一击,发现菲律宾中部是个空壳,防御虚弱,缺乏基地设施。我认为这就是日本帝国这条恶龙虚弱的下腹部,打击马尼拉的时机已经成熟,甚至有可能发动更大规模的打击。我尤其开始构想是否要建议麦克阿瑟跳过计划中的棉兰老岛,直接进攻莱特岛,而且把作战日期从 11 月 15 日大大提前。

我和参谋们商议这个想法,他们反复检视我军的作战报告、手头的情报和尼米兹跟麦克阿瑟手下可资调用的兵力。最后得出了肯定的结论。

我坐在舰桥的一角开始沉思。提出这个建议其实超出了我的职责本分，很可能让很多大人物不高兴，也许直至罗斯福和丘吉尔先生这些最高层。可是这个建议看起来很有道理，可能拯救数千条生命，并让小日本失去平衡，加速他们的后退，从而让战争缩短好几个月。

我叫来米克·卡尼和哈罗德·斯塔森，对他们说："我决心要冒个泡，急电太平洋战区总部——"

9月13日发出的电报建议：1. 放弃雅浦岛和帕劳群岛登陆作战；2. 省下来的地面部队转隶于麦克阿瑟将军；3. 尽早打响莱特岛登陆战。

太平洋舰队司令部立刻回电，按原先计划执行西加罗林群岛登陆作战，但会重新考虑雅浦岛登陆，并把我的建议抄送美国舰队总司令和西南太平洋战区。此刻罗斯福和丘吉尔先生正好带着英美联合参谋长委员会在魁北克开会。厄尼·金向他们汇报了我的建言，他们很快交换了意见，征求麦克阿瑟的同意，然后批准了新的方案并命令他取消棉兰老登陆，在10月20日登陆莱特岛。

如果麦克阿瑟先占领棉兰老稳扎稳打的话，根本不可能在12月20日之前对莱特岛发动进攻。新计划把战争进程缩短了2个多月。[注1]

西加罗林群岛的登陆行动向我们展示了两栖作战所有的极端性。9月15日威廉·鲁伯图斯少将指挥陆战队1师登陆佩利琉岛，这是太平洋上最艰难的苦战之一：岛上遍布日军严密设防的碉堡和岩洞，直到1个月以后我军才完全占领该岛。安加乌尔岛的防御薄弱得多，17日保罗·缪勒少将的第81步兵师登岛以后仅用了3天时间就粉碎了岛上日军的抵抗，22日已经可以腾出兵力增援佩利琉岛上的陆战队了。尤里蒂环礁的防御最弱：23日一个加强团没有遇到任何抵抗就占领了它。我军获得了两处港口、一个简易机场，还有足够大的地方再建两条跑道，可是付出了阵亡、负伤、失踪8000人的代价。敌军大约阵亡12000人。

现在我军已经准备就绪要向西北方向出发，攻击马尼拉了，我们早就许诺要打回来，可自从两年多以前我军从菲律宾群岛被赶跑以后，这还是首次反攻。发动空袭前一夜，我叫来食堂的菲律宾厨师和服务员们，指着城市地图上的轰炸目标对他们说："我要告诉你们我军的下一步行动，因为你们有不少亲戚住在马尼拉。我们都祈祷这些人不会受到伤害。"

为我服务多年的服务员领班本尼迪克托·图劳问我："长官，图上标的这些是日本人的据点吗？"

"没错。"

他坚定地回答："炸烂它们！"

不出预料，日军完全没料到我军的空袭，我们对克拉克和尼科尔斯机场轰炸扫射了10分钟才有1架敌战斗机升空拦截。9个月以后我来马尼拉的时候，有人告诉我，我军飞机出现的时候，小日本军官指着它们吹嘘道："看哪，威武的皇军战鹰！飞得多么敏捷！空中姿态多么漂亮！"说时迟那时快，炸弹就掉到头上了。

21日我军进行了4波轰炸，本来22日还要再炸4次，可是台风天气临近，而且这个地区也没有什么值得轰炸的目标了，皮特·米切尔因此建议我取消最后两波空袭。我同意了。他取得的成绩包括毁伤405架敌机、击沉击伤103艘舰船，摧毁了克拉克和尼科尔斯两座机场，把马尼拉港炸成废墟。虽说我军从离吕宋东海岸只有40海里的地方发动空袭，离马尼拉只有150海里，但只损失了15架飞机和大约10个人，舰船毫发无伤。

舰队23日整天都在加油。我们让皮特的参谋长，南太平洋战场上的驱逐舰英雄"31节"·伯克着手研究24日空袭科龙湾的可能性。我们认为日本鬼子很中意这里的天然良港，因为他们以为这里处于菲律宾的西缘，我军不敢飞越整个菲律宾群岛深入到这么远的地方。我们一致同意现在就是袭击这里的最好时机，小日本所有能够逃离马尼拉港的舰船肯定都逃到了这里，科龙湾是他们最好的避难所。

舰队加完油马上就开始高速挺进，拂晓时分来到圣贝纳迪诺海峡。目标远在350海里开外，但我们不能再往前闯了，于是在凌晨5点50分放飞第一攻击波。我的作战日志非常简洁地描述了当天的战况：

> 2艘油轮爆炸，1艘运输舰、3艘大型油轮、2艘大型货轮、6艘中型货轮、5艘小型货轮、1艘驱逐舰、3艘护航驱逐舰、11艘小型船只被击沉。击伤或击沉1艘大型运输舰、2艘大型油轮、1艘中型油轮、1艘大型货轮、15艘中型货轮、21艘小型货轮、10艘其他小型船舶、2艘护航驱逐舰。敌军空中抵抗微弱，很快遭到压制。摧毁36架敌机。过去3周作战行动的总战果为累计摧毁1005架敌机，击沉153艘各型舰船，还不包括小型船舶。

我的参谋们尽可能抓住一切机会用幽默的口吻起草给部队的电

文,以此缓解战争的紧张和残酷。米克·卡尼这次以我的名义发出的电报是他最精彩的作品之一:"此次异常精彩的演出收获颇丰,虽然满堂听众发出的嘘声很大,可是没有向演员扔什么东西。只要我们还能找到让听众嘘的地方,就一定继续巡回演出。"

我军稍事休整,补充弹药燃料,1个航母大队留下来监视帕劳群岛,其他3个大队撤到马努斯岛、塞班岛和科索尔洛德。28日我所在的航母大队抵达塞班岛,在这里我终于有时间做一件被耽搁很久的事情:给米克颁发代表第二枚优异服务十字勋章的金星。他在战争初期在大西洋服役的时候获得了第一枚,这枚勋章当然不是奖励他起草了幽默的电报,而是因为他在南太平洋作战期间优异的参谋工作。

我只放松了几个小时。那天是星期四,我黄昏时分就乘坐PB2Y3科罗纳多水上飞机长途飞行1100海里去新几内亚的荷兰迪亚,准备星期五和麦克阿瑟将军的参谋部共同商讨莱特岛登陆作战计划。星期六我们继续飞往帕劳,视察佩利琉岛和安加乌尔岛,再开几个会。10月1日星期六返回尤里蒂环礁。舰队主力在此集结。

哈罗德·斯塔森坐我的驳船前来接机,离水上飞机锚地还有100多码就向站在我身边的比尔·基彻尔大喊:"嘿,比尔!第五个孩子降生啦,是个女孩!"

新生儿都已经3周大了,比尔这才听到喜讯。他的兴奋之情冲淡了我的不快,因为在荷兰迪亚的时候我收到太平洋舰队总部来电,批评我们在最近的空袭行动中没有乘机在马尼拉湾海面布雷。我强烈反对这个指责。航空布雷在整个大战期间都是一种有效的作战形式,可是我认为不适合让舰载机执行布雷任务,应该使用岸基飞机。而且航母舰载机没有夜间布雷的装备，如果白天布雷，不仅能让敌人将布雷地点看个一清二楚，而且执行任务的飞机很容易成为地面火力的目标，因为布雷的飞机必须保持航向，低空低速进入阵位。最后一个反对理由是水雷会占据航母有限的载货空间，这些空间用于装载炸弹和鱼雷更有效。

我的此次帕劳之行有三项值得纪念的个人经历。此行我第一次到了一个用敌敌畏做过普遍灭蚊的区域，尽管这里曾是战场，我没有见到一只蚊子、苍蝇或者诸如此类的东西。（我还记得瓜达尔卡纳尔岛上我军因疟疾减员的数量两倍于战斗减员。）第二，帕劳之行是我最后一次指挥两栖部队，而且是最后一次遭遇来自岸上的火力攻击。

我们在海上作战了1个月，希望至少能在锚地休整1个星期，可是最多只能休息48小时。10月3日一场台风把舰队逐出尤里蒂环礁，虽然第二天返回了锚地，但6日又再次启航，为麦克阿瑟的莱特岛登陆提供掩护。我军早已有力地粉碎了日军在菲律宾的航空兵力（肯尼将军后来在菲律宾各个机场数出将近3000架日军飞机的残骸），现在的任务是要去摧毁那些有可能向菲律宾抽调航空兵力的日军基地。日军在中国台湾有很多大型机场，在台湾岛和日本本土之间的南西列岛（琉球群岛）也有一些。我军的计划是要派一支由巡洋舰和驱逐舰组成的特遣大队驶向马库斯岛（南鸟岛），发动炮击、放出烟幕、在海面布满灯光，运用各种伪装手段佯装登陆，正当小日本在马库斯岛（南鸟岛）上蹲下跳地准备作战的时候，我军却乘机袭击1500海里之外的南西列岛（琉球群岛）。

两个新的因素帮助了我们：一是以塞班岛为基地的海军侦察

机，二是台风，因为台风转向北方，把我军面前所有可能起飞拦截我们的日机都牢牢地钉在地面无法起飞，我们把台风称作"零号特遣舰队"。(我发现米克·卡尼在10月8日的夜间命令记录中写了这么一条："零号特遣舰队到达东京"并整夜在此停留。)我军的解放者式远程侦察机击沉敌舰布置的前哨舰船，拦截了敌侦察机，因此我军得以在9日夜间神不知鬼不觉地接近目标，第二天凌晨沿着从北面的奄美大岛到最南端的宫古岛长达300海里的一条弧线，发动全面空袭。

小日本还在睡梦之中。我军摧毁了93架敌机，击沉87艘各种舰船，把地面搅了个天翻地覆。最终的战报里有这样的例子："那霸的弹药库和燃料库起火爆炸。图库那岛上的机场设施被摧毁。读谷岛的兵营被炸毁。伊江岛上的4处仓库被我军扫射并烧毁。"我军舰船无一损伤，派去南鸟岛佯动的大队也毫无损失。

第二天舰队加油的时候我们派出一架战斗机侦察吕宋岛上的敌军机场。加油完成以后，全舰队浩浩荡荡向吕宋进发。其实这又是虚晃一枪：入夜我舰队转向右舷60度直奔台湾岛，目前为止台湾岛还没有遭到过我舰队的空袭。(话说回来，其实我早就应该先打台湾岛的，不仅因为台湾岛的防御力量比琉球更强，而且我军空袭琉球以后，台湾岛上的日军就警惕起来了。这是我的错。)空袭第一天我军集中空袭敌机场，第二天重点攻击舰船。这两天的空袭总共摧毁敌机520架，击沉各型舰船37艘，疑似击沉74艘，我军损失了52架飞机。

我差点没意识到第二天10月13日是个星期五，因为自从小比尔获救以后，我就已经对以前的迷信嗤之以鼻了。我军在下午6点进行了最后一次空袭，开始返航。18点42分我获悉亚历山大·厄尔利上校的堪培拉号重巡洋舰在日军黄昏的一次空袭中被一条鱼雷击中，丧失了行动能力。我看了看海图，堪培拉号距离台湾岛90海里，距离吕宋岛上的日军阿帕里机场300海里，距离冲绳岛的那霸机场400海里，而离最近的我军基地尤里蒂环礁湖有1300海里之遥。我军就处在龙潭虎穴的正中央，而日本这条恶龙对此一清二楚。

我们要不要放弃堪培拉号让她自沉，让舰队撤退？还是应该把她拖回去，但冒险在1300海里的回程中且战且退？我们下定决心打回去。

另一艘重巡洋舰威奇托号奉命拖带堪培拉号，只能开到4节航速，真让人灰心丧气。（1300海里的路程用4节航速至少要走13天。）我把所有可用的军舰都派去加强这支编队的防护力量，同时下令让塞班岛派出一支巡洋舰—驱逐舰编队迎接她们。很明显日军肯定会在第二天上午试图给她们最后一击结果她们，于是我们先发制人，派出战斗机扫荡吕宋岛和台湾岛上的日军航空兵。我的战争日志这样记载事情的经过："今天在目标上空击落11架敌机，在地面摧毁55架。"还有一段："编队附近的空中搜索和战斗巡逻飞机共击落敌机75架，军舰防空火力击落敌机21架。"小日本不出我们的预料试图击沉她们。之后的记载是："21时接到报告，威廉·贝伦上校的休斯敦号重巡洋舰被鱼雷击中，轮机舱进水，特遣大队遭到持续空袭。"

休斯敦号和堪培拉号都是在以前的战斗中沉没的军舰的同名舰，之前的堪培拉号是一艘澳大利亚巡洋舰，在萨沃岛海战中沉没,而之前的休斯敦号在 1942 年初在爪哇岛附近海面沉没。我的坏运气来得还真挺黑色幽默的!

东京广播电台大肆报道第二次成功的鱼雷攻击,声称无畏的日本飞行员几乎消灭了我的舰队,日军自己的舰队正在从帝国海域兼程南下,干净彻底地全歼我军残部。希特勒和墨索里尼都发来贺电,从内阁大臣到东京动物园的看门人,日本各色要人都在众口一词地祝捷。还记得我以前说过"小日本的魔爪已被斩断,就连尾巴也被砍掉了"。那个动物园看门的明显是对我那段话耿耿于怀,他希望"我们能活捉那个叫作哈尔西的家伙。我已经在动物园猴山给他准备好了一个特别的笼子"。(后来我们在东京上岸的时候,我还真想去拜访他,请他给我看看那个笼子,可我后来再也没能找到他。)

我起初以为此类举国欢庆只不过是小日本又在自嗨,可是这次他们歇斯底里的极端腔调让我相信,他们是真的以为粉碎了我军舰队。我还真的找到过他们信以为真的一点事实基础。在整个 12 日和 13 日夜间,被击落的日军飞机在舰队周围的海面燃烧,偶尔一艘军舰的侧影在火光映衬下显现出来,很容易让人误以为军舰本身也在燃烧。怪不得那些逃出生天的日寇飞行员会留下这种印象,诚心诚意地回去汇报"美军被消灭"的战果。

休斯敦号中雷这件事提醒了我,想要挽救受伤的军舰,恐怕会把完好的军舰也搭进去。我每隔 1 刻钟就扫一眼海图上代表丧失行动能力的两艘军舰的两个别针,在心里诅咒她们怎么移动得像蜗牛一样缓慢。她们无法机动做出规避动作,还拖累了另外两艘拖曳她们的巡洋舰,而且拖住了整个舰队的航速,舰队的任务是要去掩护麦克阿瑟20日的登陆作战，离现在只有6天了。坦白说我当时真想在更糟糕的命运降临到我们头上之前，赶紧击沉这两艘军舰，逃出日军岸基航空兵的打击半径。

米克·卡尼和罗洛·威尔逊说服我放弃这种想法，罗洛·威尔逊接替雷·塞贝尔担任我的作战参谋。他们甚至进一步说服我，这是一个可以利用的良机。他们指出，我舰队所奉的命令是"如果能够创造或者捕捉到歼灭敌舰队大部的战机，则消灭敌舰队成为我们的主要目标"。现在就是现成的好机会。敌军已经误以为把我军打得七零八落，并且宣称正在追击我军残部。我们为什么不能顺势隐藏真正的实力，引诱他们围绕着舰只瘫痪的特遣大队来进攻，让敌人以为这就是我军残部，然后掉进陷阱，被我们炸成碎片呢？

真的，何乐而不为！

我通知麦克阿瑟，要用舰队应对可能发生的海战，暂时无法履行支援登陆的承诺。我们加强了"第1瘫痪分舰队"的实力，改称更加令他们不快的"诱饵分舰队"，下令让诱饵分舰队司令劳埃德·威尔策海军少将不断地发出"绝望的"求救急电。两个航母特遣大队奉命在诱饵分舰队以东、敌侦察机航程以外的海面占领截击阵位，其余两个航母大队奉命对吕宋岛发动空袭，因为日军最有可能从这里起飞再次空袭我军。最后我还电告尼米兹："第3舰队救起了所有受伤的军舰，正以高速向敌人的方向撤退。"

15日那天我军的陷阱策略越来越接近成功。早上8点1艘潜艇报告说日军3艘重巡洋舰、1艘轻巡洋舰正从九州和四国之间的丰后水道南下；刚到下午，一架B-29超级空中堡垒轰炸机报告在中国台湾高雄港的两艘日军战列舰和汕头港的另一艘战列舰正驶出港口,航向130度,正奔赴我军的方向。日军全天都对诱饵分舰队发动空袭,第二天空袭有所加强,有60架敌机来袭,被击落50架,但休斯敦号又中了一条鱼雷,结果舰体倾斜10度,舰艏向左舷歪过去30度。休斯敦号和堪培拉号现在改由远洋拖轮拖曳,可是休斯敦号舰艏的大裂口把编队的航速限制在3.5节。

与此同时我的两个航母特遣大队还在东面埋伏着。尽管他们的空中巡逻机击落了所有接近伏兵的敌机,但是担心其中有一架突然从低云中钻出来的敌机在被击落之前可能已经抢先发出了警告。那天晚上我的作战日志这样记载后来的态势:

20时13分起飞,侦察机在北方和西北方向300海里范围里进行侦察。20时30分鳐鱼号潜艇发现日军1艘驱逐舰、2艘护航驱逐舰正沿10度方向向奄美大岛以东海面行驶。夜间侦察没有发现敌舰。很明显敌人收到了发现我军伏兵的报告,在马上要掉进陷阱之前撤退了。

于是我们的这个计策落空了,不过结局还是欢快的。诱饵分舰队在27日安全抵达尤里蒂环礁,堪培拉号和休斯敦号都被修复,以利再战。看着这两艘军舰在大洋上蹒跚而行,一定让我缩短了好几年的寿命,可是我在自怜的时候会想到,当时受伤军舰上官兵的紧张程度比我不知道强多少倍。在敌人眼皮底下日复一日地航行,是需要勇气的,况且后来在拖曳中再熬过一场台风,还要加油,更需要娴熟的航海技巧。

诱饵分舰队已经在安全回家路上,我们于是再次袭击吕宋岛,并掩护麦克阿瑟的莱特岛登陆作战。我军从第一次空袭冲绳岛到最后一次进行登陆支援的这 13 天时间里，总共击沉了 140 艘各式敌舰船，击伤 248 艘，击落 685 架敌机，在地面摧毁 540 架。我们自己损失了 95 架飞机，但大多数飞行员和机组人员都获救了。我们没有损失军舰，除了堪培拉号和休斯敦号以外，也没有其他军舰受重伤。

罗斯福总统向我个人发来贺电，我向舰队全体官兵转发了这份贺电：“整个国家都以骄傲和自豪的心情追随着你指挥的舰队胜利地扫荡敌人的海域。我们不仅敬佩你部飞行员们英勇作战的精神，而且要向全舰队的顽强精神和极高的航海技术致敬。”

我也想休息一下，可是没有休整的时间。下一场战役已经迫在眉睫，我们必须整装应战。

[注1] 编者按：

（1）以下是马歇尔将军《美国陆军参谋长致陆军部长关于 1943 年 7 月 1 日至 1945 年 6 月 30 日双年报告》中的引文：

当时正在魁北克召开八边形会议。联合参谋长委员会收到 9 月 13 日哈尔西上将致尼米兹上将电文的抄件。他建议取消拟议中雅浦岛、棉兰老岛、帕劳群岛和西南方向桑义赫群岛的几次中间行动，尽快进攻菲律宾中部的莱特岛……我们征求麦克阿瑟将军的意见，两天以后他回复说自己已经准备要在 10 月 20 日登陆莱特岛，而不是原定的 12 月 20 日。这是一个了不起的管理方面的成就。

麦克阿瑟的回电在晚上到达魁北克，当时加拿大军方正在正式宴请李海上将（总统参谋长）、金上将、阿诺德上将和我。有关的参谋人员当即阅读了电文，建议立即回电同意。参谋们紧急向我们汇报他们的讨论结果，我们几个马上离开餐桌开了个短会，我们对于麦克阿瑟、尼米兹、哈尔西三位将军有着绝对的信任，做出肯定的决策并不困难。魁北克收到电文90分钟之内，麦克阿瑟和尼米兹将军就收到了10月20日执行莱特岛登陆战，并放弃此前的三次中间登陆行动的电令。

（2）以下引自罗斯福总统1945年1月6日向国会发表的国情咨文：

去年9月我们曾计划采取更多的步骤，登陆三处岛屿，让我们暂且称为A、C、E岛，然后再进攻菲律宾。但是哈尔西上将报告说似乎可以直接进攻莱特岛。

……24小时之内作战计划就完成了重大修改，涉及两个战场陆海军兵力的重新部署——这个改变加快了菲律宾的解放和最后胜利的到来，这个改变拯救了很多生命，在原定的登岛作战中本来会牺牲很多士兵，现在这些岛屿已经被远远地孤立在我军战线后方了。

第十三章

10月23日拂晓前,我收到第7舰队前哨潜艇射水鱼号发来的密报:"发现多艘舰艇,3艘疑似战列舰,北纬08—28度东经116—30度,航向40度速度18节。我正追击。"这个位置接近菲律宾群岛的西南顶端,而航向正指向科龙湾和马尼拉。我们清楚,日本联合舰队主力分别驻扎在新加坡和婆罗洲的文莱湾两地。如果他们避战不出的话,我们计划主动去那里把他们挖出来痛打。但是22日,我们的潜艇和巡逻机已经报告敌舰队活动频繁,现在射水鱼号发来的情报证实,日军正在展开一项重大行动。

要了解这场即将到来的巨大海战,我们有必要先澄清一下舰队组织的一些细节。这里面关键的问题在于,美军在菲律宾海域,有两支舰队分属不同的总部指挥:我的第3舰队受尼米兹将军节制,而汤姆·金凯德的第7舰队则听命于麦克阿瑟将军。如果我们能够做到军令统一,共享同一个战场情报和控制系统,那么莱特湾海战将完全是另一个样子,另一种结果。逝者已矣,不可再追,但是弄清楚事情的原委,找出经验,吸取教训,却是必要的。我的个人观点是，今后海军再也不应该将同一海区的舰队置于令出多门的危险境地了。

第3舰队和第7舰队的任务和武装是不同的。第7舰队的任务是防御性的，负责将麦克阿瑟的部队护送到莱特岛，然后以自己的驱逐舰、巡洋舰、旧战列舰和护航航空母舰保护滩头阵地。第3舰队的任务是进攻性的，以其新型战列舰和快速航空母舰编队在大洋上机动，随心所欲地搜寻敌人并发动打击。舰队主力集中于皮特·米切尔的第38特遣舰队，其由4个航母特遣大队组成，分别由麦凯恩海军中将，谢尔曼、博根、戴维森3位海军少将指挥。各个特遣大队具体编成不尽相同，平均拥有23艘舰只，包括2艘大型航母、2艘轻型航母、2艘战列舰，外加3艘巡洋舰和14艘驱逐舰组成的警戒群。我的旗舰新泽西号战列舰属于博根大队，米切尔的旗舰莱克星敦号航母随谢尔曼大队行动。

10月23日上午，麦凯恩大队正驶向尤里蒂环礁进行整补，其他3个大队在菲律宾群岛以东，一边准备为支援陆上作战继续发动打击，一边等待轮换整补的时机。根据射水鱼号的情报，我命令各个大队向群岛靠拢，并于第二天上午放飞数个搜索小队，呈扇形搜索整个群岛西方的周边海域。凭以往的经验，日军的头脑比较僵化，不会根据变化的形势调整自己的计划，只要我们能先发制人，一定可以成功地打乱他们的行动步调。

23日晚，所有3个大队机动到位：谢尔曼在波利略群岛外海，他东南方140英里处是掩护圣贝纳迪诺海峡的博根大队，博根再向东南120英里，是苏里高海峡处的戴维森。各个大队的搜索机群于24日拂晓起飞，8时20分，博根的一个搜索组发现日军舰队，包括5艘战列舰、9艘巡洋舰和13艘驱逐舰,位于民都洛岛以南,航向050,速度10至12节。(这支舰队,是日军的中部编队,已经于前日被射水鱼号发现并报告过。射水鱼号和姐妹艇鲦鱼号一起,已经击沉了他们2艘重巡洋舰,并重伤1艘。)①

我的航海日志记录了随后数分钟发生的事件:

8时22分,我以最高音量在舰上广播了博根的报告。

8时27分,我命令谢尔曼和戴维森以最高速度向博根靠拢。

8时37分,我向3个大队下令:"出击。重复一遍:出击。祝你好运。"

8时46分,我命令麦凯恩调转航向,准备海上加油。如果战事像我预料的那样发展的话,我们会需要她的。

我们的飞机一整天反复打击日军舰队,飞行员报告击沉了武藏号战列舰(日本最大最新的战列舰)、3艘巡洋舰和1艘驱逐舰,并击伤许多其他舰艇②。日军好像被打蒙了似的原地转圈,先是向西撤退,然后又向东折回,像是奉了天皇本人下达的死命令。(1年之后我才得知,我们的猜测不算离谱。中部舰队司令官栗田海军中将曾想撤退,但是收到了联合舰队司令长官丰田副武海军大将的如下命令:"全舰队相信你的坚强领导,出击。")

现在我必须考虑到这样一种可能性:尽管日军受到重创,他们

---

① 事后证实,美军两艘潜艇击沉日军旗舰爱宕号重巡洋舰、摩耶号重巡洋舰,重伤高雄号重巡洋舰。高雄号被拖回文莱。

② 战后证实,仅击沉武藏号超级战列舰,击伤各型舰艇多艘,迫使2艘重巡洋舰妙高号和利根号及2艘驱逐舰返航。

仍有可能试图穿越圣贝纳迪诺海峡。因此，15时12分，我向第3舰队各特遣舰队司令和第38特遣舰队的4个大队司令发出一份作战预令，指定第38特遣舰队的4艘快速战列舰（包括新泽西号）、2艘重巡洋舰、3艘轻巡洋舰和14艘驱逐舰，"将组成由战列舰分队司令威利斯·李海军中将指挥的第34特遣舰队。第34特遣舰队将进行决定性的远程作战"。

这份电报在第二天的战斗中扮演了重要角色，但我当时只是想事先告诉各舰：在出现水面炮战的时候，这些舰只要从第38特遣舰队分出来，组成第34特遣舰队，进行炮战。这绝对不是一份作战命令，而是作战预案，而且在电报上标明了。为了不引起误解，我稍后用电传通知各下属指挥官："如果敌人穿越圣贝纳迪诺海峡进攻，第34特遣舰队将在我的命令下组建。"

与此同时，上午9时43分，我们收到戴维森大队侦察机的报告，发现日军南方舰队，有2艘旧式战列舰、3艘重巡洋舰、1艘轻巡洋舰、8艘驱逐舰，位于内格罗斯岛西南方，航向060，速度15节。我们没有向这支较弱的日军舰队派出攻击机群，有两个原因：1. 金凯德正以几乎3倍于敌的实力在苏里高海峡等着他们呢，共有6艘旧战列舰、4艘重巡洋舰、4艘轻巡洋舰、26艘驱逐舰，外加30艘鱼雷艇。2. 戴维森大队的飞机是我们唯一能到达日军南方舰队的打击力量，而对日军中央舰队的作战急需他的兵力，因为谢尔曼大队正遭受来自吕宋岛日军陆基飞机的猛烈攻击。日机被击落110架，但是成功地击中了普林斯顿号轻型航母。大火延烧到军舰的弹药库和油料舱，当天下午谢尔曼不得不下令弃舰并击沉熊熊燃烧的普林斯顿号。这是两年前的几乎同一天黄蜂号在圣克鲁斯海战中被鱼雷击沉以来，海军损失的第一艘快速航空母舰。

普林斯顿号舰长是海军上校威廉·布拉克，曾在开战前后担任过我的作战参谋。他当时已经快要调离普林斯顿号，他的继任者约翰·霍斯金斯海军上校已经上了舰。导致普林斯顿号沉没的那颗炸弹也几乎杀死霍斯金斯上校。他的脚受重伤，不得不在舰上立即截肢。截肢手术之后，霍斯金斯被放上担架，穿过舰上熊熊燃烧的火焰，到舷侧准备转移。在等待的时候，他还能向布拉克舰长微笑敬礼，并问道："我能得到阁下您的允许离舰了吗？"

后来，霍斯金斯装上假肢，请求再次指挥新的普林斯顿号，他自荐说他"比任何别的申请人都领先一腿的优势"，况且，他说如果比赛夜里拉紧急警报，占领指挥位置的速度的话，他肯定比谁都快，因为他至少有一只脚早已穿好鞋袜了。我很高兴告诉大家，霍斯金斯如愿以偿，并且现在已经是海军少将了。

发现日军南方编队这件事，证实了我的观点：小日本全力以赴了。可是最重要的情报依然阙如：他们的航母呢？我们的潜艇和侦察机都没有发现它们，但是我们100%肯定它们一定会出现，只是不知道从哪个方向来。米切尔认为会从中国海来，我的幕僚认为是日本海域。我同意我的参谋的意见，命令向北做全面搜索。大家等待报告期间，道格·莫顿近50次用拳头猛砸海图大声问："该死的航母，死到哪儿去了？" 17时30分，我们的猜测被证实了，谢尔曼通知我"3航母2轻巡3驱逐北纬18—32度东经125—28度，航向270度速度15节"。

这个位置在吕宋岛东北顶端恩加诺海角以东200海里处。就算现在不是黄昏，我们的飞机也难以到达。但是现在，我们终于把七巧板的最后一片拼上了。我们发现，日军 3 支舰队有一个共同特点：推进的速度不快，从来不超过 15 节，这说明他们注重配合的时机和地点。被打残的日中央编队三心二意地再次向圣贝纳迪诺海峡前进，虚弱的南方编队同时向占绝对优势之敌进击，这些，都只有一个解释：他们奉了严令，要与北方舰队的航空母舰于明天，25 日，在萨马岛外会合，合力打击莱特湾内的美军运输舰。

我们不想无所事事地等待预言被证实，我们要尽快投入战斗。有 3 场仗可以选择：南方编队，我可以忽略，有金凯德负责。而根据我们飞行员的汇报，日中央舰队幸存的各舰艇上层建筑全都被严重损毁，尤其炮塔和火控系统受伤严重，不可能进行决定性打击，所以中央编队，我也可以留给金凯德。（事后证明我们飞行员的报告过于乐观了，但是当时我们没有理由不相信他们的报告。）另一方面，日军北方编队不仅毫发无伤，而且他们航母的打击半径比水面舰艇的要多出数百海里。况且，如果我们干掉了这些航母，未来作战时就不必担心这些来自海上的威胁了。

我们就这样选定了重点打击对象，剩下的就是决定怎样迎击敌人。这里，我还有 3 个选择：

方案 1：我以全舰队警戒圣贝纳迪诺海峡，等待日军北方编队前来袭击。方案被否决。该方案把主动权让给了敌人的航空母舰和陆基航空兵，允许敌人不受干扰地利用这些基地。

方案 2：我以第 34 特遣舰队警戒圣贝纳迪诺海峡，以航空母舰迎击日北方编队。方案被否决。敌人的海空实力不允许我采取这样半心半意的对策。如果敌陆基航空兵和舰基航空兵配合起来的话，我的两个半支舰队所可能遭受的损失，远比集中全舰队所可能遭受的损失大。

方案3：我离开圣贝纳迪诺海峡，以全力打击日军北方编队。方案被采纳。这个方案牢牢抓住了战役主动权，集中兵力，而且保证了奇袭的最大可能性。即便日军中央编队突破了圣贝纳迪诺海峡进入莱特湾，它也只能给登陆场造成一点麻烦而已，无法真正占领滩头并获得胜利，因为日军舰队没有运输舰和供给船伴随，只能打了就走。

全力打击敌北方编队，做出这个决定对我来说非常困难，但是如果我再处于同样的处境，只能拥有同样的情报的话，我还是会做出同样的决定。

我走进指挥室，手指向图上日军北方编队的位置，它在300海里之外，我说："我们就去这里，米克，向北开拔。"

这是19时50分，米克急忙开始起草一系列电令：麦凯恩以最高速度向我靠拢；博根和戴维森"航向000速度25节"；谢尔曼在我们接近的时候与我们会合；金凯德"按照出击报告，日中央编队遭重创。我以3个大队北上，日出攻击日军北方编队"；搭载了夜间战斗机的轻型航空母舰独立号"午夜起飞5架飞机搜索320—010度区域（大约西北到北偏东方向），至350海里距离"；最后，23时30分电令米切尔"降低航速至16节，保持航向至24时整，然后向纬度16经度127前进（东北方向）"。

这样做是为了避免错过日本舰队的"天明圈"。"天明圈"是指它们从我们最后知道它们位置之时到天明之前这段时间可能到达的范围。如果敌人从我左翼溜到我和吕宋岛之间，就能直接攻击我滩头补给船队；如果它们从我右翼溜走，就可以对我进行穿梭轰炸：

飞机从航空母舰起飞，轰炸我，然后飞到吕宋岛的机场降落，补充燃料和炸弹，回程时再次对我进行轰炸。我必须将敌舰队抓个正着，而我依赖独立号上的夜间战斗机给我指引方向。

夜鸟们凌晨 2 时 8 分果然发来报告："发现敌舰，位置北纬 17—10 度东经 125—31 度。5 舰 2 大 2 小 1 未知。"

2 时 14 分："更正。6 舰 3 大 3 小航向 110 度速度 15 节。"

2 时 20 分："又一群在第一群之后 40 海里。"

2 时 35 分："第 2 群 6 大舰。"

我们抓住它们了！

后来白天的侦察报告证实，日军北方编队由 1 艘大型航空母舰，2 艘由战列舰改装的航空母舰，3 艘轻型巡洋舰和至少 8 艘驱逐舰组成。①

我命令组建第 34 特遣舰队，在主力前方 10 海里处占领阵位，同时命令各航母特遣大队司令，立即装备好甲板上的第一攻击波，天一亮马上起飞，然后尽快放飞第二攻击波。之后的几个小时，我方全军都处于焦急的等待之中。飞行员和地勤们都清楚，他们将面临一场伟大的航空母舰对决，而护航的军舰上的官兵也确信，空战之后将继之以重炮猛轰。

第一攻击波于 6 时 30 分起飞，一个半小时过去了，杳无音讯……两个小时……两个小时一刻钟……上帝，这是怎样的等待啊。（米克后来承认，他把手指甲"一直咬到了胳膊肘上"。）终于，8 时 50 分，我接到快报："1 艘航母大爆炸以后沉没。2 航母 1 轻巡重

---

① 其实另有 3 艘轻型航母千岁号、千代田号、瑞凤号。重型航母是袭击珍珠港 6 舰中仅存的瑞鹤号，2 艘航空战列舰是伊势号、日向号。

伤，其他航母无恙。敌航向150度速度17节。"

我们已经把速度增加到25节。如果敌人保持目前的航速和航向，中午之前就会处于我舰炮打击范围之内。我一想到用大炮将已被我战机打瘫的敌舰一一送到海底的情景，就忍不住直搓双手。

接下来，我要开始叙述不堪回首的部分了，今天这个记忆还在让我隐隐作痛。我最好还是从我的作战日志里面摘录片段，按顺序重现事情的原委吧。

6时48分，我收到金凯德的电报："我正在苏里高海峡与敌交战。问题是第34特遣舰队是否在守卫圣贝纳迪诺？"我回电的时候有点摸不着头脑："没有。它正和我航母一起与敌航母交战。"这是我第一次感觉到金凯德好像已经截获并误解了我头天15时12分所发的作战预案电报。我说"截获"，是因为那封电报原本不是给他的，电报抬头就应该可以避免他产生这个误解。但我还是没有引起警觉，因为8时02分我收到他的通报："敌舰撤离苏里高海峡。我轻型舰只追击。"

当24日午夜日军南方编队驶进苏里高海峡的时候，它便一头撞进了海战史上最完美的陷阱里面。金凯德的战场指挥官杰西·奥尔登多夫海军少将一直等到敌舰完全进入狭窄水域后，先用鱼雷艇驱逐舰两翼夹攻，再继之以战列舰巡洋舰给予当头痛击。他成功完成了"T字头上一划"，这可是每个海军军官梦寐以求的事情。日军开火反击之前，就已经丢了全部2艘战列舰和3艘驱逐舰，余部四散。金凯德的飞机第二天上午逮住并击沉了1艘重巡洋舰，陆军的B-24解放者式轰炸机在下午又击沉了1艘轻巡洋舰。奥尔登多夫有1艘鱼雷艇沉没，1艘驱逐舰受伤。①

8时22分，收到金凯德的第2封电报之后20分钟，我收到第3封电报："据报敌战列舰巡洋舰正从背后袭击77.4.3特遣小队。"77.4.3特遣小队是第7舰队第77特遣舰队第4大队3个小队中最北端的一个，用于守卫莱特岛东边海域，由6艘护航航空母舰、3艘驱逐舰、4艘护卫舰组成，司令是克利夫顿·斯普拉格海军少将。敌舰明显是夜间突入圣贝纳迪诺海峡的日军中部舰队残部。我不懂金凯德怎么会让"拐子"斯普拉格这样被抓住，也不懂为什么"拐子"的侦察机没能及时给他预警。但我仍然没有警觉，我以为18艘轻型航母上的飞机足够自保，能支撑到奥尔登多夫的重型水面舰艇赶到。

8分钟之后，8时30分，金凯德第4份电报到了："莱特湾急需快速战列舰。"这令我非常惊讶，我的任务又不是保他的驾，我的任务是用第3舰队发动进攻，而我们正在截击的日军舰队，不仅对我和金凯德都是威胁，而且可以影响到整个太平洋的未来战局。不过，我还是命令正在东方加油的麦凯恩，并抄送金凯德："火速向北纬11—20度东经127—00度附近之敌出击。"

9时，我收到金凯德第5份电报："我护航航空母舰遭到敌4艘战列舰8艘巡洋舰等的攻击。要求李（指挥战列舰的第34特遣舰队司令）火速增援莱特湾。要求快速航母立即进攻。"我已经派去了麦凯恩，现在除了越来越生气之外，只能等待。

9时22分，第6份电报到达："77.4.3特遣小队遭敌巡洋舰战

① 日军南方编队山城号、扶桑号战列舰，最上号重巡洋舰，阿武隈号轻巡洋舰和3艘驱逐舰被击沉，编队指挥官第2舰队第2战队司令西村祥治少将阵亡。

列舰打击，方向 0700 东经 126—25 度北纬 11—40 度。请求立即发起空中打击。请求重型战舰增援。我的旧战列舰弹药不足。"

弹药不足！这可是新情况，我几乎不能相信自己的眼睛。金凯德怎么不早告诉我？我查了一下他这份电报的发出时间。那是当地时间 7 时 25 分，也就是 1 小时 57 分钟之前，我这才意识到，他这份弹药不足的电报，实际上是他的第 3 封来电，当他电告我 77.4.3 小队遭受攻击之后 18 分钟就已经发出了。我后来一直也没能知道，是什么耽误了这份来电的翻译和递送。

我 5 分钟之内回电："我仍在与敌航母交战。麦凯恩奉命率 5 航母 4 重巡立即增援你。"我同时通知金凯德我的位置，以显示快速战列舰不可能及时赶到。

之后的两份电报在将近 10 点时几乎同时到达。第一份还是来自金凯德："李在哪？派李来。"对电报的绝望语气我倒是不感到惊讶，令我震惊的是，他竟用明码发报。几乎可以肯定日本人能够截获这份电报。我还在估量这份明码电报可能引起的后果，第二封来电接踵而至，这次它令我目瞪口呆。直到今天，我一闭上眼睛还能看见它在眼前晃。

发自：太平洋舰队总部
收报人：第 3 舰队司令
全世界都想知道第 34 特遣舰队在哪里。

我就像脸上挨了一巴掌。电报纸在我手中簌簌作响，我一把揪下帽子狠狠甩在甲板上，骂出一句话来，直到今天还是羞于记起。米克·卡尼冲上来紧紧抓住我的胳膊："别犯傻，你他妈是怎么了？

镇静一点。"

我将电报递给他,转过身去。狂怒使我无语。我绝不可能相信切斯特会这样侮辱我。当然,他根本没有这样做,但我那几周并不知道。这里得解释一下海军的惯例。为了增加敌人破译我方密电的难度,大多数电报都夹插一些无意义的话。译电员一般都能立即辨认出这些话并且删去。可是太平洋舰队总部的加密员不是睡着了就是聪明过分了,他夹进的乱语"全世界都想知道",读来太像电报正文了,我的译电员错将其认作电报的一部分。后来我告诉切斯特的时候,他当即暴跳如雷,把这小家伙揪出来几乎生吞下去。可是,损失已经无可挽回了。

我后来所下达的命令,都是在狂怒中下达的。尽管后来厄尼·金安慰我说那都是正确的决定,但我确信它们不是。我10月25日上午的作战日志描述了事情的梗概:"8时35分变速至25节接敌。9时19分变更航向至000。11时15分变更航向至180度。"也就是说航向从正北变为正南。此时,日军北方编队仅存的两艘被打瘫动弹不得的航空母舰,离我战列舰16英寸大炮的炮口只有42海里,可是,我的作战日志里写道:

  鉴于第7舰队司令的紧急求援,第3舰队司令命令第34特遣舰队(李)和第38.2特遣大队(博根)掉头南下圣贝纳迪诺海峡。同时命令第38特遣舰队司令(米切尔)率38.3大队(谢尔曼)和38.4大队(戴维森)继续进攻当面敌舰队。

  (从10点钟我收到太平洋舰队司令部电报,到11点15分变更航向这段时间,我们忙于重组舰队,给博根大队中油料告罄的驱逐舰补充燃料。)

我掉头远离了自军校学员时代起就珍藏的梦想。对我来说,战争中最大的战役已经结束,而所谓的"奔牛之战"开始了①。我通报金凯德:"38.2 大队协同 6 艘战列舰向莱特进发但明晨 8 时前无法赶到。"

我向南赶回的时候,谢尔曼和戴维森的舰队已反复打击了日军北方编队,敌人于下午仓皇逃窜,我 4 艘轻巡洋舰乘胜追击,另 2 个潜艇群在归路上拦截。当屠杀终于结束的时候,日军北方编队损失计有:

沉没——4 艘航空母舰,1 艘轻巡洋舰,2 艘驱逐舰 ②

受伤——2 艘战列舰,2 艘轻巡洋舰,4 艘驱逐舰③

这场战斗令人迷惑的一点,是完全没有空战。我们的打击机群发现敌航空母舰甲板上仅仅停放着一小撮飞机,而起飞应战的只有区区 15 架。我们猜测大部分日军飞机已经转场到吕宋岛上,结果我们的奇袭正好发生在日军航母没有飞机的空档,因为当天上午我们的雷达发现大群不明飞机从西方向接近,但是稍后调转方向从雷达屏幕上消失了。这些日军飞机肯定是正准备上舰挂载弹药,当它

---

① 奔牛之战是美国南北战争初期的著名战役,这里哈尔西借与自己的绰号相同的名字"公牛",意有所指。

② 被击沉的航母是瑞鹤号、千代田号、千岁号、瑞凤号,轻巡洋舰是多摩号。

③ 小泽治三郎的北方编队有两艘战列舰改装的航母伊势号、日向号,2 艘轻巡洋舰五十铃号、大淀号,6 艘驱逐舰受伤逃回。

们发现母舰已经中弹燃烧时，明显只能掉头飞回吕宋。①

与此同时，金凯德又给我发来一系列电报："敌向北退却。"后来是"护航航空母舰又被敌水面舰艇攻击"。再后来："形势再次危急。急需你的增援。护航航母撤出莱特湾。"最后，11时45分："敌舰队3战列2重巡9驱逐方位北纬11—13度东经126—12度航向225度速度20节。"

这个位置在莱特湾东北55海里处，但航向却不是朝向海湾入口。而且，这封电报是我收到之前2个小时发出的，我根本不知道中间这段时间发生了什么。最大的可能，是敌人已经顺原路取道圣贝纳迪诺海峡撤退，而我最好的对策，是把我最快的军舰派出去拦截他们。我手下的战列舰中，只有新泽西号和衣阿华号能长时间高速航行。我用轻巡洋舰和驱逐舰以她们为中心组织了一个掩护群，称34.5特遣大队，电令这个舰群"航向195速度28节前进。准备加速至30节。准备夜战"。同时通知金凯德我将于明晨1时许抵达圣贝纳迪诺海峡，比原计划提前7小时。

我对日军中央编队打了就跑的战术迷惑不解，后来了解整个情况的时候，就更让我不解了。日军舰队在24日我方的空袭中有4艘战列舰、6艘重巡洋舰、2艘轻巡洋舰和11艘驱逐舰幸存，并于当夜穿越圣贝纳迪诺海峡。当25日清晨6时31分他们再次被我方发现的时候，离斯普拉格的特遣小队仅仅20海里。斯普拉格那些

---

① 事实上，24日中午小泽已经飞76架主力飞机空袭了谢尔曼大队，但恰好与岸基飞机的空袭同时发生，所以美军没有判明是日军舰载航空兵。这76架飞机几乎被美军全歼，大半被击落，小半逃回吕宋岛，只有3架飞回舰队。所以日本航空母舰编队当时确实总共只有不到40架飞机，其中18架是战斗机。

航速17节的护航航母，无论在速度还是火力上，都远不是敌人的对手。6时58分日军在3万码距离处开火。

斯普拉格立即向东转向迎风，放飞所有战机，命令所有舰只施放烟幕。敌编队开始分兵：重型舰只转向左舷，轻型舰只转向右舷，迫使斯普拉格转向西南莱特湾的方向。当敌巡洋舰接近到14000码的时候，斯普拉格命令她的掩护舰只掉头向日舰发动雷击。霍埃尔号、约翰斯顿号2艘驱逐舰和塞缪尔·罗伯茨号护卫舰调转航向，冲到离日本战列舰1万码的距离处，齐射一半鱼雷，冲至离日巡洋舰7000码距离处再射出另一半鱼雷。烟幕掩盖了战况。当烟雾渐渐散去，大家发现这3艘英勇的小军舰都已经沉没了。

敌舰继续逼近，其致命的火力开始给我方造成损失。斯普拉格的所有舰只几乎个个带伤，如果日军当时有基本的智力，不用穿甲弹的话，可能早已全歼斯普拉格的特遣小队。因为日军大口径穿甲弹穿透我们舰只的薄薄铁皮就像穿透湿透的鞋盒子，根本不会爆炸。所以，除了掩护群中的3艘小舰以外，唯一被日军舰炮击沉的是航母甘比尔湾号。8时20分甘比尔湾号在日军炮火下速度渐慢，在2000码的近距离处被日舰8英寸炮弹猛轰，于9点整爆炸沉没。

战斗的头两个小时，斯普拉格的英勇战士们孤军奋战，与敌舰几乎贴身肉搏，连护航航空母舰上装的单座5英寸炮都能击中日军巡洋舰。他的复仇者式俯冲轰炸机也极其勇敢，往往在弹药告罄的情况下，还虚张声势向日舰俯冲，希望能引开日舰的注意力。奥尔登多夫的战列舰队不仅远在100海里以外，而且经过5天连续的对岸轰击和前一晚的海战，几乎用光了炮弹和燃料。组成77.4特遣大队的另外两个小队必须承担莱特岛上的对地支援任务，而且南方的小队受到岸炮轰击，而中央小队的航空母舰也受到来自岸基飞机的空袭，桑加蒙号被1颗炸弹击伤，苏瓦尼号和圣蒂号被自杀飞机撞中，圣蒂号还中了1颗鱼雷。但是，这两个特遣小队的飞机从上午9点开始增援斯普拉格，斯普拉格的驱逐舰已经打残了1艘日军重巡洋舰①，3个小队所有的飞机合力进攻，又打沉了3艘敌舰②，这时，敌人开始恐慌，撤出了战斗。我在吕宋岛外一松手，放飞了煮熟的鸭子，日本人在萨马岛外也做了同样的蠢事。

短暂的战斗间隙中，主动权好像转入我们手中，但是10时50分，日军岸基飞机又针对斯普拉格疲惫不堪、伤痕累累的战舰发动了空袭。一架日本飞机冲上加里宁湾号的飞行甲板，引起一场小型火灾；另一架撞进基特昆湾号的侧舷；第3架飞机的一颗炸弹击中圣洛号，自己也撞在舰上离弹着点不远处。圣洛号的大火失去控制，不得不弃舰，损失惨重。敌人还是不敢进一步发展他们的胜利，很快他们的机会就一去不复返了。13时10分，麦凯恩的战机赶到。事出危急，他下令美军战机从离打击半径之外很远处起飞，攻击敌舰之后，降落在莱特岛上的塔克洛班和杜拉格两个机场重新武装，这两个机场几天前刚刚被麦克阿瑟占领。他们与77.4特遣大队的飞机联手，又击沉了1艘轻巡洋舰③和1艘驱逐舰，击伤大多数其他日舰。斯普拉格损失了他13艘舰艇中的5艘，整个77.4大队共损失105架飞机。

当天下午，日军中央编队全速撤退，晚22时进入圣贝纳迪诺

---

① 熊野号。
② 重创重巡洋舰铃谷号、鸟海号、筑摩号，3舰都因伤势过重被日军自己击沉。
③ 能代号。

海峡，而我的舰队还在2个小时路程之外。但是午夜后，我的一艘前卫驱逐舰发现一艘掉队的日舰，我生平第一次也是唯一一次得以亲眼观看水面舰艇战斗。巡洋舰的6英寸炮弹弹如雨下，然后由一艘驱逐舰发射鱼雷做最后的致命一击。他们肯定引爆了日舰弹药库，我在15海里之外都能明显感觉到爆炸。

在那么远的地方，我们新泽西号不可能认出击沉的是什么类型的日本军舰，所以我通过电传向前方各舰询问。传回来的答案，真可算是对我们夜战观察准确性的最佳礼赞。

文森斯号轻巡洋舰①报告："它是青叶级或者爱宕级重巡洋舰。"②

迈阿密号轻巡洋舰："一艘吹雪级或朝潮级驱逐舰。"

比洛西号轻巡洋舰出言谨慎："一艘巡洋舰。"

发射鱼雷的米勒号驱逐舰："照月级驱逐舰。"③

欧文号驱逐舰："一艘扶桑级战列舰。"

驱逐舰中队司令："夕张级轻巡洋舰。"

我们的巡洋舰分舰队司令："我没意见，大概是一艘巡洋舰就对了。"

这就是我们所能知道的全部真相了。④

这是我们最后一场水面战。空袭于第2天，26日，由麦凯恩和

---

① 在太平洋战争期间有两艘文森斯号巡洋舰。第一艘是重巡洋舰，舷号CA-44，在瓜达尔卡纳尔系列海战中被击沉。本艘文森斯号巡洋舰舷号CL-64，1943年7月服役，是一艘轻巡洋舰。

② 实际日军叫作古鹰级和高雄级。

③ 实际日军叫作秋月级。

④ 实际上这是留下来了结鸟海号、筑摩号、铃谷号3艘受伤重巡洋舰，并接回筑摩号舰员的阳炎级驱逐舰野分号，他们谁也没猜对。

博根大队的飞机继续展开，追击日军中央编队向西四散奔逃的残部，而我们的舰艇向萨马岛以东海面搜索日军掉队的舰艇和我们前一天作战中跳伞的飞行员。我们没有发现日本军舰，可是坠海的日本水兵多得像水耗子。我还在吃早饭，比尔·基彻尔闯进来嚷嚷："上帝啊，小日本杂种到处都是，我们要不要停下来打捞他们，将军？"

我告诉他："等把我们的小伙子全捞起来再说。"

我们记录了日本人的位置、风向和潮汐数据，当我们打捞起所有美军飞行员之后，我命令驱逐舰："打捞几名态度合作的日军询问情报。那些不肯合作的日本鬼子可能是想去会见他们的祖宗，我们应该成全他们。"（我不能让他们漂到岸上去加强岛上的日本守军。）驱逐舰总共只捞起6名日军。

尽管恶劣天气妨碍了麦凯恩和博根的追击行动，那天夜间他们还是汇报"2条鱼雷多枚炸弹击中1艘长门级战列舰，于棉兰老岛南端海面停车起火。10海里以南，1艘夕张级轻巡被1鱼雷2炸弹击中。班乃岛西北两艘战列舰分属大和级和金刚级，被火箭和1000公斤、500公斤炸弹击中。同一地点，1驱逐舰舰艏被炸飞但仍漂浮，1重巡中两颗鱼雷和多枚炸弹。1艘轻巡于塔布拉斯海峡受伤。1水上飞机母舰于吉马拉斯海峡爆炸沉没。我军击落40架敌机，自损11架，大多数被敌战列舰密集防空火力击落"。

就这样这次持续3天，跨越3个战场的莱特湾大海战结束了。我们有6艘军舰沉没，11艘受伤。敌人26艘军舰被击沉，25艘受伤。我在官方报告中，总结这场海战的收获如下："1. 日军试图阻止我军收复菲律宾群岛的意图彻底破产；2. 日本舰队决定性地惨败；3. 一劳永逸地消除了任何来自海上的，对今后作战行动的威胁。"

最初，美国海军舰队总司令部不完全相信我报告结论中的第2和第3条。10月25日晚间，我向太平洋舰队总部发报："日本海军已经被第3舰队和第7舰队击毁。"我后来听说舰队总司令部告诉太平洋舰队总部，他们所收到的战报不支持我以上的乐观结论。但是，29日海军舰队总司令告诉我和金凯德："敌海军主力大部已被永久性消灭，剩余一部在一段时间内无法作战。你们两舰队所有官兵受到我们最衷心的爱戴。干得漂亮。"

这话从厄尼嘴里说出来是非常高的评价！

当我转年1月在华盛顿向他汇报时，我的第一句话就是："我在那一仗犯了错误。"

他合起双手说："不用再讲了，无论你做什么，我都给绿灯。"

但是我仍想一吐为快："我还是认为当时鬼子已经在我炮口下的时候转向南方是个错误。"

厄尼回答："不，那不是错误，你当时不可能不这么干。"

所有的大人物都给我们发来贺电。麦克阿瑟将军的贺电最为感人："我们跟你长期合作，早已预料到你的成功。当你来和我们并肩战斗的时候，这里的每一个人都深受鼓舞并充满必胜信念。"马歇尔将军来电："历史性的辉煌胜利。陆军谨致谢意。"海军部长福雷斯特来电："第3舰队又一次成功了。"

所有这些人的这些赞扬，读起来都让人高兴，可是如果我能够收回当日我自己的一小段电文，我宁可不要这些赞扬。那段电文是："11时15分转向180度。"

我试图依照我当时的思考过程和感觉来重现莱特湾海战，但是当我重读此篇的时候，发现这对金凯德并不公平。确实，在战斗中，他的来电曾经让我迷惑不解。后来当我了解到当时我所缺乏的信息的时候，我不仅理解他的处境，而且可以坦率地承认，如果我处于他的地位，我的反应肯定会和他一模一样。

因此我必须再次强调一点：尽管我们在西太平洋的海军实力已经强大到了可以单挑全世界所有海军的地步，但是它不是被置于任何一个单一的指挥之下，这一事实几乎为我们招致灾难。唯一让我们转败为胜的因素是大家心往一处想。相同的思考方式能带来胜利，这本身是对美国海军教育训练体制的至高赞扬。

第十四章

莱特湾海战于1944年10月26日结束，我于1945年1月26日卸任第3舰队司令职务。这中间的3个月，我军为了支援麦克阿瑟的推进反复不断地轰炸敌人，日复一日做着相同的事情，要说不同之处，那就是这3个月的每个月我们都有至少一样新鲜而难忘的经历。11月是日军神风特攻队的登场，12月是一场台风，1月则是我舰队首次突入南海。

神风特攻队粉墨登场的日子选择得相当巧妙。我军已经在海上作战了很多个星期，高潮是打了一场持续3天的大海战，这让我们的人员筋疲力尽，飞机装备也损耗很大。第38特遣舰队从8月底以来已经在战斗中损失了220架飞机，再加上因为事故损失了大约50架。因为人员疲惫，事故损失率逐渐升高。比如黄蜂号航空母舰上的军医报告说，舰上总共131名飞行员当中只有30名身体状况适合继续飞行。整个特遣舰队早就该回尤里蒂环礁休整了，特别是我舰队的下一个任务将是无比艰巨的：打击日本帝国的心脏，东京。

但我们目前还不能休整。陆军还需要我们留在菲律宾海域支援。虽然肯尼将军承担了莱特地区所有地面和海空直接支援的责任，但金凯德请求第3舰队留下来以防万一。他对肯尼为第7舰队提供的掩护不太满意，而且他自己麾下的护航航空母舰有很多都在萨马岛外的海战当中沉没或失去了作战能力，所以无法给自己的舰队提供有效的空中掩护。我应他的请求推迟了出击日本本土的计划，把麦凯恩和特德·谢尔曼的两个航母特遣大队派回尤里蒂，另外两个大队虽然疲惫，仍然留在前线作战。戴维森的大队在萨马岛外巡航，博根大队，包括我的旗舰新泽西号，被部署在戴维森的北边，吕宋岛外海。

第一次神风自杀攻击发生于10月29日中午12点14分。一队日机向我们大队冲来。我军的战斗空中巡逻机严阵以待，击落了其中21架，舰上高射炮又打下1架，但有1架自杀飞机突破重围，撞在1艘航空母舰上。这艘倒霉的航母，毫无悬念，正是博根的旗舰无畏号。我说"毫无悬念"是因为无畏号大概是整个海军里运气最差的军舰了。她像萨拉托加号一样，每次一出海就会碰一鼻子灰。她保持着一项可怕的记录：先后被5架自杀飞机撞中，在船坞里大修的时间太长了，得的绰号有"破军舰""陆地无畏"之类。这是撞中无畏号的第一架自杀飞机，只是擦伤了她的炮位甲板，有6名水兵阵亡，这次受轻伤不影响其作战效能，所以我们对日军作战方式的忧虑，更甚于为无畏号本身感到的担心。

当时我虽然不知道日本人用的"神风"这个名号，但之前也见过自杀飞机——1942年2月我带舰队袭击马绍尔群岛期间，就有一架日机试图冲撞企业号。那架飞机已经重伤无法挽救了，飞行员有可能当时已经阵亡。但这次冲撞无畏号的飞机根本没有受伤，从俯冲动作明显可以看出其抱定了牺牲的决心。我军情报早已警告说，日军组织了所谓"神风特别攻击部队"，即便得到事先警告，即便亲眼看到了这次进击，我猜想我们中间大多数人还是把它当作纸老虎，故意做出某种吓唬人的恐怖之举，因为我军无法理解自杀攻击背后的这种心态：美国人战斗是为了生存，理解不了其他的民族会为了死亡而战斗。就算我们知道日本人有着剖腹自杀的变态传统，也还是难以相信日本人居然能找到这么多甘愿送死的飞行员，把这支自杀部队真正成立起来。

第二天我们就被残酷的现实击破了幻想。日军没能撞到戴维森大队里的企业号，可是同大队的另外两艘航空母舰富兰克林号跟贝利乌森林号都被自杀飞机撞中，我军总共阵亡158人，45架飞机被摧毁，两艘军舰要返回基地大修。很明显，神风飞机的首要目标是我军大型航空母舰，因为这种军舰装载着大量航空汽油，容易受伤也容易起火，航母的火力微弱，装甲也薄，只要飞行甲板受损，那么舰上搭载的100多架飞机就无法作战。但神风特攻队在11月1日把袭击重点转向莱特湾里金凯德的驱逐舰，击沉击伤了其中5艘。11月5日转而进攻刚从尤里蒂环礁返回战场的谢尔曼大队：一架自杀飞机差点撞中提康德罗加号航母，另一架险些撞在莱克星敦号上，不过第3架撞上了莱克星敦号的信号旗甲板，杀死了47名官兵。我们曾以为神风特攻只不过是炒锅里的菜油冒个火苗而已，结果它在面前爆炸了。[注1]

尽管日本海军在莱特湾海战中遭遇了决定性的失败，但仍然顽固地拒绝承认自己已经打败了整个莱特岛争夺战，而这给我军调整战术对付神风攻击带来了一定困难。日军开始向吕宋岛、棉兰老岛、米沙鄢群岛的各个机场大举调派飞机,派部队渡过锡布延海,经由各岛间的内海水道大举增援。肯尼既无力制止日军的调动,也无力掩护我军的部队和船运安全。他手下的战斗机无法对付敌护航运输队,而轰炸机则数量不足。而且当地的雨季开始了,肯尼的新机场建设被一再拖延,只有一个塔克洛班机场可供作战使用,而这一个机场根本不够为地面攻防派出足够的飞机。某一个拥挤的夜晚,一波日寇空袭炸毁了停在地面的27架P-38闪电式战斗机。敌军越来越胆大妄为,我军放慢了在莱特岛上的推进步伐,结果麦克阿瑟将军请求快速航空母舰部队助他一臂之力。

这就意味着我的舰队不得不进一步推迟急需的休整,并且取消我一直想干的一件事:在圣诞节发动自吉米·杜利特尔以后对东京的第一次快速航母空袭(后来这个荣耀在1945年2月归于第5舰队),可是替莱特岛上的危急局面解围,比以上一切考虑都更重要。如何运用航母部队支援陆上作战,有两种思路:一是兵来将挡——把航母部队保持在战场附近的有限海域,作为战斗中空中巡逻机的基地;二是犁庭扫穴——打击敌人的机场,这是敌航空兵力的老巢。我从来都倾向于第二种思路。我告诉麦克阿瑟,如果能允许我打击吕宋岛上的日军机场的话,我能做出更大的成绩,因为那里是日军航空援兵的来源地。他一给我开绿灯,我们就开始进攻了。实际上我的舰队从11月5日到25日之间出击了6次,摧毁了756架敌机,消灭了一支由10艘舰船组成的,正向莱特岛航渡的日军护航运输队,还派出水面舰艇编队炮击了硫黄岛上的机场设施,日军利用硫黄岛作为侦察机基地,并让由本土飞向菲律宾的增援部队在硫黄岛降落，将其作为中转站。

同时我军还调来了援兵改善莱特岛的空防。我在南太平洋的时候，手下有一个陆战队航空大队，从空战到对海攻击各个方面表现都极为出色。我知道这个大队现在就在麦克阿瑟麾下，也知道肯尼没有充分利用他们的能力，只把他们用来执行一项无关紧要的任务，不过我不知道为什么。金凯德向我抱怨缺乏空中掩护，这促使我越权向麦克阿瑟提了一个建议，任何一个人如果不像麦克阿瑟那样宽宏大量，一定会觉得我这样做是多管闲事。我请他注意这支陆战队航空大队，他下令把这个大队调上前线，他们在到达以后24小时就给我挣足了面子。由于他们的英勇作战，还有我舰队对吕宋岛的空袭，金凯德的每日报告开始写道："未发现敌机。"

我军为助战莱特岛发动的最后一次空袭是11月25日。我还曾认为这会是我军需要发动的最后一场对日空袭呢。我们的新战术当时已经在表面上完全压制了神风特攻队，可是这次他们积蓄实力，卷土重来。一架自杀飞机撞在谢尔曼大队的埃塞克斯号航母上，其他自杀飞机集中攻击我所在的大队，所以我将整个过程看得一清二楚。第1架飞机向着汉考克号航母俯冲下来，在正上方时被舰上炮火击落，机翼的残片落在飞行甲板上引起一场火灾。第2和第3架飞机都装满炸弹，不偏不倚地撞进了不幸的无畏号航母。第4架自杀飞机撞上了卡伯特号航母的前甲板；两分钟之后第5架自杀飞机撞上卡伯特号左舷前部，紧靠前一次的撞击点。埃塞克斯号上的大火很快被扑灭，有14名水兵阵亡，舰体受伤严重，但是还能坚持在海上作战。汉考克号上无人阵亡，伤势轻微。卡伯特号虽说伤亡34人，而且前部受了重伤，也可以坚持在海上作战。可是无畏号变成了一片地狱。受到自杀飞机撞击以后，全舰马上被大火包围了，着了火的汽油像瀑布一般从军舰侧面流向海面，一次接一次的爆炸震动着舰身，然后混合着油污的黑烟从军舰上升起几千英尺高，把全舰都笼罩在烟雾里，只露出舰艏。尽管舰上烈火熊熊，无畏号仍旧保持着既定的航向、航速和相对位置，杰里·博根只中断指挥半小时，其间把特遣大队的指挥权交给了旁人，这也只是因为他的通信设备被烧毁了，半小时以后他就恢复了指挥。这是我见到的最英勇的行为。

无畏号上阵亡或失踪 69 人，17 架飞机被毁，受伤严重，不得不返回珍珠港大修。于是神风特攻队在不到 1 个月的时间里就让第 3 舰队损失了 328 名官兵，大约 90 架作战飞机，还让其暂时失去了 3 艘航母。他们确定无疑地证明了自己的军事价值，因为用 1 架破旧飞机和 1 名飞行员换取击沉 1 艘驱逐舰，或者让 1 艘航母失去作战能力的战绩，这无论如何都是合算的买卖——至少在公众眼里双方的交换比是这样的。但这不是真正的交换比，因为我军的统计数据证明，只有 1% 的自杀冲锋者成功地撞中我们的军舰，其余飞机不是无谓地掉进大海，就是被击落。所以日寇真正付出的代价是 100 名飞行员和 100 架飞机。

更重要的是，虽然飞机可以替换，飞行员却无法被替代。日寇发动神风攻击之前很久，我们就清楚日本飞行员的素质在稳步下降。我们估计已经杀死了他们大部分的优秀飞行员，他们的优秀飞行员储备库即将见底，神风攻击证实了我们的判断。这些神风自杀队员都是些笨拙的业余飞行员，一通过战斗飞行资格考核就被狂热的军官选中，一股脑塞进了神风特攻队。我认为神风攻击绝不是英勇精神的产物,而是绝望的苦果——它无可辩驳地显示日本的战争机器已处在崩溃的边缘。

可我不能像个傻瓜那样强撑面子,声称一架真实的神风自杀飞机吓不倒我,这玩意儿真把我吓得够呛,而且不止一次。但自杀攻击这个作战概念本身从没有让我恐惧过。我有充分的信心,我军一定能制定出对付自杀攻击的有效战术,尤其是在我们的官兵能得到充分休整,飞机能得到及时补充,舰队保持攻势的条件下。我必须强调,神风自杀攻击初期的成功,是在我军士兵疲惫、飞机缺编的条件下取得的,而且无畏号第一次被撞中的时候,我舰队正被局限在一片狭窄的海域,搜救前一天夜里因为风暴而落水的飞行员,而富兰克林号和贝利乌森林号被撞中的时候,附近正好有一条油轮被日军侦察机发现,这两艘航母上空执行战斗空中巡逻任务的战斗机被派去掩护这条油轮了。(如果舰队丧失了这些宝贵的油轮的话,就会很快丧失作战能力,可是小日本太过愚蠢,计不及此。)

"斯鲁"·麦凯恩在10月30日接替皮特·米切尔指挥第38特遣舰队。在"斯鲁"和他的参谋部的协助下,我们开始着手研究如何防御神风攻击的战术,解决方案可以分为近程、中程、远程三个层次。

近程防御利用高射火力。这方面,除了加强训练提高准确度以外,我们做不了太多的改变。

中程防御措施大有文章可做。我们通过研究历次神风攻击,发现他们一般有三种方法接近我舰队。神风飞行员会悄悄尾随返航的我军飞机,混过我们的雷达自动敌我识别系统;或者会采取从高空进行远程快速滑降的方式,利用我军雷达的盲点突防;或者从海面高度采取超低空突防战术,而我军雷达往往反应得太慢,所以战斗空中巡逻的飞机来不及实施拦截。针对第一种突防方式，我军在远离舰队主力的海面部署了驱逐舰作为哨舰，命令返航的飞机接近哨舰的时候向某个特定的方向飞行，并以某种特定的姿态在空中盘旋。针对第二种突防方式，我们会扩大战斗空中巡逻的飞行范围。针对第三种突防方式，我军采取了"杰克式空中巡逻"模式，让战斗机在低空盘旋。

远程防御措施就是"不间断战斗空中巡逻"，即派出战斗机在24小时三班倒，不间断地抵近压制所有敌机场。我军的昼间战斗机在敌机起飞的时候就将其击落，而夜间战斗机则让敌人不敢尝试夜间起飞。

要实现不间断的战斗空中巡逻需要部署大量战斗机。我们改变了各大型航母上的飞行大队的固定编成，从37架战斗机、36架轰炸机、18架鱼雷机变为72架战斗机、15架轰炸机和15架鱼雷机。（我军新型的F6F恶妇式和F4U海盗式战斗机非常强大，在必要的时候可以携带炸弹兼作轰炸机使用，而鱼雷机目前的用途有限。）我们还请求把两艘航母上的航空大队训练成为夜间飞行大队，补充目前已有的一艘航母上的夜间飞行大队，这个请求得到了批准。

以上种种改革措施并不是拍脑袋的产物，每项措施都经过充分论证、试行和改进。这些措施也不可能在一夜之间就一劳永逸地终结神风特攻的威胁。的确有几架自杀飞机偶尔会突破我军空防，给舰艇造成损失，但这种情况比以前少多了。以前曾经被认为是令人胆寒的巨怪精灵，很快就被打回原形，被证明只是正常的危险分子而已。

除了战术改进，我军的战略也做出相应调整。受伤的富兰克林号、贝利乌森林号、无畏号离开了战场,也带走了为她们护航的驱逐舰,因此第38特遣舰队被迫从下辖4个特遣大队改为3个大队。舰队久战兵疲,再加上神风特攻带来的紧张气氛,这些都要求舰队马上回港休整一段时间。麦克阿瑟的下一步作战行动定在12月5日,将入侵民都洛岛,我们不得不请求推迟作战行动,一旦他回电批准,舰队马上启程返航尤里蒂环礁。

新泽西号从8月离开珍珠港到11月27日进入尤里蒂锚地,已经航行了95天,航程36185海里,其间只有10天待在港内。我的身体、脑力和神经都疲惫不堪。全体官兵莫不如是。我本人和飞机、军舰上的大多数官兵体力上的负担并不重,但是我所肩负的指挥责任重如山。精神上最重的负担,来自无处不在的空袭的威胁,精神紧张到一定程度,以至于空袭真正到来了,人们反而松了一口气,因为你知道事情不可能变得更糟糕了。这种精神负担只有在一系列空袭的最后几天,舰队踏上归程时才会开始缓解,即便如此,我也需要好长时间才能完全放松下来。别人也许会通过阅读优秀的文学作品放松神经,我喜欢读的是《警察通报》之类的低级杂志。

每天我大约早晨5点起床,看着第一拨飞机起飞,夜里12点结束一天的工作。舰上仅有的娱乐方式是看电影,离开战区之后,还可以在甲板上打网球。[注2]

看完电影,我和手下参谋们,那一小撮"诡计多端部"的家伙开晚间例会,这些人有米克·卡尼、哈姆·道、道格·莫顿、哈罗德·斯塔森、约翰尼·劳伦斯。我听他们在会上胡扯些设计欺骗和整治敌人的新办法。(海军部不会让我在这里对这些言论多加描述的。)我大约在午夜之前起身离席,让他们继续开会,我上舰桥再看一眼舰队的情况，然后去海图室最后看一眼当天的海图和电报。回到住舱以后我再喝一杯咖啡（当天的第 10 杯咖啡），抽支烟（当天的第 40 支烟），然后睡觉。我一直试图每天睡足 5 个小时，可很少能够如愿。海上巡航舰对一个天生喜欢操心的人来说，绝对不是一个容易安眠的环境，况且你脑子里总绷着一根弦，很可能下一秒钟就会响起刺耳的战斗警报，呼唤全体就位。

舰队在尤里蒂环礁休息的两个星期和回国休整一样好。虽然周围环境荒芜，我们大多数时候还是能好好休息，或者至少试图好好休息。我们不可能完全放松，因为我脑子里还在想着 11 月 25 日的神风自杀攻击。10 月 12 日我军袭击了琉球列岛，因此给中国台湾的日军报了警，后来空袭中国台湾就不可能是一次奇袭，这一点可以理解。可除了中国台湾那次以外，11 月 25 日的战斗是我们第一次没有在战术和战略层面做到出敌不意。原因何在？是什么让小日本觉察到了我军动向？经过几天的探讨，我们提出三种可能性：

1. 西南太平洋战区方面泄密。
2. 肯尼的第 5 航空队突然减少了作战活动。
3. 我军无线电活动模式的突然变更。

我们一致认为最后一种原因最有可能，所以进行了一次试验：虚拟一次进攻，预定试验的那天我和参谋人员上岸在一片叫作"凯兴的最后度假村"的海滩野餐，所以把这次虚拟攻击命名为"野餐空袭"，而这片海滩则是用环礁湖基地指挥官"邋遢货"·凯兴的名字命名的。①

---

① 海滩名字的原文"last resort"是个双关语，字面意思是最后一个度假村，作为成语是最后的手段的意思，中文很难找到类似的双关语来传达原文的幽默感。

所谓的"空袭"其实就是用虚假的无线电信号模拟完成一次空袭之前我军通常采用的无线电通信流程。日寇在吕宋岛周围所有的运输商船闻风而动,立刻就龟缩进了南中国海对面的安全地带。我们终于找到了答案。从此以后我们大大改变了我军的无线电通信模式,又能愉快地在小日本做梦时随意奇袭他们了。

12月11日舰队从尤里蒂环礁湖起航,前往支援预定在15日发动的民都洛登陆行动。民都洛在莱特西北方向250海里处,就在吕宋岛敌人的眼皮底下,因此舰队的任务是牵制吕宋岛上的敌航空兵,不让他们拦截我军运输舰队。我们标明了整个地区所有已知和疑似的敌机场,给每个主要目标分配了专门的航空母舰对其进行打击。然后我舰队用3天时间全力发动空袭。16日舰队撤离的时候,我军摧毁了270架敌机,自身损失27架,并击沉了33艘各式舰船,没有一架敌机能接近到舰队方圆20海里范围之内。[注3]

我们计划在17日加油,19日开始再空袭3天,因为那几天民都洛岛滩头阵地上将会集中大量的补给,拥挤不堪,海面也会集中大量舰船,因此需要动用一切兵力进行掩护。可是在我们准备好再次袭击吕宋岛的当口,麦克阿瑟将军自己发动了打击,而我们这里则发生了一场灾难——一场突如其来的台风席卷舰队,倾覆了3艘驱逐舰,摧毁了大约200架飞机,790人死亡,28艘军舰受伤,其中9艘伤势严重不得不返回基地大修。这是海军自萨沃岛海战以来所受的最大规模的、没能给敌人造成相应打击的自身损失。

我在17日午前的作战日志中首次提到有恶劣天气正在逼近:"中等强度的横向浪涌和20—30节的大风增加了海上加油的难度。"当时舰队在吕宋岛以东500海里处,重型舰只正用自己的油舱为驱逐舰加油,而重型舰只本身将去舰队油轮那里加油。第一艘靠上新泽西号加油的是斯潘塞号驱逐舰。我的作战日志显示,斯潘塞号和其他驱逐舰很快麻烦缠身了:

11时28分。通向斯潘塞号的前后两根油管脱落。

12时08分。科莱特号报告威斯康星号舰身边的海况极为糟糕,两根油管都被扯掉。

12时20分。斯蒂芬·波特号报告被吹离加油位置。

12时29分。莱曼·斯文森号报告两根油管脱离。

12时38分。普莱斯顿号报告两根油管和引导缆的操作都出现伤亡。

12时40分。撒切尔号报告一根油管脱落,被迫终止加油。

风越来越大,浪越来越高。我在13点10分命令中止加油,规定油轮第二天一早6点钟在西北方向200海里以外跟舰队会合。因为我手下的气象军官预计在离我们东边大约500海里处有一个"热带气旋"——还算不上台风,未来将以12—15节的速度向北偏西方向移动,随后将遭遇一股冷空气锋面,转向东北。根据这个预报我们选择了明天加油的地点。

可是1小时以后,我接到水上飞机供应舰钱德里尔号来电,报告说上午10点观测到离我舰队东南方向不到200海里的位置有一个确定无疑的风暴中心,这封电报不知为什么被延误了,而且内容完全出乎预料。这是我们首次收到关于这次台风的确定无疑的情报。预定的会合加油地点位于风暴前进的路径正中,因此我紧急变更了原定的会合加油地点，改为西南方向。然后我又被迫把会合地点改得离目前地点更近，因为油轮在这样的天气状况下开不到那么远的地方。当然，我选择会合点的时候，还必须考虑到离吕宋岛足够近，因为我们将要空袭那里。

我舰队整夜都向西南方向航行。18 日凌晨 5 点 08 分，舰队的气象专家估计台风中心在我军东北方向 250 海里处，仍然以 12 节的速度向北偏西方向移动。我们当时所处的海面风力 38 节，风向几乎正北，气压计显示读数 29.67，比 7 小时以前下降了 0.09。（海面正常天气下的读数是 29.92。）加油比前一天更加艰难，可是我们不得不再次尝试，不仅因为要掩护麦克阿瑟将军，也是为了我们自己。我军驱逐舰已经连续高速航行了 3 天，第 4 天则与天气做斗争，现在燃料即将告罄，航速和航程都受到极大的限制。更糟糕的是，驱逐舰的油量越低，就会被海浪抛得越高，适航性越差。卡拉汉号、布鲁什号、弗兰克斯号、库欣号都只剩下 15% 的油，马多克斯号、希考克斯号、斯潘塞号剩下的油料大约在 10%~14%。

上午 7 点舰队再次尝试加油，可是很快发现这是不可能完成的任务，于是不得不遗憾地通知麦克阿瑟将军我们无法如约袭击吕宋。天气越来越糟糕。陪伴油轮的护航航空母舰在滔天海浪中载沉载浮。风力增大到 43 节，气压表又下降了 6 个点。人人都知道台风的行踪很难被准确预报，这场台风也不例外：8 点半我们发现台风没有如气象参谋预计的那样转向东北方向，而且一切迹象都表明，它正朝我们直冲过来。

我的作战日志记载了接下来几个小时发生的事情：

    8 时 41 分。黄蜂号报告左舷发现一条救生艇，可能上面有3个人。

9时07分。独立号报告有人落水。

9时11分。(轻型航空母舰)蒙特雷号报告机库甲板里停放的飞机因为剧烈的颠簸晃动而挣脱了固定绳索并着火。

9时25分。蒙特雷号报告速度太低无法操舵。

9时31分。独立号报告2人落水。

9时42分。(护航航空母舰)夸贾林号报告失去操舵能力。

10时07分。风力62节风向356度,气压表读数29.52。

10时12分。威斯康星号报告舰上搭载的1架翠鸟式观测侦察飞机落水。

10时16分。重巡洋舰波士顿号报告1架翠鸟式飞机落水。

10时17分。护航航空母舰鲁迪亚德湾号报告在海面停车。

10时51分。轻型航空母舰考本斯号报告机库甲板起火。

11时整。风力55节风向350度。气压表读数29.47。

11时28分。护航航空母舰埃斯佩兰角号报告飞行甲板起火。

13时整。风力66节风向358度。气压表读数29.30。

13时10分。风力从75节猛增到83节,13时30分到14时之间瞬时阵风达到93节。气压表读数29.23。

13 时 58 分。第 38 特遣舰队司令报告，雷达显示台风中心方向 000 度（正北方向），距离 35 海里。

这是风暴最猛烈的时刻。没有经历过台风的人无法想象它的暴烈程度。高达 70 英尺的海浪从四面八方向你砸下来。大雨和强风让人睁不开眼睛；它们迎面向你扑来，直到你根本辨不清海洋和天空。我在大中午根本看不见离舰桥 350 英尺的船头。新泽西号曾被一枚 5 英寸炮弹击中过，当时我根本没有感觉到震动；同级姐妹舰密苏里号的主甲板被一架神风自杀飞机撞中，仅有的一点小伤用油漆刷子就修复了，可是这场台风把艨艟巨舰像独木舟一样在海面上抛来抛去。我们的桌椅和一切没有固定的家具都必须用两道绳索捆绑起来，人员则在多少个边边角角之间来回碰撞，在风暴的咆哮声中，我们根本听不见自己的叫喊。

而那些尺寸只及新泽西号 1/20 的驱逐舰上是什么状况，我只能想象了。有人告诉我，有些驱逐舰被大浪打得横在海面上，烟囱几乎和海面平行，然后被强风按在那个位置立不起来，海水涌进各个通气口和进气道，电路短路，丧失所有电力、转向、灯光、通信系统，只能无助地随波逐流。以下是希考克斯号的损坏报告：

两部转向舵发动机全部失灵。舰上的主电路板和紧急柴油发动机损毁。无数的电门和电线被损坏。1 座锅炉进了海水。所有雷达天线不是倒塌就是被冲进海里。26 英尺探照灯被冲走。右舷第 14 号罗经台向内侧弯曲变形。舰艉的上层建筑向前方弯曲变形。深水炸弹架的延长部被冲得脱离原位，在主甲板上留下 6 个铆钉的空洞。木工工作室和舰艇理发室进水。机动救生艇和右舷前部救生艇吊臂被冲走。

希考克斯号的位置在舰队北部,那里是遭受损失最严重的地方。我们一确定台风走向,就马上向南方航行,以避开台风中心,让舰队向左呈半圆形航线行驶,这样比较容易控制方向。大多数军舰都避开了台风中心,但有几艘掉队的舰艇没能躲开,其中几艘安然闯过大风大浪,但其余的舰艇再也没有出现。

下午2点以后天气转好。到下午3点风速降低到56节,气压表回升到29.40。1小时之后风速进一步降低到35节,气压表读数29.46。到黄昏时分我们可以开始搜救落水人员了。

20时02分。轻巡洋舰圣胡安号报告听到求救哨声。
20时06分。卡伯特号报告听到求救哨声。
20时16分。汉考克号报告在后方海面发现灯光。

类似的报告不胜枚举,可是在暗夜中的汹涌海面上,不可能发现一个穿着救生衣的人。驱逐舰没有救起任何幸存者。

第二天19日我们一边加油一边继续搜救,以后两天也是如此。这是海军历史上最彻底的搜救行动。全舰队每艘军舰每架飞机都投入其中。我们标定的搜救区域包括了落水人员随波漂流可能到达的最远范围,驱逐舰分队排开队形,肩并肩地在海面上来回梳篦,瞭望哨加倍。偶尔我们能发现漂在海面的一名水兵,有时候能打捞起一艘救生艇。在被救人员的帮助下,我们开始统计有多少人落水。舰队损失了3艘军舰,分别是驱逐舰斯潘塞号、赫尔号、莫纳汉号，损失了3艘军舰上的几乎全体舰员。斯潘塞号上的幸存者有24人，他们告诉我们军舰的舵在风暴最猛烈的时候卡在极右位置，一下子就造成了军舰倾覆。赫尔号上有48人得救，莫纳汉号上只有6人活着，这两艘军舰都是翻沉的。

我们曾担心还有第4艘军舰沉没，那就是护航驱逐舰塔博拉尔号，并已经把她列入了损失军舰名单，因为没人知道这艘军舰的下落。最后消息传来，她的前主桅被冲走，所有的无线电和雷达设施全部被毁，但除此之外她安然无恙，甚至还救回赫尔号上的10名幸存者。这些幸存者报告说，全靠了塔博拉尔号舰长的熟练操舰术，他们才能活下来。别的军舰在风暴中只能勉强自保，而这位舰长却还能指挥军舰靠近并打捞起这些幸存者，就算是那些穿越过赤道的老水手都没见过如此娴熟高超的航海术。

塔博拉尔号的舰长是来自亚特兰大的亨利·普拉格海军少校。我给他发电"干得漂亮！"后来有幸亲手授予他一枚荣誉军团勋章。他操舰的技术如此精湛，我问他以前是干什么的，以为他参军以前曾经在远洋捕鱼船队干过，可是他居然是一名海军后备役军官，加入正规军之前唯一一场航海经历，是在佐治亚理工学院当海军后备役的时候参加过一次短期出海训练！当一个国家能凭空变出这样的天才战士时，怎么可能有敌人能战胜它呢？

我军终于在12月发动了被延误的空袭，可是在驶向出发阵位的路上，天气再次变得恶劣，不得不取消飞行，结果我被迫再次向麦克阿瑟道歉，而不是发起进攻。舰队现在无法再待在海上，不得不回尤里蒂环礁修复台风造成的损伤。我们在24日上午进港，当天下午尼米兹从珍珠港乘机抵达。他刚刚晋升五星上将还不到1个星期，当他登上新泽西号的时候，太平洋舰队首次升起了五星将旗。

尼米兹一贯考虑周到，他给我们带来一棵装饰好的圣诞树，每个人都很喜欢，可是别说是圣诞树，就算圣诞老人本尊那天夜里从新泽西号的烟囱里钻进来，我们也没一个人有心思过节。就我自己来说，最近4年的圣诞节都不在家过，在海与沙之间度过的圣诞节，和家乡白雪皑皑的圣诞节大相径庭，风味迥然不同，海上作战的紧张感时刻充满我的头脑，以至于平安祥和的节日气氛早已和我格格不入了。

舰队返抵尤里蒂之前的10天当中，我们接到几份日军在中国南海部署舰艇的报告，其中两艘战列舰伊势号和日向号确定无疑驻泊在金兰湾。我从接掌舰队伊始就想要打击中国南海地区。这片被掠夺的海疆为日本提供石油、橡胶、大米和其他战争必需的物资，如果我们能打击这里沿海的船运和港口设施，相信一定会对日本的战争努力形成致命的一击。我们在3个月以前在荷兰迪亚跟麦克阿瑟将军的参谋部会谈的时候，就曾经强调过请他一定要尽快打开苏里高海峡，以便我舰队穿越菲律宾中部进入中国南海，10月21日我再次致电向他提起此事。

厄尼·金看到这份电报的抄件马上询问尼米兹："哈尔西想要干什么？"

切斯特转达了金的问题。我如实回答以后被告知，除非得到太平洋舰队司令部的明确许可，否则我不可以闯进中国南海地区。（也许上级担心我在丰厚战利品的诱惑面前，会犯判断上的错误。）我对此甚为失望，不过还不至于垂头丧气。这片海域至少有一处可以让我发动打击而不违背厄尼的命令,那就是婆罗洲海岸西北部的文莱湾,那里集中停泊了很多日本战舰。我计划隐蔽地接近婆罗洲东岸,派出一支空袭力量飞越岛屿打击敌人。如果这次打击能够奏效——我们对成功很有信心——就能报珍珠港的一箭之仇。可惜最后我们未能如愿,既不是因为美国舰队总司令部,也不是因为太平洋舰队总部的阻挠,而是因为肯尼没办法给莱特岛上的战事提供足够的空中支援。我被迫留在左近帮衬他。我们击沉了不少企图增援莱特岛日军总指挥山下奉文将军的护航运输队,一定程度上补偿了一点失去的战机,可这个活本来也应该是肯尼干的。①

我们在 12 月底总算腾出了手,所以我请求切斯特批准我一俟完成掩护麦克阿瑟在 1 月 9 日登陆林加延湾的任务以后,就打进中国南海。切斯特同意了。我军发动进攻的那天是新年前一天,那天夜里我通过舰队内部广播系统,用我的代号向全体指战员宣布:

  我是铁匠本人。你们到目前为止的战绩非常出色,我希望你们更上一层楼。不断地杀死那些混蛋!

巧合的是,我 1944 年作战日志的最后一条记录让我特别满意:

  西南太平洋战区通过对俘虏的审讯,证实了第 3 舰队司令此前声称的击沉敌舰的战绩,并证实日军残余的战列舰普遍受伤。现在可以肯定,日军在第二次菲律宾海战(当时莱特湾海战的名字)中所受的损失超过以往任何一次

---

  ① 山下奉文大将是指挥整个菲律宾地区的日军第 14 方面军司令官,莱特岛上的指挥官是他手下的第 35 军军长铃木宗作中将。

海战。

1944 年的最后一条司令部日志也令人满意，它简洁地写道："保持航行。"

我们曾指望上次台风之后，会有几天好天气，可是此后 3 个星期里糟糕的天气跟我舰队结下了不解之缘。因为天气原因，1 月 3 日和 4 日两天不得不取消了半数针对中国台湾的空袭，只有 111 架飞机被摧毁，16 艘舰船被击沉，同时我们自己的伤亡上升到 17 架飞机。某些小日本飞行员天真地试图哄骗我军，假装成迷路的美军飞行员，通过无线电系统请求我们告诉他舰队的方位，可是他们的英语说得一塌糊涂，我们直接笑场。这事给我们增添了一点笑料。

麦克阿瑟曾明令禁止第 38 特遣舰队主动打击吕宋岛南半部，那里是陆军航空兵和第 7 舰队所属护航航空母舰的作战范围。可是既然他指挥的航空兵无法如预期的那样彻底压制敌吕宋岛的各个机场，他现在请求我们越过这条界线。我们在 1 月 5 日加油，6 日发动空袭，不过恶劣天气使得我们的空袭覆盖范围不像计划要求的那么全面和不留死角，也还是有一些神风自杀飞机突破重重拦截，撞击了 16 艘正在林加延湾为登陆而准备进行炮击和扫雷的军舰，这些军舰隶属于第 7 舰队。

我们本打算 7 号回来再次轰炸，麦克阿瑟请求我们顺延 1 天。我不太情愿地同意了：前面说过，我的航母作战观念是不在一个海区进行静态防御，而是打击敌军抵抗力量的来源，这次作战当中，这个来源就是中国台湾。我军照片分析专家仔细研究了吕宋岛的侦察照片，搜寻敌人在岛上分散隐蔽起来的飞机，他们的辛勤努力帮助我们找出并在地面摧毁了 75 架敌机，只有 4 架敌机有机会起飞，可是很快也被击落。

这是我的舰队最后一次打击菲律宾的目标。我们在 8 日加油，第二天倾巢出动空袭中国台湾，掩护林加延湾登陆作战。那天夜里所有舰载机返航之后，我们开往南海。即便在那时我们也难以相信自己居然骗过了日寇，当舰队穿越台湾以南的巴士海峡的时候，我们离恒春的日军航空兵基地只有 80 海里远。我猜想要么是因为麦克阿瑟出现在林加延湾让日本人惊慌失措，忘记了派出巡逻机，要么是所有日军飞机都被派去撤离他们在马尼拉的军政要人了。曾经有 3 架从马尼拉飞往台湾的日军大型运输机在第二天拂晓前接近我舰队，都被我夜间战斗机击落，其中第 2 架飞机坠海的位置离我的旗舰只有几海里，在海面上熊熊燃烧了一阵才沉下去。日寇的无线电台人员立刻变得歇斯底里并持续了好一阵，我们猜测打下来的飞机上有不少大人物。后来美军密码破译人员证实了这一猜测：运输机上装着整个菲律宾日军航空兵指挥部的部门。

挺进南海的行动代号叫作"感恩行动"，过程相当惊险。日寇的机场几乎环绕整个中国南海，没有一处是敌战斗机航程的盲点，可是我军规模巨大的舰队居然试图神不知鬼不觉地闯进去。如果敌人发现了我们，其舰船就会撤向新加坡，我们目前还不敢追到那里去。另外一方面，如果我们能够悄悄地摸进去，发动奇袭，不仅可以切断东南亚到日本的补给线，甚至可能击沉大量日本军用民用船舶和舰艇，大大影响战争的进程。一切都取决于奇袭这个要素。

米克·卡尼一般都用黑色钢笔起草舰队夜间命令。10 日那天晚上,他改用粗大的红色蜡笔:"要击沉黄鼠狼!"(我们用黄鼠狼作为敌水面舰艇的代号,用强盗指代敌机。)第二天夜里他又写道:"保密至关重要!"

我在前文提过,日军的神风攻击迫使我军改变了舰载机大队的编成。此时新的编制已经生效:埃塞克斯号和黄蜂号两艘航母上部署了更多战斗机,替代一部分俯冲轰炸机(埃塞克斯号上搭载的战斗机飞行员来自陆战队,这是陆战队航空兵首次在第38特遣舰队编成中作战);我们原来只有一艘独立号航空母舰拥有受过夜战特别训练的航空大队,现在又添了一艘企业号。

舰队一驶进南海海域,我们就把两艘拥有夜战能力的航空母舰及其护卫舰艇单独抽调出来,编成独立的特遣大队,由马希亚斯·加德纳少将指挥,让这支编队和博根的特遣大队一起作为全军先锋,我们还抽调了2艘重巡洋舰和一个分队的驱逐舰来加强博根大队。我军的作战计划是:让博根和加德纳开路冲向金兰湾,我们预期会在那里找到最多的轰炸目标,拂晓前由加德纳的夜间战斗机搜索敌航运船只,标定方位之后由博根发动首次空袭打瘫它们,让特德·谢尔曼和阿瑟·雷德福少将指挥的另外两个航母大队的飞机和大炮结果这些船只。

11日我军从杰斯帕·阿库夫上校指挥的勇敢的油轮队伍那里加满了油,这些几乎毫无自卫能力的油轮跟随舰队开进这片危机四伏的海域。下午2点加满油的舰队向打击地域启航。几乎同时我们的雷达屏幕上出现3架敌机,差点被发现。这是3架日军杰克式战斗机①，正在追逐一架西南太平洋战区的侦察机，我们的战斗空中巡逻机追了上去，在它们还没来得及发出警报之前就结果了它们。那天夜里我电告部队："狠狠地打。你们清楚怎么办。上帝保佑你们。"第二天凌晨就能见分晓了。

　　加德纳大队的飞机于凌晨3点起飞，分散搜索从西贡到岘港的500海里海岸线，拂晓舰队的打击力量起飞，7点07分我军抽调2艘战列舰、2艘重巡洋舰、3艘轻巡洋舰、12艘驱逐舰组成第34特遣舰队第5大队，这支编队向前方拦截任何尝试冲出金兰湾的敌舰。不幸在金兰湾那里没有发现敌舰，不过我军飞机在圣雅克海角外找到了一支由11艘船组成的护航运输队并将其全部击沉；另有两支护航运输队遭到重创；另外还在其他各个港口内击沉击伤了其他一些日本舰船。我军还炸毁了码头、机场、油库等各种设施，最后整个海岸一片狼藉。

　　法国情报机构后来证实，我军那天共击沉41艘各型船舶，总排水量12.7万吨，另外击伤28艘船只，总排水量7万吨。此外很多受伤的船只被冲上海滩搁浅，被后来我军闯过的一场强大的台风摧毁。我们错过了伊势、日向两艘战列舰，它们刚好开去了新加坡，可是我们在西贡击沉了被日军缴获的法国拉莫特—皮克号巡洋舰，并在海上击沉了日军轻巡洋舰香椎号。这是小日本的航运力量迄今为止遭遇的最沉重的打击。这也是一个有力的声明，宣告南中国海的控制权从此不再属于日本。小日本从新加坡、缅甸、婆罗洲、荷属东印度群岛延伸至本土的供应线被切断了。我军潜艇和岸

---

① 杰克是美军起的代号，日军自己称其为三菱J2M雷电式战斗机。

基航空兵将继续打击残余目标。

日军各地的空防火力猛烈而且准确,打下了我军16架飞机,但是来自空中的抵抗甚为微弱:我们只发现并击落了15架敌机,在地面也只摧毁了41架。那天傍晚日寇似乎从以往的作战经验里吸取了教训。敌航空兵指挥部从新加坡派出50架贝蒂式轰炸机前往西贡,准备在那里加油装弹,袭击我舰队。日机飞抵西贡的时间正好是我军最后一个攻击波返航的当口,这倒是挺聪明的做法,可是还不够,因为他们漏算了我军的夜间战斗机。夜间战斗机飞临西贡机场上空的时候,正好看到这些贝蒂式轰炸机整整齐齐地排列在机场,于是一把火把它们全部烧光。[1]

给我军助了一臂之力的那场台风,其北边缘扫过我舰队,没有造成损失,但此后接连一个星期都是坏天气,打乱了整个作战部署。我们预定的加油被迫推迟1天,低云遮盖了中国台湾、香港、广东、厦门的目标,妨碍我军对这些地区发动后续打击,不仅把我们第二次加油推迟了2天,拖到19日,而且迫使我们把和油船的会合点往南改了很远,改到吕宋岛的下风方向。

不过到此为止,我们已经把整个中国沿海值得轰炸的目标扫荡一空,并且证实这里的防御力量薄弱。现在在日程表上只剩下一项任务,就是对冲绳岛进行侦察照相,为春季的登陆作战做准备。前往冲绳岛最短的航线是通过吕宋岛以北的巴林塘海峡,可是海浪太高,舰队通过海峡的速度太慢的话会很危险,可能招致敌人空袭。另一条航线是穿越苏里高海峡,这里不太受天气影响,可是航程太

---

[1] 贝蒂是盟军起的代号,日军称其为三菱G4M一式海军攻击机,有两个发动机。

远，而且兵力在狭窄海域集中待的时间太久。太平洋舰队总部命令我们取道巴林塘海峡。我们在 1 月 20 日下午小心翼翼地接近海峡，到达吕宋岛和台湾岛之间空中航线的时候，雷达屏幕上开始出现大批敌机。我军的战斗空中巡逻机在此后两小时之内击落 15 架敌机。预报那天晚上海面不平静，可是当舰队开进海峡的时候，风浪开始平静下来，我们快速安全地驶出海峡。

舰队在中国南海巡航的 11 天 3800 海里航程中，没有一艘军舰因为战斗受伤，和民都洛岛那场战斗一样，敌机无法接近我舰队 20 海里范围之内。正当我们为自己的好运额手称庆的时候，运气突然消失了。我舰队在 21 日向东北方向驶向冲绳岛途中，顺便对中国台湾进行最后一场空袭，空袭本身很成功：我们击沉了 12 艘船只，摧毁了 149 架敌机，可是小日本走了狗屎运，有 4 架敌机突破了我军战斗空中巡逻机和高射炮的重重防卫，其中一架以一颗小炸弹命中了兰利号航母，杀死 1 名水兵，造成一点轻微的损伤。（那天汉考克号上自己的一枚炸弹因事故在飞行甲板上爆炸，杀死了 48 名水兵，这个损失比兰利号严重得多。）另外 3 架突防的都是自杀飞机。第 1 架和第 2 架一头栽在提康德罗加号航母头上，该舰的舰岛结构、飞行甲板和机库甲板全都严重受损，140 名官兵阵亡。第 3 架自杀飞机撞中了马多克斯号驱逐舰，杀死了 4 名官兵。这是我指挥下的第 3 舰队第 38 特遣舰队遭受的倒数第二次神风攻击导致的损失，最后一次是在日本投降前一周，有一架神风飞机撞上了波里号驱逐舰。

第二天的好长一段时间里，我以为坏运气还是如影随形。我们派出 3 架飞机给冲绳岛海岸最重要的地段拍照，其中 2 架都遭遇发动机故障而被迫返航，第 3 架的发动机倒是没坏，坏的是照相机，这样一来，舰队就得被迫取消返航，停下来再派飞机去拍一次照。正当我要大发雷霆的时候，消息传来，有一名飞行员接受任务去拍一个不太重要的地区，可是因天气不佳任务被迫取消，在返航途中，他出于自己的主动性，给这个重要的目标地区拍了照。我马上询问这名飞行员的母舰莱克星敦号，他想要什么样的威士忌，苏格兰、黑麦，还是波旁？等到 21 日舰队抵达尤里蒂环礁湖时，我挑了 6 瓶他选的种类给他送去。①

1 月 26 日午夜，雷·斯普鲁恩斯接替我，皮特·米切尔接替"斯鲁"·麦凯恩指挥第 38 特遣舰队。我第一次指挥第 3 舰队的长途征程也就结束了。我们在海上的 5 个月里，击毁敌机 7315 架，击沉 90 艘敌舰和 573 艘商船，总排水量 100 万吨。我向舰队全体指战员发电："我为你们而感到的自豪无以言表。干得超级漂亮。"虽说马上就要回家再次见到亲人，但是我的喜悦之中也带点遗憾，因为我感觉这有可能是我最后一次向这些优秀的指战员告别。在我正收拾行装，准备启程去珍珠港的当口，有件事情让我笑了一路。通信参谋递给我麦克阿瑟将军发来的告别电。我估计原文应该是："你离开本战区时所留下的遗憾，只有你再次归来才可以弥补。"可是电报纸上"弥补"（filled）一词模糊了，看上去像是"搞砸"（fouled），于是电文看上去像是说："你离开时留下的遗憾，只有你归来才能搞得更糟！"

---

① 苏格兰威士忌不需要介绍，而黑麦威士忌和波旁威士忌都是美国本土生产的，前者的原料必须含 51% 以上黑麦，口味偏辣，而后者的原料必须含 51% 以上玉米，口味偏甜。

[注1]道海军上校按语：

不知道日本人出于什么原因，选在神风队袭击戴维森大队那天在马尼拉广播电台里公开叫嚣："看看美国公众还敢不敢问哈尔西在哪里！"

我把这事儿告诉将军的时候，他回答说："要是太平洋舰队总部允许，我现在就把我的位置的经纬度发给他们！"

那天恰巧是他61岁的生日。

[注2]哈尔西将军参谋部里的医务军官卡尼斯·维克斯海军上校按语：

将军不喜欢有任何人任何事打断他的网球赛。某天下午因为下雨比赛中断。雨一停，舰上通信系统就传来吼叫声："擦干所有露天甲板！"他等不及负责清理甲板的工作组，亲自抓起拖把就干了起来。

我想，幸亏法拉格特和杜威都已经死了。

[注3]基彻尔海军中校按语：

当时我军飞行员不知道的是，击沉的其中一艘敌船上运载着美军战俘。后来因为其中2名战俘游到岸上获救，我们才知道真相。好几个月以后一名在船上身亡的美军战俘的母亲给将军写了一封信，写道："就连卑鄙的德国人有时候还停下来营救落水人员，而你就这么扬长而去，撇下他们不管。你应该被当成战犯吊死！"

这封信让将军心情大受影响。接连好几天他都提到这封信，不断地重复问我们："她难道不懂战争中总会发生这样的事情吗？我们的飞行员怎么可能未卜先知呢？"

第十五章

雷·斯普鲁恩斯接手之后,第3舰队再次改称第5舰队,此后不到两周,某天我和米克·卡尼正坐在夏威夷瓦胡岛的将官俱乐部消磨一个慵懒的下午,收音机里突然传来美军进入马尼拉的新闻。我叫来我们的菲律宾服务员领班图劳,拥抱他,把这个好消息讲给他听。他热泪盈眶,然后米克用坚决的语气对他说:"图劳,请给我调杯老式鸡尾酒。"

图劳做好了端来。米克又说:"现在,我要你和我们一道,为了不起的菲律宾人民干杯。"

图劳拿我当挡箭牌:"将军知道我这人滴酒不沾,长官。"

米克说:"这次是例外,服从命令。"然后我们三个共同举杯,祝愿菲律宾繁荣昌盛。

我手下大多数参谋人员都有假期,都去了美国本土度假。我的医疗军官"大猪"·维克斯替我和米克安排,应邀去佐治亚州的一个种植园,我们在那里的主要活动,用哈罗德·斯塔森在我的作战日志里面写的话,叫作"将鹌鹑和野生火鸡作为目标,保持防空火力的准确性"。米克是个了不起的活动靶射手，偶尔失手一次，他总是能找出各种无可指摘的理由告诉我们，为什么这一枪从一开始就不可能命中。

3月我在华盛顿度过暂时无具体任所的工作期。7日罗斯福总统在白宫接见我，授予我代表第三枚优异服务十字勋章的金星。[注1]

我妻子应邀出席授勋仪式。金星奖章、战斗星章这一类勋章都必须穿透绶带的正面，从背面别在衣服上。我的优异服务十字勋章是缝在军装上衣上的，范不知道用了什么办法，居然把金星给别上去了——我永远也没搞清楚她是怎么做到的。我当时没在看她，因为总统正好说到，他记得早年当海军部副部长的时候，就曾颁发给我一枚金星"作为给一名杰出驱逐舰舰长的奖励"。其实他记错了，而我也没有费心去纠正他。

午饭以后他在楼上的办公室和我谈了几件绝密的事情，我甚至希望自己对这些机密一无所知。其中一件是苏联人承诺要向日本宣战，其他事情至今仍是机密。我们谈了1个来小时，此后我再也没能见到罗斯福先生。

我快要结束无任所状态的时候，美国海军总司令部通知我，某些军方高层担心日本人可能乘盟国领导人在旧金山开会期间，用航母袭击旧金山。

我大笑起来："老天爷啊，厄尼，这事儿太离谱了！你和我一样清楚，小日本已经打光了舰载机航空大队，也没有一艘航空母舰能搭载舰载机了！"

厄尼回答说："我同意你的看法，这事根本是天方夜谭，不过可以当作一个演习来搞搞。"

他任命我当中太平洋打击力量司令，指挥夏威夷海域和西海岸各大港口所有可用的水面舰艇部队，我们开始为迎击日军子虚乌有的进攻制订计划。陆军在旧金山周围地区调集了一些高射炮，此外一切防御措施都只是纸上谈兵。

我在4月7日回珍珠港聚齐我的参谋部。我们的第一项任务是为4项未来可能发生的作战进行先期研究。

1. 使用快速航空母舰部队作为战略掩护兵力，以便陆军在中国杭州湾附近（大约在上海以南100英里）登陆，占领一段中国海岸线。

2. 在山东半岛占领一个地区（大约在上海以北350英里）。

3. 通过北太平洋和苏联建立交通线，包括用舰队穿越拉彼鲁兹海峡（宗谷海峡，位于北海道以北，日本本土的最北端）进入日本海。

4. 穿越朝鲜海峡进入日本海（对马海峡，位于朝鲜和日本本土最南端的九州岛之间）。

我们为拟议中的所有4项作战都制定了初步计划并且上报。第一项作战已经暂时提上了日程，所以想要提出反对意见有点为时已晚，不过我们建议把其他3项作战合并为直接在九州岛登陆的作战，登陆地点选在鹿儿岛湾和有明湾之间。雷·斯普鲁恩斯赞成在杭州湾和山东半岛登陆这类逐步包围和绞杀日本的战略，但我却认为是浪费时间，就像一颗樱桃要咬两口一样。当然，以上几项作战没有一项付诸实施，日本崩溃得太突然了，没有机会来验证我们两种对立的战略思想哪一种正确，我直到今天仍然坚持认为，使用足够兵力直接登陆九州岛是一条更为节省人力物力的捷径。

将近 4 月底的时候，我短期拜访了关岛的太平洋舰队前进指挥部，切斯特·尼米兹要我准备在 1 个月以后接替雷·斯普鲁恩斯，而我的旗舰将是密苏里号。我不能用新泽西号作为旗舰有点遗憾，不过新泽西号当时正在大修。我从关岛飞往冲绳面见雷，然后回到珍珠港。德国投降的时候我正在珍珠港。我当时也许应该欢欣鼓舞，但实际上我感到更多的是急不可耐的情绪——我急于获得从欧洲战场腾出来的兵力和装备。艾森豪威尔的活儿干完了，我们的还没完呢。

我 5 月 18 日在密苏里号上升起了将旗。舰长斯图尔特·穆雷上校在我登舰的时候在后甲板欢迎我，我对他说："这真是美好的一天哪。我 40 年前曾在密苏里号上服役，现在我又回来了！"

我们启航开赴冲绳岛，26 日在冲绳西海岸的渡具知地区外海下锚。那天开了很多会——上午在舰上见雷和他的幕僚，下午上岸会见陆军第 10 集团军司令西蒙·玻利瓦尔·巴克纳中将。我很多在南太平洋时期的老朋友都来他的指挥所探望：第 24 军军长约翰·霍奇中将、陆战队第 3 两栖军军长罗伊·盖格、指挥战术空军的弗朗西斯·帕特里克·穆尔卡西少将等人。罗伊告诉我，岸上设施某些方面不尽如人意，特别是雷达站，所以我把这些需要改进之处对巴克纳将军讲了，这是他第一次听到这些意见，他立即着手进行改进。我一直都认为，如果你想要快速干成什么事，5 分钟的对话永远比一式三份的 5000 字报告管用。

我们达成一致，将在 27 日午夜正式变更指挥权。正式移交前几个小时，密苏里号暂时没有任务，我让军舰给日本人的家门口送去一些 16 英寸的敲门砖，宣告我的到来，我要让小日本知道，我哈尔西又回来了！第二天上午我们与快速航空母舰部队会合，又安排了一次交接仪式，这次是"斯鲁"·麦凯恩接替皮特·米切尔指挥第38特遣舰队。

这是皮特最后一次在我麾下作战。我真不想让他走。我发给他的告别电代表了整个第3舰队的看法："目送一位伟大的斗士离去真是莫大的遗憾。全舰队和我的参谋部都祝愿你和你的优秀参谋部永远走运。"

我从在冲绳岛和陆海两军将领的会谈得知，舰队又被拴在静态防御的阵地周围，而不是主动出击批亢捣虚。采取这个战略不仅战果不佳，更糟糕的是代价高昂。一般人都会觉得两栖登陆战中地面部队的伤亡肯定比水兵惨重得多，可是我在5月29日的作战日志里有这么一条记载："迄今为止地面部队阵亡和失踪人员总数5492人，海军218艘舰艇的阵亡失踪人员共计2475人。"

神风特攻队一直在疯狂地攻击我军舰队。我军的哨舰大多数都是驱逐舰或者护航驱逐舰，几乎每天都遭受撞击。我们把战斗主动权拱手让给敌人，而不是彻底覆盖敌人的机场，在那里烧毁能发现的每一架敌机。几天前我曾问雷·斯普鲁恩斯，以菲律宾为基地的西南太平洋战区的空军部队，压制中国台湾的成效如何。

他的回答语气不善："他们打掉了好多制糖厂、火车车皮，还有其他装备。"

我一听就炸了："制糖厂没法伤害我军舰队！为什么他们不敲掉敌机？"

舰队无法机动是由于以下两个原因：第一，日军防守极为顽强，我军地面部队迄今未能占领能够容纳足够多的我军岸基飞机的机场，因此不能依赖岸基飞机提供掩护；第二，地面部队没能安装足够数量的雷达来代替巡逻舰载机和海面的哨舰。结果雷被迫继续掩护地面战斗，而舰队就危险地暴露于敌人的攻击之下，各舰也长时间不能维修，水兵则无法休整。

我本想马上撤离滩头海域，可是地面部队还不能自保，尤其是当时一直承担着攻击冲绳岛以南先岛群岛任务的英国太平洋舰队的快速航空母舰特遣舰队刚刚被撤到悉尼休整1个月。不过菲律宾还有一个陆战队航空兵第14大队，我知道他们有能力接手我们舰队航空兵的地面掩护工作。我建议把这个陆战队大队调上来，太平洋舰队总部批准了。这个大队即将抵达之时，我就把特德·谢尔曼的航母特遣大队派回莱特岛休整，把所有的地面支援任务交给剩下的雷德福和约瑟夫·克拉克少将指挥的两个特遣大队。（"大鬼"·克拉克接替戴夫·戴维森指挥第38特遣舰队第1大队。）

我军战斗机在6月2日和3日连续两天打击九州南部，但4日的出击由于台风突然降临而被迫取消。很快，我们发现舰队根本没有从12月遭受风灾的惨痛经历里吸取教训：早期预警再次被拖延，预报的台风中心位置再次出现极大偏差，预报的台风移动方向也还是错误的，而舰队也再次受到重创。重巡洋舰匹兹堡号的舰艏被巨浪拧下来冲走了，另有32艘军舰受伤，142架飞机被毁。唯一让我感到安慰的是没有舰艇沉没，人员也只损失了6名。

我早在1月就强烈要求建立一支气象侦察中队来追踪和汇报台风动向。5月我进一步建议台风预报一定要以最高优先级别发出。这次我再三以最强烈的语气重复以上要求，总算有了结果。台风自然还是在我们作战的海域肆虐——6月11日和19日各有一次台风威胁到了舰队的安全——可是因为我们进行了仔细的侦察和提早预警,很轻易地躲过了后来的台风。

同时,特德·谢尔曼的大队安全地待在莱特湾休整,至少他们自以为安全,可是17日一场灾祸降临到他们头上。一架陆军的P-38闪电式战斗机在特德锚地的桅顶高度超低空炫技,模拟向军舰俯冲投弹。飞行员在一次俯冲的时候错判了高度,结果一头栽在伦道夫号的飞行甲板上,杀死了11名水兵,导致14人受伤,撞毁好几架停在甲板上的飞机,还把飞行甲板弄坏了好长一段。

特德从战争爆发的时候起就一直在海上作战,珊瑚海海战的时候他的旧舰莱克星敦号就在他脚底下沉没。他是个好样的斗士,和大多数老战士一样,他看不惯故意炫技。他通知太平洋舰队司令部和菲律宾地区各级指挥部说,自己已经下令属下各舰,对任何敢于在军舰头上搞特技表演的飞机开火。太平洋舰队总部赶紧让他冷静下来,取消了前令,这个做法没错,但我和他颇有同感,并明确表达了我的态度。

陆战队第14航空大队被调到冲绳以后,我的舰队再次空袭九州,并对小笠原群岛中的两个岛屿进行了水面炮击。这是我们这次出海期间最后一次出击,之后挥师南下,于6月14日在莱特岛停泊。舰队的每名官兵都急于上岸,但我们的菲律宾籍水兵们最为激动,我们给他们放假,让他们好几年来第一次回家探亲。我自己也在多年以后首次重返马尼拉——上次还是1908年随大舰队环球航行的时候来的。我的飞行员驾机从空中俯瞰马尼拉港,我很高兴地发现港内摆满了被击沉的敌军舰船,第二天上午我去看威廉·苏利文海军准将,他奉命修复港口设施。我们曾估计舰队在9月到第二年 1 月之间总共击沉了 120 艘各种类型的船舶，可是苏利文告诉我说，真正的战果接近 600 艘。当然不全是第 3 舰队击沉的，不过我们击沉的敌船确实够多的，这让我高兴得像是条长了两条尾巴的狗一样。

我和麦克阿瑟将军共进午餐（这是我们自去年 6 月以后第一次见面），他和我一样兴高采烈。他的菲律宾战役已经接近尾声——整个战役堪称军事指挥艺术的典范——而且他和麦克阿瑟夫人发现他们在马尼拉的房子损伤轻微，并没有像他们预料的那样被彻底毁掉。我想可能是因为在日本占领期间，日本驻菲律宾大使住在那里的缘故。

冲绳战役也接近尾声。我的作战日志简洁地记叙了战役最后几天发生的戏剧性事件：

> 6 月 17 日。冲绳海军基地部队司令大田实的尸体，被陆战队 4 团在小禄半岛的一个洞穴当中发现，其喉咙被割开，保持着自杀仪式的坐姿。
>
> 6 月 18 日。巴克纳中将在夜间观战的时候被敌军炮弹击中阵亡。
>
> 6 月 19 日。日军全线崩溃的迹象日益明显。冲绳时间凌晨 4 时 40 分，海军陆战队的罗伊·盖格少将临时接替巴克纳将军的指挥权。
>
> 6 月 20 日。大批平民投降。
>
> 6 月 21 日。盖格少将宣布，岛上有组织的抵抗已经结束。
>
> 6 月 27 日。冲绳日本守军指挥官牛岛满和参谋长长勇

的尸体被发现，毫无疑问死于剖腹自杀。

太平洋战争当中的这场重要的陆海战斗篇章就这样胜利结束了。7月1日拂晓，舰队从莱特岛出击，展开最后阶段作战。航母特遣大队的指挥官有两个变动：托马斯·斯普拉格少将接替"大鬼"·克拉克指挥第1大队，杰里·博根接替特德·谢尔曼指挥第3大队。第三项变动在我的作战日志里是这样记载的：

> 杰克·夏弗罗斯少将接替威利斯·李中将指挥第34特遣舰队和第2战列舰中队。李中将预定在短暂离任之后回来继续指挥第2战列舰中队。

"中国人"·李对从点45口径到16英寸口径的任何一种枪炮都极为精通。他是神枪手，1920年奥运会曾是美国射击队队员。临时调他离开是要他组建一支专门对付神风特攻队的兵力。他不愿意远离战区，我记得他离开的时候跟杰克·夏弗罗斯说："别在这位子上坐得太舒服了，我还会回来呢！"

可是他再也没回来。两个月以后他死于心脏病突发——战争后期到现在我总共失去了4位特遣舰队司令，他是第一个。他是一名优秀的军人，也是真正的朋友。我非常想念他。

舰队从莱特岛出击时所得到的命令比较宽泛：我军将打击日本本土，摧毁其海军残部、商船和航空兵，并使日本的工业和交通通信瘫痪。我军飞机将深入空袭日本内陆，大炮将要轰击沿海目标，要把战争带到日本本土，加之于日本平民的头上。

因为作战目标是日本本土，我们并不计划回到莱特岛，后来也确实没有再回来，原因是计划把舰队的锚地移动到埃内韦塔克，它离东京的距离和莱特岛到东京的距离差不多，而离珍珠港主基地的距离近 2200 海里，所以这样做可以缩短补给线。其实我们也没有再见到埃内韦塔克。舰队下一次进港，将会直接停泊在东京港。

北上途中，我接到太平洋舰队司令部来电，告诉我们日寇医院船高砂丸号正从威克岛驶回本土，可能途经我军作战海区，因此出于安全考虑我的舰队可能要避开它。来电还说，战区总部已经派出一艘驱逐舰登船检验过这艘日本医院船并予以放行：它的确只运了伤员和营养不良的士兵。

这件事让我很生气。日本从未签署《日内瓦公约》，不过声称会遵守该公约，可我在整个战争期间，都怀疑他们把医院船用于不可告人的方面。这次就是一例。伤病员可以合法地撤出来，但撤出营养不良者可不是合法的理由。我军将那些被跳过的日军岛屿封锁了 3 年，想迫使他们投降。高砂丸上那些饥饿的官兵占了威克岛守军的很大一部分，他们撤出来意味着威克岛剩余的守军还能坚持更久。我派出 1 艘驱逐舰拦截高砂丸，把它押送到塞班岛，我准备提议把船上所有伤病员都送回威克岛，或者从塞班岛的战俘营里挑选相同数量的日本兵送上威克岛作为替换。可是战区总部指示我放行，我只能遵命。讽刺的是，高砂丸到达东京附近的横滨港的时候，正好我军空袭横滨，我很高兴听说有一颗炸弹偏离预定目标，差点炸中这艘船。

我们非常仔细地为空袭日本本土做准备。B-29 超级空中堡垒轰炸机仔细侦察了北海道和本州北部。陆军的 P-51 野马战斗机掩护海军 B-24 解放者式轰炸机对我们的第一个目标东京进行拍照。

潜艇在预定炮击地点仔细探查近海有没有布雷。舰队接近的时候，岸基飞机在前面进行屏护巡逻，不让敌侦察机看到我们在逼近，7艘潜艇摆开100海里宽的阵线，击沉敌人的哨舰，并兼职打捞落水飞行员。

7月10日空袭开始，9日下午舰队开赴进攻出发海域之前，在编队边缘曾用声呐探测到一艘日本潜艇。我军驱逐舰前往攻击，我祈祷那艘潜艇千万别有机会发出警报。驱逐舰很快回报，那不是潜艇而是一头鲸鱼，一艘驱逐舰把鲸鱼的尾巴切断了。我曾说过第一次世界大战期间我们经常把鱼类当成鱼雷。这次战争中的误判多了好几倍。日本附近海面有很多鲸鱼和浮木，有时候眼睛最尖的瞭望哨也会搞错。5英寸炮弹的弹壳如果开口朝下浮在水面上，经常会被误认为是潜望镜，吓人一跳。最糟糕的是，小日本渔民喜欢用作渔网浮标的大玻璃球，看起来很像水雷，总是让我军神经紧张，一触即跳。（这次战斗巡航的整个过程中，几乎每天我们都会遭遇到至少5枚浮动的水雷被舰队枪炮引爆的情况。）

我们的运气一直不错，甚至越来越好。舰队在天气锋面的掩护下几乎行驶到飞机起飞点附近，空袭机群在天亮以后到达东京上空，没有一架敌机起飞拦截，只有2架日本侦察机接近过舰队，都被我军击落。东京没有什么值得一提的轰炸目标，我军好不容易在地面上发现的寥寥几架敌机早已放空了汽油，停放在掩体里弃置不用，而且非常分散。小日本很晚才学会在飞机停放在地面的时候，把油箱里的油抽出来，我军对他们学会这一手颇为懊恼，因为放空油箱的飞机被扫射的时候不容易着火，结果增加了我们战果统计的难度。但我们还是得出结论，肯定摧毁了109架敌机，231架敌机受伤。我们还打击了机库和其他地面设施。

因为 B-29 超级空中堡垒轰炸机和陆军战斗机之前反复袭击过东京，我们预料日本的抵抗会比较微弱，可是没有料到我们几乎没有遭遇任何抵抗，即便高射火力也很稀疏——这可是护卫帝国心脏、天子居所的高射火力啊。我军开始重新评估战争可能拖延的时间了。

我舰队每次进击，都越来越向北深入，步步逼近到此前除了潜艇之外没有任何美军舰艇涉足的水域。作战日程表预定下一步将在13 日打击北海道和本州北部，可是从千岛群岛南下的大雾遮盖了目标，不得不把进攻推迟 1 天，其实我特别想把首次舰队炮击日本本土的时间放在 13 号星期五。但我们缺乏扫雷艇，舰队主力被迫待在 100 英寻深度的海面之外，这妨碍了炮击，不过杰克·夏弗罗斯还是把他麾下的 3 艘战列舰、2 艘重巡洋舰、9 艘驱逐舰开到离海岸足够近的地方，在大白天好整以暇地对釜石市的大型钢铁厂进行了两个小时炮击。我说的"足够近"，是指从岸上用肉眼就能清清楚楚地看到军舰，不管日本老百姓听信了多少自己政府的宣传，当他们亲眼看见美国军舰开炮猛轰自己国土的时候，肯定很难相信那套击沉多少多少美军舰艇的鬼话。

舰队在午夜派出轻巡洋舰和驱逐舰编队进行扫荡，伏击任何沿海的运输船舶。第二天上午奥斯卡·贝杰尔少将再次指挥重型炮击编队接近敌人的巢穴，置身于敌人的虎口之中，这次密苏里号也在编队当中。海图上这里的地形确实非常像是巨兽的大嘴——我们炮击的目标是北海道南岸的煤炭和钢铁生产中心室兰市，这里三面被陆地围绕着。我军编队在 28000 码外开火，倾泻了 1000 多吨炮弹，场面蔚为壮观,但我时刻担心,一只眼观察炮击,另一只眼扫视天际。我军接近目标加上炮轰用了3个小时,撤退又用了3个小时,其间每分钟都有可能遭到日军空袭。可是日机从未出现:日本人唯一的抵抗就是针对目标观测飞机的稀稀落落的高射炮火。但那6个小时的确是我一生度过的最长的6小时了。

同时快速航空母舰部队继续空袭北海道的铁路、航运、航空设施,遭遇的抵抗也很微弱。两天的战果统计如下:

目标类型	击毁	击伤
船舶	44	61
小型船舶	96	174
总吨位	71000	88000
飞机	38	46
火车头	84	28

此外我军还烧毁了钏路市20个街区。我军因为敌高射火力损失了16人和23架飞机,作战事故损失9人和18架飞机。

本州岛的煤炭和铁矿石大部分通过轮渡从北海道运过来,罗洛·威尔逊特别希望切断这条轮渡生命线。前线送回第一批战报的时候,他一把抢过来仔细查看,发现没有提到轮渡,后来的战报也没有提到。罗洛很不高兴,骂骂咧咧的,最后他等的战报到了,我听到他吹了声口哨,笑逐颜开,说道:"打沉了6艘渡船!很快他们就要用牛车和划艇来运输物资了!"

我们在炮击室兰的时候置身于虎口之中,而敌人根本没有攻击我们，有几个参谋认为，这说明敌人正在为迎击预料中的登陆作战积蓄空中实力，但大多数参谋相信敌人根本没有什么航空兵力可以积蓄，他们缺乏飞机、备件、飞行员和燃料。我认为日本物资的短缺已经接近不可救药的地步，整部战争机器很快会不可避免地崩溃。我从3年前在南太平洋作战时起，就预言日本最终的结局是崩溃，当时只有陆战队的德怀特·派克准将同意我的判断，他是比尔·莱利之前一任我的作战计划处长。其他人都认为日本宁可举国玉碎也不会投降。攻击室兰的行动使我坚信自己和德怀特是正确的。不过我不想假装自己有先见之明或者料事如神，但我得承认自己预期日本将在10月投降。此后不到两个星期，我就意识到日本可能根本就撑不过8月。

舰队在7月16日加油，每个人都松了一口气，除了我以外。那天早晨的将官日志记载了我紧张的原因："6时45分，第37航母特遣舰队报到，在第38特遣舰队第4大队后方占领阵位。8时45分，皇家海军象限号载着第37特遣舰队司令和参谋人员前来拜访。9时07分皇家海军歌舞女神号载着第37特遣舰队第1大队司令部前来拜访。"

第37特遣舰队是英国太平洋舰队的快速航空母舰部队，包括1艘战列舰、4艘大型航空母舰、6艘轻型航空母舰、6艘轻巡洋舰、18艘驱逐舰，司令是海军中将伯纳德·罗林斯爵士，其中第1大队司令是海军中将菲利普·维安爵士。我对这两位将军久闻其名，但素未谋面，估计我接待他们的时候衣着也不是那么光鲜。他们穿着整洁漂亮的蓝色军装，而我穿一件陆战队羊毛夹克，蓝色法兰绒衬衫，绿色飞行长裤，戴一顶长帽檐的棒球帽，看上去像是个捕捞剑鱼的渔夫。我解释说这么混搭在打仗的时候舒服，然后不太情愿地开始开会。我说"不太情愿"是因为我一直有点怵：在珍珠港的时候就听说英国太平洋舰队将会归于我的指挥之下，我当然假定自己拥有完全的战术指挥权，可是我后来在莱特岛重读计划的时候发现，英国人将会保留战术指挥权。这就迫使我在这次会上向罗林斯将军提出如下 3 个不同的方案：

1. 第 37 特遣舰队和我们密切协同，作为第 38 特遣舰队的一个大队使用，我不会直接向他们下达命令，但是所有下达给第 38 特遣舰队的命令也会抄送他们一份，他们可以出于互惠互利的考虑而将这些命令视为"建议"选择执行。这种做法可以保证兵力兵器集中。

2. 第 37 特遣舰队将半独立作战，和第 3 舰队保持 60—70 海里距离，保持技术上的独立性，但代价是分散了兵力。（我强调只有他们书面要求这样做的时候，我才会同意这种安排。）

3. 第 37 特遣舰队完全独立自主作战，如果需要，由我们向它推荐日本本土薄弱地区的打击目标。

伯纳德·罗林斯毫不犹豫地说："我们当然接受第一个方案。"当时我就对他产生了敬重之情。此后我经常见到他，他是我所认识的最优秀的军人和坚定的朋友。

第 38 特遣舰队可以连续 3 天出击，但我们预计英国人只能连续作战两天，因为他们的军舰油舱容量较小，海上加油的速度慢，可是实际上，只要我们的油轮能在他们需要的时候为他们加油，他们可以完全和我们一样地作战。我记得有一天伯纳德的旗舰英王乔治五世号战列舰靠上萨宾号油轮加油，正好密苏里号也在。我坐空中吊篮登上"大笼子五号"(我们给英王乔治五世号起的绰号),和他举杯庆祝英美海军合作史上的新篇章。(我本来也想回请伯纳德,让他过来喝上一杯,可是碍于丹尼尔斯部长的第99号令,只好作罢。)①

我舰队在10日对东京发动的打击主要是试探性的,我军照相侦察飞机侦察了附近整个区域,然后17日舰队又杀了个回马枪,攻击那些照片上特别标明的重点目标,第一份优先待遇给予了横须贺海军基地的战列舰长门号,从航空照片可以看出它虽然受了重伤,但还浮在水上。坏天气再次迫使进攻延后1天,但我们利用这个时间在午夜炮轰了东京以北50英里处的日立市的兵工厂。18日下午放晴,我军飞机开始发动空袭。高射炮密集程度前所未见,我们和英国人总共损失了14架飞机和18个人,我们摧毁了43架敌机,打伤77架,击沉了几艘船舶,捣毁了一些火车头、仓库和兵营,长门号的上层建筑受到进一步损坏,可是仍旧浮在海面上。[注2]

舰队在发动下次进攻之前后撤,跟唐纳德·比尔利少将组织得井井有条的供给船队会合。第38特遣舰队补充的物资包括:6369吨弹药、1635吨粮食、379157桶燃料油、99架补充飞机、421名补充兵。我列出以上数字是因为这可能是任何一支舰队在海上获得过的规模最大的一次补给。

在驶向补给会合点途中,我派出一支轻巡洋舰驱逐舰编队扫荡直到野岛崎灯塔的海面船运,野岛崎灯塔在本州中部千叶县的一座

---

① 1914年时任美国海军部长丹尼尔斯颁发第99号通令,内容是海军舰艇上禁酒,二战时仍然有效,但美国全国禁酒令在1933年结束,1933年以后可以在海军舰艇上喝啤酒。

半岛尽头，是东京的海上门户。补给完毕回到日本近海以后，我又派出两支巡洋舰编队在相同海域进行扫荡。其中一支炮击了1座日本城镇，另一支遇到了一支4艘船组成的护航运输队，击沉其中两艘，击伤其余船只。以上的扫荡和炮击意义超过了击沉船舶的数量，它向敌人确定无疑地显示，我军可以在他们家的后院为所欲为。从此以后只要天气状况允许，我们舰队就每天在日本的各条水道巡逻，夜间炮击海岸。

我在前文中多次提到天气，此前天气给我们造成了很多麻烦，此后状况更是越来越糟糕。夏天本来就是日本近海的台风季节。我们曾在同一天在海图上标注了3个台风，像马戏团大象游行一样接踵而来，头尾相衔。两次台风之间经常会下大雨或者有低云。我军的作战报告显示，尽管我们为了加速日本投降而努力把空袭的频度和烈度加倍，可是恶劣的天气不止一次拖了我们后腿。

7月25日。恶劣天气使得针对重要目标的大规模空袭成效显著下降。下午的空袭取消。

7月30日。天气不好。

7月31日。台风的威胁迫使舰队改变航向，取消预定作战计划。

8月2日。还在等待台风过去。

8月8日。浓雾，能见度很低，坏天气使得计划的空袭无法进行。

8月9日。大雾使我舰队无法到达北海道。

从这时到战争结束这段短短的时间内，如果不是天气原因，我们可以发动 15 次打击，可实际上只出击了 7 次。头 3 次集中攻击濑户内海。7 月 24 日这一波空袭拉开帷幕后，首先是战斗机在北九州和名古屋之间扫荡各个日军机场，然后以炸弹、火箭、鱼雷袭击吴港海军基地。吴港是日寇残存战舰的葬身之所。那一天我军袭击的力度很猛但是没有全歼日本军舰，第二天的空袭受到了坏天气的一定妨碍，直到 28 日才能继续空袭。28 日傍晚时分，日本海军舰队不复存在。航空照片显示，战列舰伊势号船头向下沉没坐底；其同级姐妹舰日向号侧翻；榛名号抢滩搁浅燃起了大火，后部被炸开一个大洞。葛城号航空母舰的飞行甲板被撕裂后卷曲着；天城号航母的飞行甲板向天翘起，可以做高台跳水的跳台了。重巡洋舰利根号和青叶号搁浅。联合舰队司令长官只有穿着潜水服，才能回到他的旗舰轻巡洋舰大淀号上的住舱。

　　日本在战争中曾拥有 12 艘战列舰，只有 1 艘瘫痪的长门号还浮在横须贺。在所有 25 艘航空母舰当中，只有 5 艘幸存，也都受了伤。[①] 18 艘重巡洋舰当中，只有 2 艘在新加坡幸存下来，都受了伤。[②] 22 艘轻巡洋舰当中，也只有 2 艘还在水面上浮着。[③] 在 177 艘驱逐舰当中，42 艘浮在水面上，但其中只有 5 艘还有战斗力。

　　我无法列举这 3 天空袭当中摧毁的建筑物、坦克、仓库、商船、小型船舶、火车头的数量，只知道英美飞行员们击落或者在地面烧毁了 306 架敌机，击伤 392 架。我方因为战斗或者事故等原因损失的飞机合计 133 架，阵亡 102 人。这个数据比例和我们平常达

---

① 　幸存的是凤翔号、隼鹰号、葛城号、龙凤号、天城号。
② 　幸存的是妙高号和高雄号。
③ 　幸存的是北上号和酒匂号。

到的 10—15 比 1 相较似乎不那么漂亮，可是我们必须考虑到 3 个因素：敌军的防空火力相当强劲，尤其是保护战舰的高射炮火力猛烈；敌航空兵在空中发起了我们很长一段时间以来没有见过的顽强抵抗；而且敌军分散隐蔽在各处——田间、树下，甚至坟地里，有些飞机疏散到距离基地 5 英里远的地方——我军飞行员不容易把它们找出来加以摧毁。有一名日军航空兵指挥官战后抱怨说，这种分散隐蔽的做法不仅让他无法及时召集手下飞行员，甚至连和飞行员联系都很困难。

"斯鲁"·麦凯恩强烈反对空袭吴港。他和手下的参谋们认为日本舰队的残部现在已不足为虑，他们主张使用航空兵打击其他更有利可图的目标。但有 3 个原因促使我必须摧毁日本舰队：

1. 为了提振国民士气。这是为珍珠港复仇的最合适的方式。

2. 因为苏联人。我军高级指挥部知道苏联人即将对日宣战，也知道如果我们要给苏联人打通一条补给线，那就一定要取道堪察加半岛和北海道——这条补给线的位置太过暴露，就算只有区区几艘敌巡洋舰驱逐舰也足以切断它。

3. 为了和平条件。我们不能让日本人像第一次世界大战之后的德国人那样，拿舰队残部作为讨价还价的筹码。

另外还有第 4 条原因：太平洋舰队总部下令要摧毁日本舰队。就算没有前面的各种原因，仅这一条理由也足够了。

还有一点背景需要交代：只有美军飞机参与了对吴港的空袭。米克·卡尼坚持让我给英国人分配另一个目标——大阪，那里也有日军战舰，但是没有大舰。米克的理由是，虽说分兵作战乃兵家大忌，但我们必须不能让英国人在战后有任何口实，声称自己参与了全歼日本舰队的作战，哪怕只是争一部分功劳都不行。我不喜欢这种在军事行动当中掺杂政治考量的做法，尤其是我对伯纳德·罗林斯和他出色的部下非常尊重，于是就更不喜欢这种做法，不过米克迫使我承认，有时候政治家的目标和作战目标会大相径庭，而完全由美国人发动的空袭符合美国的利益。

在整个战争期间，陆海军高级将领都曾被要求发表广播讲话支持国债销售之类的事情。吴港作战期间我也接到了此类请求。我记得自己大致说了这么一番话："日本海军的残部已经在劫难逃，我们还是要去把他们从躲藏的洞子里揪出来。第3舰队的任务是猛烈而频繁地打击日本本土。我们正在努力这样做，我唯一的遗憾是我的军舰没有安装轮子，不能在把小日本从海岸赶跑以后深入内陆追击。"

1周之内我就收到一封信，写信的人声称听到我的广播，让我不必为军舰没有轮子感到遗憾，他发明了一种装置，能让军舰上陆行驶。

我军空袭吴港以后向东横扫。7月29日舰队的重型军舰炮击浜松，30日航空兵轰炸了东京和名古屋，当天夜里一支驱逐舰中队炮击清水市的铁路车场和制铝工厂。我们在31日和8月1日加油，准备向西杀个回马枪，从8月3日开始用3天时间打击九州和朝鲜。4日夜晚正当舰队驶向进攻出发海域的时候，太平洋舰队总部突然来电，把我们的打击目标改为本州岛北部和北海道。第20航空队已经准备好了在广岛投下原子弹。

从7月中旬开始，太平洋舰队总部就严禁我舰队轰炸某几座城市，其中包括广岛和长崎。他们没说为什么，我很困惑，直到22日威廉·普尔奈海军少将奉太平洋舰队总部之命来舰队告诉我，我才第一次听说原子弹的事情。他告诉我说，预定原子弹会在8月2日被投在九州的某一个目标，而我必须让手下的舰载机远离这个区域50英里开外。（这就是我定于3号开始轰炸九州的原因。）台风耽搁了我的舰队，同时也耽搁了原子弹轰炸——当然最后在6号原子弹被投下，虽说我的舰队本可以在5号发动九州空袭，然后马上闪开，但其他地区出现了更加需要我们的情况。

麦克阿瑟将军怀疑，日军可能在本州和北海道各个机场秘密集结了数百架飞机，他准备空袭冲绳，最近冲绳被划归他的战区，所以他请求我们舰队转而打击本州和北海道。8号天气不适合空袭，9号大雾笼罩了北海道，可是那天下午我们用重型军舰再次炮击釜石市两个小时，而航空兵则反复扫荡本州各个机场，摧毁或击伤了392架敌机。现在我军对日本的防御体系极为轻蔑，制定炮击岸上目标时间表的时候，主要不是根据军事需要，而是根据衣阿华号战列舰对国内进行实况转播的时间，看国内的听众什么时候方便。我的作战日志满意地写道："很好的一天。"

那天苏联对日宣战。因为我们刚刚袭击的这片地区的机场是日本本土唯一能够打击到苏联领土的地方，我军在10号对这里再次进行了扫荡。我们本来指望多找到一点值得攻击的目标，但上午基本上一无所获，直到下午才在真室川町和尾花泽市发现了"价值连城的日军集结地"，又满意地摧毁了175架敌机，击伤153架。

那天夜里我正坐在将官起居室，一名通讯军官走进来递给米克·卡尼截获到的一份广播稿。米克大声朗读道："日本通过瑞士政府发出声明，愿意接受盟国在波茨坦提出的投降条件，前提是盟国同意保留日本天皇……"

我们都没有大吃一惊。自从8月1号开始，无论广播还是报纸的报道，还是被破译的日寇电文，或者对我军的反击迅速减弱这一事实，全都显示日本离投降已经不远了。我们准备好了接受投降。我舰队在春夏之交本来制定过长期计划，准备在8月上旬回港休整，可是我最近取消了休整计划，下令让后勤供应舰队继续全力工作，就是为可能出现的类似紧急情况做准备，因为如果日本投降，舰队就会被要求无限期延长在日本本土海域停留的时间。[注3]

在盟国占领军大部队到达之前，我们第3舰队是唯一一支足够强大而又可以迅速接受部署的军事力量，可以监视日本并执行盟国的意志。所以我们从第38特遣舰队抽调了3个水兵营，第37特遣舰队也组建了1个水兵营，组成1个陆战团，作为登陆兵力。这些兵力外加第5个水兵营作为预备队，已经全副武装，并且明确了任务的性质。我们抽调一些机械专家来接管小日本的各种工厂和装备，并在岸上建立了我们自己的临时服务设施。我们甚至准备好去占领并开发横须贺的海、空军基地，用最少的人去开动敌军舰船，解除敌军武器库武装，向战俘营空投粮食，营救和撤出战俘。

以上种种任务都不是一支远洋作战舰队正常情况下应该肩负的，可是我们第二天一早就发现，这还只是舰队要额外承担的各种责任中的很小一部分而已。我们司令部下达的命令记录在一夜之间就加厚了一倍。请求和指令纷至沓来，涵盖了方方面面：军政府的组成、全血储备、两栖登陆艇、军事邮递船、吉普车、翻译、轻兵器弹药、国旗国徽、岸上住宿的卫生条件、冷冻船、官方拜访的礼仪、录音机等等。我们还有作战任务呢，可是我的参谋部肩负起了所有这些额外的职责。

虽说大量的电报都对日军正式投降充满信心，但我们还不能放松对敌人的打击。舰队按原计划在11日加油，准备第二天一早袭击东京。不过组织空袭需要时间，第一攻击波快要起飞的时候，南方的一场台风又逼近了，所以我通知"斯鲁"·麦凯恩需要避开台风，因此把空袭推迟到13号。

几个小时以后，将近午夜，米克·卡尼给我带来一份陆军新闻社通告："美国国务卿已经代表盟国接受日本投降，条件是盟军最高司令官将通过天皇来统治日本。"

我意识到这份通告还不是正式文件，但不愿意在敌人事实上已经投降只是还没有正式履行手续的这个当口袭击他们；而且我当然不愿意在这种情况下派出飞行员作战，让他们再做无谓牺牲。可是，日本真的投降了吗？电文当中那句"在某某条件下"的提法让我深感疑惑。我召集参谋部讨论，大多数人最后一致同意停火是符合军人荣誉的做法。我还没来得及给"斯鲁"发电，一向固执的米克又来找我，想出了一堆不应该马上停火的理由。他认为我们停火不仅为时过早，而且很可能是一厢情愿：我们以前从来不信任日本人，这个节骨眼上就更不应该突然开始信任他们。

我被他说服了，向"斯鲁"发电："明天打击东京地区，除非小日本先发制人扔出了海绵。"①

"斯鲁"担心小日本可能会向我们扔过来比海绵更致命的东西。他发电提醒特遣舰队全体官兵："警惕日寇诡计或者自杀冲锋。战争尚未结束。小日本可能在玩弄他们的国戏柔道，放我军接近然后

---

① 扔海绵是来自拳击比赛的俚语，一方的场外人员把擦身用的海绵或者毛巾扔进场内表示认输。

打我们个猝不及防。"

　　台风在12号改变了方向，没有造成任何伤害，舰队开始向进攻出发海域航行。现在我已经确定，不能饶过一个自以为还能对投降条件讨价还价，并仍旧处于战争状态的敌人。（我的某个参谋评价说，我们这样做就可以获得一枚小日本的奴役帮凶勋章了。）况且和谈旷日持久也带来另外一个问题。我们已经在海上连续航行了43天，食品开始短缺，厨房已经开始给水兵们吃脱水胡萝卜沙拉了。如果战争结束，我们可以就地取得补给；如果不及时结束，那就要撤回去，获得补给以后再卷土重来。只要外交官们还没有下定决心，我们就照自己的短期计划办。但情况又有反复。13日凌晨1点，我收到太平洋舰队总部电令，让我取消空袭，进入东京地区，并且"多加小心"。

　　我立即向特遣舰队传达了电令，并加上一句："形势不明但有可能迅速变化。同时保持强大的战斗空中巡逻力量。"后来补充道："如果敌军搜索侦察我军，我将立刻下令攻击。"

　　这份电报刚刚发出，我又收到太平洋舰队总部第二封电令，取消前令。我指示特遣舰队："按原计划发动空袭。"1小时之内舰载机群浩浩荡荡奔赴东京，几个小时以后，第38特遣舰队又击毁了422架敌机——254架在地面被烧毁，149架被击伤，战斗空中巡逻机在舰队上空击落19架敌机。这19架敌机里可能有10架是侦察机，其他无疑是神风自杀飞机。日本也许已经投降，可很多日本人还不知道。

　　（我将上述战绩完全归功于第38特遣舰队，但并不意味着英国人没有贡献。他们和往常一样做出了自己的贡献。事实是第37特遣舰队的一半兵力在 12 日撤回马努斯岛接受维修了，剩下的一半作为第 5 特遣大队，也是第 38 特遣舰队的一部分。）

14 日舰队加油。空中电文照旧如雪片一般，可是没有关于投降的进一步消息。我给"斯鲁"发电："15 日准备再次空袭同一地区。""斯鲁"电告整个特遣舰队："我们再次突击的命令表明，敌人可能在投降条件当中加入了不可接受的条款。务须再接再厉。现在是全力以赴的时候。全体飞行员加油。"

米克和"斯鲁"一样气冲斗牛。他那天晚上在命令记录里写道："让和平见鬼去！明天打回东京！"

第二天早上的第一攻击波代号阿伯尔 1 号，共有 103 架战机，凌晨 4 点 15 分起飞。6 点 14 分，正当阿伯尔 1 号完成任务返航，阿伯尔 2 号飞至距目标仅有 5 分钟航程，各航母清理飞行甲板准备放飞阿伯尔 3 号的时候，参谋送来一份绝密电文，发自太平洋舰队总部，最高优先级："中止所有空袭。回话。"

我立即下令阿伯尔 3 号停止起飞，并召回阿伯尔 2 号。阿伯尔 2 号有些飞行员怀疑收到命令是日本人的诡计。我们重复了两遍才让他们服从命令。

有个很有意思的巧合：1941 年 12 月 7 日早晨我在企业号上吃早餐，秘书道格·莫顿带来了日本开战的消息。在 1945 年 8 月 15 号的早晨，我在密苏里号上吃早餐，又是道格给我带来了日本投降的消息，不过他现在已经是我的航空作战参谋了。他冲进来挥着手里的电报纸，大喊道："将军，消息来啦！"

电报纸上是杜鲁门总统正式声明的全文。

日本在原子弹爆炸和苏联宣战之后很快投降，这使得公众高估了以上两个因素所起的作用。我认为这只是给了小日本一个投降的借口而已，让他们保全了面子。这个观点得到日本海军军令部总长丰田副武大将的权威证实，他在最近由美国战略轰炸调查委员会海军分析处公布的一份声明里供述："我不认为原子弹爆炸和苏联参战是结束战争的直接原因，但我认为它们确实让我们结束了战争，且不至于在日本引起大的骚乱。"

我希望历史铭记这一点。我希望历史也会铭记，就在战争结束的那一刻，日本帝国的首都刚刚被第3舰队的飞机轰炸、扫射、用火箭袭击，而且正要再次经受轰炸、扫射和火箭袭击。最后，我还希望历史铭记，在阿伯尔1号的所有飞行员当中，有7个人再也没能回来。

我一听到这个好消息，第一个反应是："胜利！"第二个反应是："感谢上天，我再也不用派别人去送死了！"然后第三个想法是："真的感恩能够有这个荣幸在这一天指挥第3舰队。"

然后，狂喜攫住了我的所有思维，我大喊一声："乌拉！"然后开始捶身边每一个能够得着的人的肩膀。我突然之间回想起1918年的停战日，英国大舰队总司令贝蒂上将发出电报："全体官兵打开酒柜。除第5中队以外。""打开酒柜"的意思就是开怀畅饮，而第5中队是美国海军舰艇，舰上禁止饮酒。所以我给第38特遣舰队发电："全体官兵打开酒柜。除了第1、第3、第4大队以外。"——其实就只剩下英国军舰组成的第5大队。

我的将官日志重现了那天上午的场景：

  10时20分。各攻击波均已返航。

我下令让航空母舰把搭载的轰炸机和鱼雷机送进机库，飞行甲板上只留战斗机,时刻保持强大而警觉的战斗空中巡逻。我仍然对小日本加以提防,绝不给神风自杀飞机任何机会让他们给自己的祖先增光添彩。实际上我让舰队的战斗机指挥官在无线电上呼叫所有战斗空中巡逻机的飞行员,指示他们:"查清并击落任何侦察机——但不能以复仇的姿态,而要以某种友好的姿态。"

后来有人告诉我,听说有飞行员问:"怎么用'某种友好的姿态'击落对手呢?"另一名飞行员答道:"我猜就是要用3挺机关枪,而不是用全部6挺机关枪把他打下来吧。"

10时55分。收到致太平洋战区全体指战员的第579号通令:针对日本军队的所有攻势行动立即终止(前面的命令只是暂时中止而非终止)。继续搜索和巡逻。保持防御姿态,把内卫措施提到最高级别,小心诡计。

我们舰队早就这样做了。

11时10分。密苏里号上升起了战旗和将军的四星将旗。汽笛和警报鸣响1分钟。全舰队跟随照办。

11时13分。将军命令在桅杆上升起"干得漂亮"的信号旗。

我这是小小地作了一次秀,米克和我在舰桥上看着信号旗升起。

13时整。将军向第3舰队全体指战员发表广播讲话。

我在广播中说到这样几句:"现在战斗已经停止,但绝不能放松警惕。我们还必须警觉地等待。胜利不是战斗的终结,而只是开始。我们必须建立起一个坚强、正义、持久的和平。"

感谢上帝,舰队完全做到了,没有马放南山!就在我讲话的当口,头顶上还在发生着激烈的战斗——

10 时 03 分。战斗空中巡逻机击落 1 架零战和 1 架朱蒂。[①]

13 时 16 分。战斗空中巡逻机击落 1 架朱蒂。

13 时 25 分。驱逐舰哨舰高射炮击落 1 架朱蒂。

天黑之前我们的战斗空中巡逻机和高射炮击落了 8 架试图轰炸或者冲撞的日机。当时我确信这些日本鬼子是不撞南墙不回头的死硬分子,在打一场自己的私人战争,后来我登陆以后看见日本的通信系统完全被打成了一片废墟,这才相信他们只是一直都没有收到投降的消息。

14 点 45 分当天最后一架日机被击落,从此以后第 3 舰队再也没有在对敌行动中开过火。我们加总了本舰队两段作战的战果,统计如下:

击毁击伤敌机…………………10355 架
确认击沉敌舰…………………130 艘
疑似击沉敌舰…………………90 艘
击伤敌舰………………………150 艘
击沉商船………………………1000 艘

我不希望未来有任何一个国家尝试打破这个纪录。可是如果有

---

① 朱蒂是美军对其的称呼,日军自己的代号是 D4Y 彗星式舰载俯冲轰炸机。

的话，我希望第 3 舰队还能继续保卫自己的纪录。[注4]

[注1]嘉奖令全文如下：

被表彰者在 1944 年 6 月 15 日至 1945 年 1 月 25 日任职第 3 舰队司令期间，领导舰队对日作战，承担了巨大的责任，为美利坚合众国政府做出优异的服务。哈尔西上将不断地毫不留情地打击敌人，以高超的技巧指挥了占领西加罗林群岛的作战行动，并在 10 月 25 日的恩加诺角海战中粉碎了日本的航空母舰部队，在菲律宾海域对日本舰队进行了与此相关的一系列打击。哈尔西上将在琉球群岛、中国台湾、菲律宾、南中国海对敌人的空中力量、航运和岸上设施实施了一系列大胆与成功的打击，直接大幅度地摧毁了日本进行防御战争所需的航空兵力和航运船舶。在他坚定有力和鼓舞人心的领导之下，我军缜密地准备并实施了光复菲律宾的战役，并在战役期间成功地支援和掩护了地面作战，以上成就都验证了他大胆的战术和对麾下英勇部队负责到底的献身精神。

[注2]卡尼海军中将按语：

日本投降以后的 8 月 30 日，我去横须贺基地好好看了看长门号。它的上层建筑完全被毁，但是吃水深度正常，舰壳和炮塔似乎没有损伤。只有鱼雷才能击沉拥有重装甲防护的军舰，炸弹做不到。当然，原子弹除外。这次空袭之后差不多正好 1 年，长门号就在比基尼岛实验中被原子弹炸沉了。

[注3]卡尼海军中将按语：

将军的这个决策使得第 3 舰队得以迅速、流畅和成功地进行调整，适应日本投降带来的形势剧变。

[注4]斯塔森海军上校那天上午值班，负责记录将官日志，哈尔西将

军在文中引用了其中一部分。斯塔森上校在 11 点 45 分交班前写下的最后一条记录如下：

  这样就结束了我们大家都期盼已久的这一天。日本无条件投降的这一天，哈尔西上将正指挥着世界历史上最为强大的舰队。他的眼里闪耀着光芒，这一点毫无疑问！

——H. E. 斯塔森

第十六章

曾有句古老的海军俚语说"铸剑为犁"①。第 3 舰队为日本投降而欢呼的声音还没有落,我已经下令各舰整理粉刷,盛装打扮了。我考虑的不仅是舰队的外表,更重要的是士气问题。从战争到和平的突然转换在海上会变得很危险:水兵们早已习惯于神经紧绷,起早贪黑地战斗勤务,突然变得无所事事,他们不仅会放松,还可能变得散漫。新任太平洋地区所有盟国力量最高司令官麦克阿瑟将军希望各军种部队同时在日本登陆,而驻扎在菲律宾的陆军 10 天之内还赶不过来,我们舰队至少还有 10 天的空闲时间。

因为杜鲁门总统的家乡是密苏里州,密苏里号战列舰的下水典礼嘉宾又是总统的女儿,因此密苏里号被选定为日本投降签字仪式的举办地。于是水兵们开始动手,用石头打磨掉灰色的战斗涂装油漆,露出雪白的柚木甲板;闪闪发亮的黄铜管乐器在战时用灰暗的套子装起来,现在套子也都拿掉了;椅子等家具的灰尘罩被拿掉。

---

① 原文的意思是放下剑拿起油漆刷子。

舰队驶进东京湾口的相模湾的时候，我们看起来闪闪发亮，帅气逼人。

与此同时舰队参谋部加紧了准备工作。运输舰已经装载了登陆兵，舰队派出侦察机在整个日本上空搜索战俘营的位置，空投食品和药品。各航母特遣大队集结起来准备进行空中照相侦察，代号"快照"，然后舰载机起飞进行侦察，代号"湿版照相"。万一侦察照相的时候需要火力支援，我们还指定了一个大队负责这个任务。预定签署投降书的各国代表上舰开会，其中包括我在南太平洋的老朋友、皇家新西兰空军少将莱昂纳德·伊西特，他预定将要代表新西兰；还有英国太平洋舰队总司令海军上将布鲁斯·弗雷泽爵士，他代表英国签字。

舰队里每一名官兵都翘首企盼我们在东京湾下锚的那一刻。我们进驻日本海域的第一站相模湾只能算一碟小菜。麦克阿瑟指示我们在8月26日进驻东京湾，不过南方海面正在生成两场台风，为了配合他手下空降部队的日程，进驻东京湾的时间被推迟了48小时。但是我的舰队里有很多小型舰只，比如巡逻艇、炮艇之类，军舰上已经很拥挤而且食品匮乏，而且我也不愿意让这些小型舰艇在台风天气里待在外海，因此我请求允许我们在27日进驻东京湾，并得到了麦克阿瑟的批准。

27日清早舰队起锚驶近海岸，日本海军奉命派来军舰护送我军通过雷区，并派来有权向我军移交横须贺基地的军官。担任护送任务的是驱逐舰初樱号，按照我方的命令，舰上的大炮炮口朝下，炮膛敞开，鱼雷管放空，露天甲板上不许有闲杂人等，只能留下足够操纵一艘小艇的必要人员。这艘军舰看上去如此孱弱、破败而肮脏，我甚至觉得惭愧，居然用 4 年时间才打赢了战争。

米克指着日本驱逐舰说："将军，你要的日本海军就在那里。"

14 名日本联络官先被带上驱逐舰尼古拉斯号进行"甄别"，他们必须在那里交出随身武器，沐浴、体检之后，才能分散登上各舰。两名海军大佐和一名列兵翻译来到密苏里号上，在这里又经过一番搜身、拍照，然后由卫兵押送去穆雷的舰长室。

看起来我们的态度似乎是故意在侮辱已经被打败的敌人，其实不是这么回事。过去的惨痛经验迫使我们制定了相关政策。我军官兵必须各就各位，大炮随时准备开火，头上有我军的飞机盘旋，一旦有事立刻能够投入战斗，只有在这种情况下，我们才能允许初樱号接近舰队，其他的防范措施也一样严格。

米克主持与日本军官的谈话，参与者还包括指挥登陆部队的奥斯卡·贝杰尔（他从旁协助），舰队的日语专家吉尔文·斯洛尼姆中校（他的外号叫作"东京老山雀"，跟著名的日本播音员"东京玫瑰"相对）以及其他几名参谋。我没有参加，所以后来我问了米克当时的情况。[注1]

我们在几分钟之内就得到了所需要的信息，奥斯卡·贝杰尔根据这些信息发布相应的命令，但在这段短短的时间内有两件事值得一提。第一件是大谷在我不注意的时候点了一支烟。我一看见就从他手里把烟抢走，冷冷地告诉他，我在场的情况下不允许抽烟。第二件是大谷要求归还他的随身武器，这是军人着装条例规定的军装的一部分。我明白无误地告诉他，从此以后美军才是给他们规定条例的人，而携带随身武器不在着装条例之内。[注2]

刚到下午时分，全舰队就在相模湾抛锚，美丽的日本里维埃拉海岸城市镰仓一览无遗，这里是天皇夏宫的所在地。我们能远远看到富士山，有人告诉我山顶大多数时候都笼罩着云雾，但那天晚上是晴天，太阳好像直接落进了火山口里面。这番景色有很强的象征意义，但绝不是我们放松警惕的理由，我军在锚地四周部署了巡逻艇和驱逐舰放哨，命令各舰管制灯火。我们仍然相当小心谨慎。开进锚地之前，每艘重型军舰都分配了可能将要炮击的岸上目标，大炮不仅上膛，也已经瞄准。而且除了1艘航母以外，其他航母都留在开阔海域。

第二天我的担心减轻了一些，黄昏时分我军舰只点亮了灯火，在露天甲板上放电影。（当夜的值班参谋在司令部日志上写道："东京时间18时15分日落，所有军舰亮起锚灯——'相模湾再度灯火通明'。"）但是29日舰队驶进东京湾的时候，仍然保持全员戒备各就各位状态。那天是我军事生涯的巅峰。直到9月3日我们才开始放松下来。即便在那以后，舰队仍然布置瞭望哨，雷达仍然不断搜索，舰船仍然保持高度水密状态。[注3]

与此同时，陆军第11空降师一部28日在东京附近的厚木机场着陆。海军舰只替他们警戒从冲绳飞来的航线，据说他们走下飞机的时候，看到的第一件东西是一块大标语牌，上写："第3舰队欢迎美国陆军。"约克城号上一名大胆的年轻飞行员违抗命令偷偷跑进厚木基地，逼着日本人制作了这块标语牌立在那里。

麦克阿瑟命令我们不要在陆军开始营救战俘之前抢先行动，可是跟登陆的问题一样，形势逼迫我们提前行动。舰队在相模湾停泊的第一夜，一艘巡逻艇在离岸不远的地方听到海滩上传来一声大喊，然后他们救起了两名英国战俘，把他们带去见指挥营救行动的罗杰·辛普森准将。英国战俘向罗杰控诉所遭受的那些非人待遇，起初我们觉得不可置信，第二天瑞士的一位国际红十字会代表证实了他们的说法。战俘的控诉让我们决心不能无所作为。我下令罗杰带上他的特遣队去东京待命，队里有医院船仁慈号。切斯特·尼米兹从关岛飞来，20日下午2点20分到达，他在南达科他号上升起将旗，我立即向他汇报了目前的紧急事态。

切斯特说："动手吧，麦克阿瑟将军会理解的。"

罗杰马上带着医疗队上岸，我派哈罗德·斯塔森当他的参谋长，接替"大猪"·维克斯担任舰队主任医生的乔尔·布内准将也随队出发。舰载机指引着他们的小船沿着海边的浅滩上溯，去周围已知的各处战俘营，其中一座战俘营是臭名昭著的大森8号，战俘营指挥官要求他们出示身份证明。

他说："我没有任何权力释放这些人。"

哈罗德和他的手下都没带武器，但是告诉这名日本军官："你没有任何权力，句号！"[注4]

当天晚上7点10分第一批战俘被送上仁慈号医院船，现在战俘被称为"盟军被营救军事人员"，到午夜为止船上接纳了794人，两周之内我们负责的本州岛东部2/3地区所有的1.9万名盟军战俘全都被营救出狱，得到了合适的住宿、洗澡、体检条件，不是住进医院就是被送去进行安静而舒适的疗养。

新闻界已经充分报道了战俘在日本陆军的监管下所受的无法形容的非人待遇——日本海军声称跟战俘营完全无关；除了已经见诸报端的那些细节之外，我现在还不能进一步讨论这个问题。但在转换话题之前，我想在这里记叙有关此事的唯一一则令人不禁莞尔的花絮。罗杰·辛普森曾在南太平洋作战，战绩相当出色，他曾经指挥驱逐舰队一直冲到拉包尔的辛普森港。所以，我们有一次回答他从东京湾发来的问讯，用上了这么一段绕口令："罗杰辛普森港的罗杰·辛普森，如果不是辛普森港的罗杰，我们不会这么快罗杰本港的罗杰·辛普森。"①

水兵登上日本陆地的时间定在 30 日上午 10 点整，打头阵的是陆战队第 4 加强团，英国水兵占领吾妻半岛，美军陆战队占领横须贺空军基地，水兵占领横须贺海军基地。日本人似乎竭力避免摩擦，我们没有遇到任何抵抗。米克·卡尼代表我在 10 点 30 分从横须贺镇守府司令长官户塚道太郎海军中将手中接管了基地，第 3 舰队和登陆部队司令部在 10 点 45 分设立，我的将旗飘扬在基地上空。（因为我在更高阶长官在场的情况下，在陆上升起自己的将旗，切斯特·尼米兹狠批了我一通，让我把将旗降下来，不过它毕竟已经成为在大日本帝国领土上飘扬的第一面美利坚合众国海军将旗！）

当天上午早些时候还发生过另一场关于旗帜的冲突。我们的一个登船小组登上了日本战列舰长门号，美国指挥官命令日本舰长降下军旗。日本舰长让一名水兵去降旗，美国人告诉他："不行，你自己去把旗子降下来！"

我把长门号上的军旗连同横须贺基地的日本军旗都送给了安纳波利斯的海军军官学校博物馆。旧战列舰三笠号上的日本军旗，则送交厄尼·金，请他转交给苏联人，因为三笠号是对马海战中东乡平八郎的旗舰。

---

① "收到来电"英语里也是 Roger，和作为名字的罗杰是同一个词。

当天下午我造访横须贺市。虽然日本人以爱干净闻名，而且投降条款里规定"一切设施在移交盟军的时候，都必须打扫干净，没有瓦砾，完全可以使用"，但我在街上看到的肮脏景象还是令人咋舌。几个小时以前日本人才腾出军官俱乐部，可是里面的老鼠个头肥大，而且特立独行，我们走进有些房间的时候，老鼠根本无视我们，走进另一些房间时，这些老鼠会发出愤怒的尖叫。也许这些老鼠是日本军官俱乐部的特殊会员，在俱乐部里享有它们的专属房间吧。

日本平民也很脏，更糟糕的是他们麻木不仁：曾有人告诉我，日本老百姓主要的日常工作就是单数日子从大街的这头走到那头，双数日子再从那头走回这头。在城里偶尔有人有营养不良的迹象，但日本农村人口看起来吃得不错。我从好几条渠道听说自己已经成了小日本的全民公敌，所以我仔细观察民间对我的憎恨迹象，可是完全找不到，从来没有人故意冒犯我，可能根本就没有什么日本人认出我来。

民事警察部门是我们在日本遇到的唯一敢于不合作的部门。也许因为我们允许普通警察保留个人武器作为权威的象征，使得他们变得越来越傲慢，竟然敢于不向盟国军官敬礼。这让我大为光火。"邋遢货"·凯兴被我任命为横须贺海军基地司令官，我让他给市长传话，要求市里的警察必须向所有盟国军官敬礼，无人可以例外，而且我们一定会严格执行这条命令。

市长抗议说："我们怎么分辨军官和士兵呢？"

"邋遢货"回答说："他们要是分不清，那最好向任何穿军装的外国人敬礼。"

接下来就到了最重要的日子，9月2日日本投降仪式正式举办的那一天。比尔·基彻尔在穆雷舰长的指导下，像个苦力一样没日没夜地为组织这场仪式加班加点。他把仪式的每一个环节都进行了彩排，考虑到了每一个礼节，所有环节事无巨细面面俱到，所呈现的结果是一场我所见过的最顺利的重大典礼。就算国王的宫廷总管来了也未必能做得更好。

早上7点10分第一批贵宾到达，他们是新闻和摄影记者。然后是海军、陆军、外国政府的代表，随后是切斯特·尼米兹和他的参谋人员，然后是麦克阿瑟将军和他的随行人员，最后是日本代表。既然切斯特是在场的海上最高级海军将领，我就把自己的将旗移到停泊在旁边的衣阿华号上：密苏里号的后主桅飘扬着切斯特的五星将旗，在麦克阿瑟将军登舰的时候，他的五星将旗并排飘扬。

两面五星将旗并肩飘扬的场景独一无二，但是那天上午密苏里号上有一面旗帜甚至令它们都相形失色。华盛顿派出特别信使，带来了1854年佩里准将在几乎同一个地点升起的那面旗帜。

运载陆军将领的驱逐舰还没靠上密苏里号，两边的老朋友们就开始互相打招呼了。我向内特·特文宁大喊，自从他卸任我的南太平洋航空兵司令之职以后，我还是第一次见到他。然后我一眼看见了"瘦子"·温赖特，我从1933年和他在战争学院同班学习以后就没见过他，这次我控制不住自己的声音了，只能越过栏杆，探身过去抓住他的手。

切斯特和我在舷侧迎候麦克阿瑟将军。他对待我和我的参谋们的态度一如既往地和蔼可亲。他叫我们的昵称，和我们打招呼，并对米克·卡尼说："一路走到今天，有这么多物质匮乏的南太平洋作战时期的老朋友还和我们在一起，真是了不起！"

比尔·基彻尔护送麦克阿瑟去我的住舱，切斯特和我尾随在后。我猜大家都以为我们之间的对话会意蕴深远，高屋建瓴，最少也是妙语如珠，其实我们当时说的是——

哈尔西："将军，你和切斯特要来杯咖啡吗？"

麦克阿瑟："不用了，谢谢，比尔，完事儿以后再喝吧。"

尼米兹："我也是，不过还是谢谢。"

我刚说道："上帝啊，多么伟大的一天！我们为这一天打了好长时间的仗。"比尔·基彻尔就进来通知我们，日本代表团抵达。我曾经指示运载他们的驱逐舰不要提供咖啡、香烟或其他任何礼遇，不过上级命令我取消这条禁令。

在密苏里号右舷前甲板上摆了桌子，几乎就在2号炮塔的阴影下，桌上摆着一式两份投降文书。麦克阿瑟和尼米兹在桌前就位，我和其他海军军官站在一起。仪式开始，麦克阿瑟做简短演说，辞藻优美，气势磅礴。他的嗓音清澈而坚定，但是双手因情绪激动而微微颤抖。他结束讲演以后，指着桌子对面的一张椅子，几乎是轻蔑地吐出这样一句话："现在日本帝国政府和帝国总参谋部的代表上前签字！"

（我的将官日志记载道："9时03分。日本代表奉命签字。他们遵命照办。"）

日本外相重光葵代表天皇签字，他拄着拐杖一瘸一拐地走向桌子。他曾在上海被一名朝鲜人扔的炸弹炸伤了一条腿；同一次事件当中野村吉三郎也被炸瞎了一只眼睛，野村后来当过日本驻美大使。（据说裕仁送给重光葵一条假腿，但是并不合适，从此以后他不得不装着这条御赐的义肢。)①重光葵摘下手套和丝质礼帽,坐下来,放下手杖,又拿起来,在帽子和手套上又摸索了一番,翻了翻面前的文件。他装作在找钢笔,手下终于给他拿来一支——但我认定他是在拖延时间,不过上帝才知道他拖延时间究竟能干什么。他的举止让我怒火中烧,后来仪式结束回到住舱以后,我告诉麦克阿瑟:"将军,刚才你差点就遇到一件会搞砸今天整个仪式的意外事件。"

他问道:"怎么了?"

"重光葵在那儿磨磨蹭蹭的时候,我想要冲上去扇他一耳光,喝令他'签字,混蛋!给我签!'"

麦克阿瑟问我:"你怎么没干呢?"

第二名日本代表梅津美治郎大将代表帝国参谋本部签字,他做得很利落,甚至都没有坐下来。

下一个签字的是麦克阿瑟,他的身份是盟国最高司令官,然后就是各国代表,以切斯特为首。他的作战计划处处长福雷斯特·谢尔曼少将和我两个人应邀在他签字的时候站在他身后。新闻纪录片中,麦克阿瑟当时搂着我的肩膀说着什么,我很多朋友后来都问我,他到底说的是什么。我们再次没能说出什么与这庄严肃穆的典礼相称的名言警句。麦克阿瑟说:"现在开始!"

我回答:"遵命!长官!"

---

① 1932年4月29日,朝鲜义士尹奉吉在上海虹口公园的日本集会上扔炸弹,日本中国派遣军司令白川义则大将被炸死,时任第3舰队司令野村吉三郎海军中将右眼被炸瞎,时任日本驻华公使重光葵右臂和右腿骨折,陆军第3师团长植田谦吉中将左腿被炸断。后来尹奉吉被逮捕处决,而野村吉三郎在珍珠港事件发生时担任驻美大使。

他的命令针对的是来自第38特遣舰队的450架舰载机组成的庞大机群,我们命令机群在远处盘旋待命,只等一声令下就飞跃典礼上空。我们下达口令,机群从桅顶高度轰鸣着掠过密苏里号。

代表加拿大签字的摩尔·康格雷夫上校签错了格子,把名签得低了一行,结果兰·伊西特的签字被挤到了页面的底部。他后来跟我说,自己是"文件中一个卑微的注脚"。

9点25分典礼结束,所有盟国代表齐集我的将军舱。这是最需要香槟酒的场合,可我只能给他们喝咖啡,吃面包圈。我和"瘦子"·温赖特长谈,通过翻译和中国代表徐永昌上将、苏联代表杰列维扬科中将交谈。徐将军说他很高兴看到我还活着,因为小日本多次报道已经把我击毙了。杰列维扬科将军则对刚才的大机群更感兴趣。

我很奇怪人群中竟然有一名海军航空兵列兵,后来别人提醒我说,我们还邀请了一些战俘出席典礼。这名列兵是个特别魁梧的家伙,所以米克·卡尼说:"你看上去像是随时能冲进拳击比赛台,拿下舰队次重量级冠军的样子。你怎么可能在战俘营里还保持这么好的身体呢?"

那家伙笑了:"长官,他们让我在铁路调车场干活,他们所有运食品的车都要从那儿路过。那些混蛋很幸运,我还能给他们剩下点吃的!"

聚会结束以后,"斯鲁"·麦凯恩多留了几分钟。他8月就接到了调令,舰队一回到埃内韦塔克,就由约翰·托尔斯中将接替他指挥第38特遣舰队。他对调令非常不满,因为要在战斗当中离开指挥岗位。后来我们一收到日本投降的官方消息,他就要求立刻离职。

他生气地说:"我才不在乎看投降仪式,我就想赶紧离开这儿!"

我告诉他:"就算你想走也不能走。战争结束的时候,是你指挥着这支特遣舰队,我必须保证历史正确地记录下你的名字!"

当时他骂骂咧咧地回到自己的旗舰上,不过现在他对我说:"比尔,感谢上帝,你让我留下来!你比我更有理智。"

当夜他就启程回国了。4天以后他死于心脏病突发。我在此引用给他发出的喑电:"我曾为你每次立功发出无数次'干得漂亮'的祝贺,这句传统的海军赞语不足以表达我对你为胜利做出的巨大贡献的赞赏之万一。你的智慧、创造力、坚强和战斗精神都超凡脱俗。虽然语言不足以表达,我还是要再次起立脱帽向你告别,说声干得漂亮。哈尔西。"

"斯鲁"给部下发的最后一封告别电体现了他对属下一贯的关心:"我在从军生涯的最后一年和这支著名的快速航空母舰部队一起度过,我感到高兴和自豪。战争和胜利在我们之间锻造了牢不可破的纽带。如果你们在和平时期的工作和战时一样百战百胜的话,我现在就是和11万名未来的百万富翁在说话了。再见,祝好运,上帝与你们同在。麦凯恩。"

这位伟大的朋友和斗士永远地离开了我,我感觉万分悲痛。我永远缅怀关于他的一切——他的咒骂,他的火暴脾气,他亲手卷的漏烟丝的香烟,烟丝撒得甲板上到处都是。我曾指派专门的服务员拿着簸箕和扫帚跟在他后面。

"斯鲁"质问我:"你这他妈的是干什么?"

我回答他:"这样你就不会弄脏我干净的船,就为这个!"

我记得最清楚的是他的帽子,这顶帽子不仅是对海军条令的公然挑衅，而且是我见过的军官戴的最丑陋的帽子。这是顶灰绿色的帽子，他让老婆在帽檐上绣了一条"炒蛋"（绶带）。帽子的每个局部都已经够糟糕了——帽顶脱了线，帽檐脏得发亮，像镀了一层膜——而加在一起，这顶帽子简直就令人作呕。可是"斯鲁"对这顶帽子特别自豪，好像它是王冠一样。他和大多数水兵一样特别迷信，这是他的"战斗帽"，在战区之外时从来不戴，而在战区范围内帽子与他形影不离。

我去沃斯堡拜访阿蒙·卡特的时候，他请我送他一顶我的帽子进行收藏。我的帽子没什么特别之处，只是尺寸大得出奇而已，可任何一位收藏家如果得到"斯鲁"那顶帽子，那可是得到了海军服装史上的一朵奇葩。

提起"斯鲁"，我又想起了不久后去世的另一位好朋友和斗士——平·威尔金森。我最后一次见到他是差不多整整1年前，在佩利琉。他指挥的著名的第3两栖部队下辖第1骑兵师目前正在开往横滨。其实在重光葵签署投降文书的时候，平的旗舰正带领着运输舰队经过东京湾锚地。我把他在南太平洋时期的旧番号第32特遣舰队给了他，让他来参加受降典礼：他应该出席这场他为之做出过巨大贡献的仪式。但他永远都把责任放在第一位，拒绝在部队完成登陆之前抽身离开岗位。第二年2月在弗吉尼亚州的诺福克，平的汽车从轮渡上冲进了海里。他成功地解救了妻子，但自己在车里淹死了。他的死对我是一个打击，对整个海军而言是严重的损失。

就在我写这段悼念"斯鲁"和平的文字的时候，消息传来，我手下出色的特遣舰队指挥官当中，又有一位去世，他叫皮特·米切尔。他们四个人在前线作战时都是无比出色的，当然我这么说的同时，也完全知道皮特的指挥职务和"斯鲁"一样，他们都是指挥快速航空母舰的将领。他们两个人作为战略家和领导者来说，并不能简单地分出高下，两个人的外表和个性也有相似之处，两个人都是个子矮小，皮肤黝黑，满脸皱纹。两个人都异常好斗不服输。两个人都受到部下的爱戴。两个人都能顶住常人难以忍受的巨大压力。他们唯一的不同在于纾解压力的方式，"斯鲁"会大声咒骂，还有抖腿之类的小动作。而皮特会沉默下来自己慢慢消化，他从来不会大发雷霆，甚至不高声说话，但他开口发言的时候，人人都会听进去。如果能再次听见他讲话，我甘愿付出一切代价。

切斯特在9月3日飞回关岛，他离开之前告诉我，国内正计划在10月27日海军节时在东西两海岸的各大港口举办盛大庆典，舰队将会尽快抽调军舰回国。我将在9月20日离开东京，雷·斯普鲁恩斯将接替我指挥留在日本的舰队，并把番号变更为第5舰队，第3舰队的番号将给予我指挥下的返回西海岸的船只。但密苏里号不属于第3舰队：她将驶向纽约，杜鲁门总统将在密苏里号的舰桥上发表海军节讲话。我挺失望不能乘坐自己的旗舰回国，但这事没得商量。我把将旗转到南达科他号上，静等离职。

我们舰队一直忙于解除敌人各地的武装设施，营救并撤离战俘，让已经积攒够点数的官兵尽快复员回国，但这一切都由我的参谋部负责。我无所事事，如果不上岸去观光一下，和陆军的朋友聚会的话，日子就会很难过。

麦克阿瑟将军礼貌地邀请我在9月8日陪他一起出席正式占领东京的仪式。我们从他设在横滨的临时司令部一起乘车出发，我有机会好好看看这两座城市。在被炸成一片废墟的地区，除了残垣断壁的范围广阔以外，就是每个街区的灰烬里都有很多保存完整的钢铁保险箱，这点给我很深的印象。麦克阿瑟告诉我，很多个月前日本政府曾经下过命令，要市民捐献所有家用保险箱，熔铸成战争需要的钢铁，而 B-29 超级空中堡垒轰炸机用燃烧弹夷平大片居民区之后，东条首相发现人们根本不听动员，感到大为丢脸，为此向天皇道歉。

美国大使馆没有受损，但日本首相官邸挨了 3 颗炸弹，受到轻微损伤。麦克阿瑟指着那里推了我一下："你的海军飞行员干的，是吧，比尔？"

第 3 舰队可不想争这种小规模破坏的功绩。我答道："长官，不是我的人。是巴尼·吉尔斯的功劳。"以关岛为基地的 B-29 超级空中堡垒战略轰炸机归属吉尔斯中将指挥。

后来我们的车子经过帝国大本营，这里几乎被夷为平地，我说："这才是我的小伙子们干的。"

后来我再见到麦克阿瑟将军，是去抗议他发布的不准没收日本军官指挥刀的命令。我有两个理由认为这道命令不明智。第一，指挥刀是全世界公认的军国主义的象征，会让日本的军国主义精神延续下去。第一次世界大战结束不久，我在德国的时候，拜访过很多德国人的家庭，几乎每家都有拿破仑的胸像，上方恭恭敬敬地悬挂着军刀。德国的军国主义后来导致的恶果，相信大家都见证了。

将军回答说："你说得不错，但我想的是波托马克河的投降，格兰特将军允许李将军的部队保留随身武器。"

我说："这就是我的第二个理由。格兰特面对的是一个有荣誉感的对手。我们面对的并不是。"

麦克阿瑟在办公室里踱了一会儿步，然后说："你说得对！你说得对！我撤销这道命令。"

我在岸上度过的最有意思的一天，得感谢第8集团军司令罗伯特·艾克尔伯格中将。鲍勃邀请我视察横滨监狱，那里是关押战犯的地方，他允许我带上我的菲律宾服务员图劳。我们去看的头几间牢房里，其中一间关押着前"华沙的屠夫"、臭名昭著的党卫队旗队长迈辛格，他离开华沙之后成了德国盖世太保驻日本的头目。每个人都听说过"彻头彻尾的懦夫"这个词，迈辛格是我唯一见到过的活生生的例子。他丧失了一切控制力：庞大的身躯恐惧得不断发抖，我们几乎听不懂他嘟囔的是什么。①

鲍勃问他："怎么样，上校，你过得还好吗？"迈辛格呻吟道："糟透了，将军！糟糕透顶！我睡不着也吃不下，我没法休息，我也坐不住，我太紧张了！"

鲍勃高兴地回答："振作点！事情对你来说还会变得更加糟糕！"

然后我们看完了鲍勃监管的一系列各式各样的卖国贼——菲律宾前总统劳雷尔和他的儿子、前菲律宾驻日本大使瓦加斯、两个缅甸人、一个荷兰人等等。小劳雷尔在战争爆发的时候是一名美国将军的参谋，他叛变投敌了，还带去一大堆绝密命令和作战计划。他

---

① 原文称呼此人 Colonel Weissinger 有误，首先他的名字是 Josef Albert Meisinger，不是 Weissinger。其次在党卫队中，只有武装党卫队，也就是党卫军这个部门，才有和国防军一样的军衔，比如上校、中将等，但迈辛格属于党卫队内部的盖世太保，不是武装党卫队，只有党卫队的衔级，比如一级突击队大队长、旗队长、副总指挥等等。尽管他的党卫队旗队长相当于武装党卫队的上校，但严格来讲他并非真正的上校。

是在日本受的大学教育，而他父亲连这点借口都没有：他毕业于耶鲁大学。他的耶鲁同学们真应该好好看看他现在的下场——没有衬衫，没有袜子，鞋子、裤子和内衣十分肮脏。

而瓦加斯穿着一件整洁的卡其西装，打着卡其领带。他喋喋不休地谈论在美国陆军中有"很多熟人"。他历数这些人名的时候，我把图劳叫到前面告诉他们："我要你们好好看看一名忠诚的、战斗的菲律宾人是什么样子。这个人在波特号驱逐舰被你们的朋友——日本人发射的鱼雷击中的时候就在舰上，你们的这些日本朋友对他的很多亲属严刑拷打并杀害了他们。这个人的名字叫作本尼迪克托·图劳，他妈的是个好样的。好好看一看他！"

他们看着图劳，一言不发。图劳站在那，目光炯炯。典狱长提高嗓门让那些卖国贼都听到："图劳，如果军规允许，我真想让你和这些人单独待上3个小时！"

最可悲的一个囚徒是一名美军中士。他用受过教育的词句向我们讲述了他的经历。他在战争爆发前刚刚皈依佛教，被俘之后——我忘了他在哪儿被俘的——他告诉日本人自己的宗教信仰，最终同意替日本人做广播宣传。他说自己当时真诚地相信是为了佛教中普世和平的愿望，直到被我们逮捕以后，他才意识到对祖国犯下了罪行。他对我们保证，说这些话不是乞求宽恕，只是想一吐心中郁结，这个可怜的家伙！

另外一名美国的叛国者也被关在那儿，是一个在威克岛上被俘虏的平民。我忘了他叛国的具体罪名，不过记得据说他不服罪，也没有丝毫负罪感。我们走过放风的小院的时候，他好奇地看了我们一眼，然后继续在牢房里狂乱地踱步。

我们正准备离开监狱时，卫兵队长给鲍勃看一个新关进来的日本人，这是个小个子、肥胖、丑陋的大佐。鲍勃通过翻译问他话，然后叫我过来。"这个大佐在占领菲律宾期间在本间雅晴将军的司令部工作。"

我问道："哦？他是参谋还是属于战斗部队呢？"

翻译问他的时候，这名大佐迟疑了一下不敢回答。最后他承认自己是本间雅晴的宪兵司令。这差不多就是承认了自己亲自给"瘦子"·温赖特上过水刑，因为宪兵司令的职责是维护军纪，而他直接掌管所有战俘。美军在菲律宾的战俘所遭受的种种酷刑，都可以归罪于这只肮脏的野兽。如果他现在还没有被绞死的话，我会很高兴在他的绞刑架上拉住绳子的另一头。

我最后一次造访东京是应第 1 骑兵师师长威廉·切斯少将的邀请。他的邀请里只提到共进午餐，所以当他戴着钢盔迎接我，请我坐在轿车里，由宪兵和 4 辆坦克护送开进兵营的时候，我吃了一惊。我以为这些排场都是做给小日本看的，他们只懂得武力的语言。然后好客的主人邀请我检阅部队，他的部队精神抖擞，威武雄壮，不亚于我所见过的任何部队，但我也还是没有怀疑他另有图谋。然后，他就图穷匕见了：他们牵过来一匹白马。

有人曾说过，"公共关系总是和我们形影不离，就像穷亲戚一样"。去年春天我在华盛顿的时候，海军部公共关系处把我拉去答记者问，其中有一个问题是："日本皇居是军事打击目标吗？"

我回答说："不是。如果在云层掩盖的情况下有 B-29 或者什么人飞到了那里，的确有可能误炸，但那是无心的。"我本该见好就收，可是忍不住说了一句画蛇添足的话："我可不想让他们炸死裕仁的白马,因为我想骑上一骑。"

白马迅速地跳上了各大报纸的头条,很快我就和白马紧密结合起来,简直像一匹人头马。里诺市的商会送给我一副漂亮的马鞍。科罗拉多州蒙特罗斯市的狮子俱乐部也送来一副马鞍,还附带辔头、毯子、缰绳,并且许诺说,如果我弄不到天皇的御马,他们负责送我一匹北美野马。世界大战军事俱乐部送了我一匹玩具马。有一名德州警长送我一副马刺。我在密苏里号上的将军住舱变得像是一间马具室了。

现在,过了好几个月,我的报应来了。我在这儿,而白马就在那儿——并不是那匹御马,但是足够像。我看出来这匹马并不是一匹暴烈的种马,它上了年岁,有点驼背(比尔·切斯那黑色的灵魂当中,居然也闪过一丝怜悯的火花),我松了一口气,总算勉强爬上了马背。这匹马只有两挡速度:龟速前进和停止,我们的短途兜风结束之时,马和我全都高兴起来。不过骑马的这段时间足够长,让我能够想到一个坏主意:我想邀请比尔在冬天和我一起乘坐驱逐舰横渡北大西洋。

9月19日我的作战日志记载道:"格林尼治时间下午3时(或者东京时间午夜)第5舰队司令接替第3舰队司令指挥日本帝国海域一切海军行动。"第二天记载:"东经时间6时30分,哈尔西将军飞往珍珠港。"

我已经向麦克阿瑟将军告过别,我将永远记得他的送别话语:"比尔,你离开太平洋的时候,这里又变成了一片普通的该死的大海!"我更加珍视他发给我的告别电:"致哈尔西的私人电。你的离去让太平洋战争中的老战友们非常孤独。每一名官兵的崇敬和爱戴将常伴你的左右。愿你的'阴影'永远不散。"

我们在 10 月 9 日早晨组建第 30 特遣舰队开赴西海岸。编队在海上游行经瓦胡岛钻石山以后，就分散开，各自独立前往各个港口。我的旗舰南达科他号属于第 30 特遣舰队第 2 大队，目的地旧金山。我在此引用 15 日的作战日志：

> 第 30 特遣舰队第 2 大队盛装驶进旧金山湾。南达科他号在下午 1 时整经过金门大桥。跟进的军舰有潜艇鲐鱼号、喙䱵号、海龙号、海龟号、丹鲥号、棘鱼号，驱逐舰德黑文号、塞缪尔·摩尔号、布卢号，轻巡洋舰维克斯堡号，战列舰亚拉巴马号、威斯康星号、科罗拉多号。加州州长沃伦、旧金山市长拉法姆，海军上将英格索尔登上南达科他号，南达科他号驶离编队，进入泊位检阅编队其他战舰，之后各舰驶入指定泊位。

我又回家了。

我在好几周以后才知道，那天下午切斯特·尼米兹离我只有 50 英里。朋友们问他为什么没进城参加庆祝活动，他说："比尔·哈尔西在太平洋干得非常出色，这一天应该完全属于他。"

五星上将尼米兹就是如此的慷慨大度。

两天以后海军部派我去做 5 周的全国巡回讲演，正当我要大声抱怨的时候，他们用一颗甜樱桃堵住了我的嘴——授予我代表第四次获得优异服务十字勋章的金星。[注5]

我在 11 月 20 日回到停泊在长滩的旗舰上。我所保留的作战日志中的最后一篇的时间是 22 日："美国海军金曼少将接替哈尔西上将第3舰队司令的职务。"

我离开东京的时候就请求,一旦卸下指挥职务就退休。切斯特·尼米兹以非常热情的言辞支持我的退休申请,厄尼·金不情愿夸人,他以他夸人的最大限度给我的申请写了支持信;但在我退役之前,又得到了一颗甜樱桃——晋升为海军五星上将,保留现役到1947年4月1日。我的故事到这里终于结束了。唯一想要重复的,就是我在最后一次把将旗从南达科他号上降下来的时候,对舰上全体官兵的讲话:

"我超过45年的航海生涯即将结束。结束它远远谈不上快乐,但我想,是到了我这样年纪的人退到一旁,让年轻人接掌海军的时候了……

"你们已经听到全国人民的同声赞许'干得漂亮!'我在这里会一遍又一遍地重复这句话:干得漂亮!干得漂亮!干得漂亮!祝你们军事生涯愉快!上帝保佑,上帝与你们同在!"

[注1]卡尼中将按语:

代表日本海军总部的大谷大佐,神似漫画里狡诈的日本恶棍。代表横须贺镇守府的高崎大佐也像漫画人物,不过更像兔八哥,我几乎以为他要开口对我说:"啊哈,你好啊!"那位年轻的列兵说一口相当文雅的美式英语。吉尔文·斯洛尼姆后来告诉我,此人可能是日本皇族,因为他对两位大佐说话的态度相当傲慢粗鲁。

[注2]以下是卡尼将军当时下达的命令中的片段:

8. 在任何时候对待日本人,应该保持冷淡、正式、非私人的态度;日本人必须服从占领军的命令，我军要求并迫使日本人保持这种合作态度，但是必须避免做出任何与我军光荣传统不相符的有损荣誉的行为……

10. 最后，必须牢记正是这些日本人的狡诈、残酷和欺骗行为导致了这场战争；我军必须时刻对日军公然的欺骗行为保持警惕，不能被表面上的驯服和顺从蒙蔽了双眼。他们从来都是危险的……

[注3] 哈尔西将军的谨慎很有必要。1946年8月18日《纽约时报》刊登了一篇美联社的通讯，其中提道："陆军关于对日心理战的报告提到……曾有数百名神风特攻队员密谋要向停泊在东京湾的密苏里号发动自杀攻击。"

这篇通讯没有说明这次攻击后来为什么取消了。

[注4] 斯塔森上校按语：

"迅捷怜悯行动"计划在日本投降还没有被完全证实之前就上报给哈尔西将军了。他审阅之后批准，在文件上加了一条按语："那是我们的人，把他们接回来！"

在实施救援行动的那几天他的命令一直回响在我的脑海。每次碰到像大森8号战俘营的指挥官那样拒绝让我们进入的人，我们都会告诉他："我们奉了哈尔西将军的命令，现在在日本，这是唯一有效的命令！"

他的名字就像芝麻开门的咒语一样有效，我们所到之处大门纷纷敞开。只要随队翻译提到哈尔西，所有的困难迎刃而解，我们大摇大摆长驱直入。有一次我们在川崎文社战俘营执行任务，某一名被俘的水兵听到是谁派我们来的，憔悴的脸上立刻容光焕发，他喊道："我就知道！我告诉这些日本杂种哈尔西将军会来救我们出去的！"我永远忘不了他当时的反应。

毫无疑问，他立即营救并救治战俘的决定挽回了很多很多生命。

[注5] 嘉奖令全文经缩写如下：

奖给哈尔西将军在1945年5月28日到9月2日期间作为第3舰队司令承担重大指挥职责，率领舰队在琉球和日本海域作战的杰出成绩……哈尔西将军回到第 3 舰队的指挥岗位……指挥历史上最庞大的海上力量进行作战，主动发起对敌人的海空兵力、航运、船坞和海岸目标的不断打击……他指挥下的飞机和舰艇以出色的精确度和标志性的进攻精神……炮击了冲绳、琉球的南北大东岛；轰炸了日本赖以支持战争的所有工厂和自然资源；英勇地抗击了 6 月 5 日的台风，修复风灾损伤以后返回战场，消灭了一度强大的日本舰队躲在伪装网下的残部……他在完成作战任务，保卫持久和平中所表现出来的高度专业技巧和献身精神，是对美国海军和哈尔西将军本人的礼赞。